mindset
às avessas

OS MAIORES VENDEDORES DO MUNDO SÃO O OPOSTO DO QUE VOCÊ PENSA

mindset às avessas

REDEFININDO O CONCEITO DE VENDAS

COLIN COGGINS
Mentor da Black Ambition,
fundada pelo Pharrell Williams

GARRETT BROWN
CRO da Bitium,
uma empresa do Google

ALTA BOOKS
GRUPO EDITORIAL
Rio de Janeiro, 2023

Mindset às Avessas

Copyright © 2023 STARLIN ALTA EDITORA E CONSULTORIA LTDA.
Copyright © 2023 Colin Coggins e Garrett Brown.
ISBN: 978-85-508-2239-6

Translated from original The Unsold Mindset. Copyright © 2023 by Colin Coggins and Garrett Brown. ISBN 9780063204904. This translation is published and sold by arrangement with Harvard Business, the owner of all rights to publish and sell the same. PORTUGUESE language edition published by Grupo Editorial Alta Books, Copyright © 2023 by Starlin Alta Editora e Consultoria LTDA.

Impresso no Brasil — 1ª Edição, 2023 — Edição revisada conforme o Acordo Ortográfico da Língua Portuguesa de 2009.

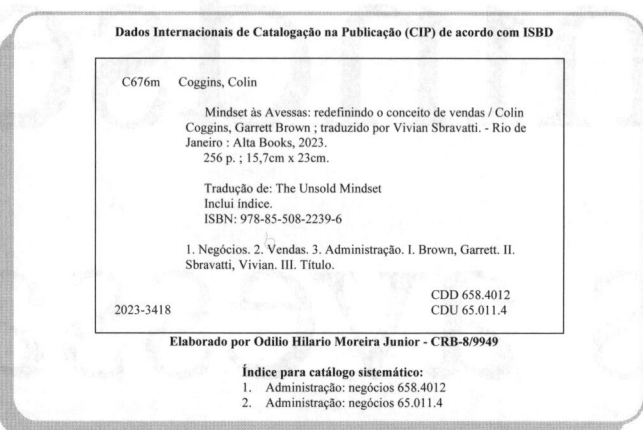

Dados Internacionais de Catalogação na Publicação (CIP) de acordo com ISBD

C676m Coggins, Colin
　　　　　Mindset às Avessas: redefinindo o conceito de vendas / Colin Coggins, Garrett Brown ; traduzido por Vivian Sbravatti. - Rio de Janeiro : Alta Books, 2023.
　　　　　256 p. ; 15,7cm x 23cm.

　　　　　Tradução de: The Unsold Mindset.
　　　　　Inclui índice.
　　　　　ISBN: 978-85-508-2239-6

　　　　　1. Negócios. 2. Vendas. 3. Administração. I. Brown, Garrett. II. Sbravatti, Vivian. III. Título.

2023-3418　　　　　　　　　　　　　　　　CDD 658.4012
　　　　　　　　　　　　　　　　　　　　　CDU 65.011.4

Elaborado por Odilio Hilario Moreira Junior - CRB-8/9949

Índice para catálogo sistemático:
1. Administração: negócios 658.4012
2. Administração: negócios 65.011.4

Todos os direitos estão reservados e protegidos por Lei. Nenhuma parte deste livro, sem autorização prévia por escrito da editora, poderá ser reproduzida ou transmitida. A violação dos Direitos Autorais é crime estabelecido na Lei nº 9.610/98 e com punição de acordo com o artigo 184 do Código Penal.

O conteúdo desta obra fora formulado exclusivamente pelo(s) autor(es).

Marcas Registradas: Todos os termos mencionados e reconhecidos como Marca Registrada e/ou Comercial são de responsabilidade de seus proprietários. A editora informa não estar associada a nenhum produto e/ou fornecedor apresentado no livro.

Material de apoio e erratas: Se parte integrante da obra e/ou por real necessidade, no site da editora o leitor encontrará os materiais de apoio (download), errata e/ou quaisquer outros conteúdos aplicáveis à obra. Acesse o site www.altabooks.com.br e procure pelo título do livro desejado para ter acesso ao conteúdo..

Suporte Técnico: A obra é comercializada na forma em que está, sem direito a suporte técnico ou orientação pessoal/exclusiva ao leitor.
A editora não se responsabiliza pela manutenção, atualização e idioma dos sites, programas, materiais complementares ou similares referidos pelos autores nesta obra.

Produção Editorial: Grupo Editorial Alta Books
Diretor Editorial: Anderson Vieira
Vendas Governamentais: Cristiane Mutüs
Gerência Comercial: Claudio Lima
Gerência Marketing: Andréa Guatiello

Assistente Editorial: Andreza Moraes
Tradução: Vivian Sbravatti
Copidesque: Renata Vettorazzi
Revisão: Raquel Escobar; Mariana Naime
Diagramação: Rita Motta

Rua Viúva Cláudio, 291 — Bairro Industrial do Jacaré
CEP: 20.970-031 — Rio de Janeiro (RJ)
Tels.: (21) 3278-8069 / 3278-8419
www.altabooks.com.br — altabooks@altabooks.com.br
Ouvidoria: ouvidoria@altabooks.com.br

Editora afiliada à:

Colin: Para meus meninos, Liam e Caleb.
Garrett: Caramba! Você roubou meu discurso!
Este livro é para os *meus* meninos, Cooper e Brady.
Colin: Tá bom. Para os *nossos* meninos.

Sumário

Nota dos Autores **ix**

INTRODUÇÃO Quem Está às Avessas? **1**
CAPÍTULO UM Não Se Pode "Fingir" Autenticidade **11**
CAPÍTULO DOIS Ignorância Intencional **35**
CAPÍTULO TRÊS Desenvolva um Mindset às Avessas **55**
CAPÍTULO QUATRO Otimismo Patológico **79**
CAPÍTULO CINCO Apaixone-se de Verdade **101**
CAPÍTULO SEIS Seja um Colega, Não um Coach **125**
CAPÍTULO SETE Transforme, Não Transacione **149**
CAPÍTULO OITO Venda Criativa **171**
CAPÍTULO NOVE Estabeleça Metas Propositais **191**
CONCLUSÃO A Melhor Parte do Filme **215**

Agradecimentos **223**
Notas **227**
Sobre os Autores **239**
Índice **241**

Nota dos Autores

Antes de começarmos, vamos arrumar um pouco a casa...
Primeiro, *Mindset às Avessas* se baseia em nossas experiências ao interagirmos com milhares de vendedores *e* profissionais de vendas durante vários anos. Com alguns deles, fizemos entrevistas formais; com outros, trabalhamos em nossos grupos ou em envolvimentos com nossos clientes. Outros, conhecemos em palestras, aviões, festas, bares, universidades ou qualquer outro lugar em que encontramos uma maneira de inserir vendas na conversa. Como muitas dessas conversas foram confidenciais ou com pessoas que não sabiam que usaríamos suas histórias e experiências em um livro um dia, nos sentimos na responsabilidade de proteger a confidencialidade delas. Para isso, por vezes, mudamos detalhes como nomes de pessoas e empresas e localidades. Fizemos o melhor que podíamos para sermos os mais precisos possível, mas, em casos em que relembramos a história de alguém com quem não tínhamos mais contato, acrescentamos alguns pequenos detalhes para fins de continuidade, desde que não alterassem o objetivo da história.

Em segundo lugar, algo muito aleatório que aprendemos ao escrevermos um livro sobre vendas é que a maneira correta de escrever o plural da palavra *não* é *nãos*. Isso foi bem estranho para nós, e, como você verá em breve, este livro se trata de virar *às avessas* aquilo que é esperado de você, então decidimos usar *nões*. Obviamente, somos super-rebeldes por quebrar essa regra.

 Por fim, as vendas que fazemos todos os dias (e *todos* nós vendemos todos os dias) assumem muitas formas diferentes. Por causa dessa variedade, rotular as pessoas a quem vendemos pode ser difícil. Neste livro, as chamamos de compradores, prospectos, consumidores ou clientes. Os termos são intercambiáveis.

 Certo, é isso. Agora sim a parte boa virá!

■

INTRODUÇÃO
Quem Está às Avessas?

Antes da primeira aula de cada novo semestre, sempre há um momento em que nos olhamos, balançamos a cabeça desacreditados e sorrimos. É a sensação de assistir a um novo grupo de alunos entrar na sala pela primeira vez — a energia deles é contagiante. Eles são a próxima geração de executivos, criadores e líderes mundiais, e nos anima muito o fato de ainda não terem se dado conta do papel que as vendas terão em sua jornada. Mas o motivo real de compartilharmos esse sorriso incrédulo é mais egoísta. Sabemos, parados na frente da sala, que logo experimentaremos aquele momento raro e especial em que o que amamos converge com aquilo em que somos bons. E que, de alguma maneira, somos pagos por algo que faríamos de graça. São nesses momentos que damos o nosso melhor, e grande parte do que faremos naquela sala pelo resto do semestre será mostrar para esses alunos como alcançar e sustentar *esse* mindset.

Quando a aula começa, observamos nossos alunos investigarem a sala com cautela, enquanto se perguntam no que se matricularam. A ementa diz que se matricularam em "Mindset de Vendas para Empreendedores" na Faculdade de Negócios Marshall na Universidade do Sul da Califórnia, mas, pela expressão em seus rostos, eles não têm muita certeza do que isso significa. *É uma aula sobre vendas? Uma aula sobre mindset? Afinal, o que seria uma aula de mindset?*

Além de não saber exatamente o que aprenderão, também não têm ideia de com quem aprenderão. A maioria deles nunca teve aula com dois professores ao mesmo tempo, muito menos com uma dupla estranha como nós. Não falamos como professores (nosso linguajar pode ser um pouco fora da curva), não agimos como professores (não usamos slides, nunca) e nós *definitivamente* não parecemos professores (a menos que a imagem que você tenha é a de um professor que usa camiseta, moletom e tênis). Assim que começamos a falar, é óbvio que também somos muito diferentes um do outro. Um de nós é a personificação da lógica; o outro, da emoção. Um é claramente extrovertido; o outro leva um tempo para se soltar diante de uma audiência. Mas, quando começamos a ensinar, são nessas dessemelhanças que eles reconhecem uma das lições mais importantes que aprenderão ao longo do semestre: *não há uma maneira certa de ser bem-sucedido. Na vida ou nas vendas.*

Essa lição é importante porque a composição de nossas aulas reflete uma diversidade ainda maior, com alunos de várias formações, com diversas histórias de vida, cada um com uma aspiração exclusiva. Um terço de nossa sala está lá para aprender a vender ideias; eles são futuros fundadores, profissionais de marketing, engenheiros e criadores. Outro terço quer aprender como vender a si mesmo; querem ser contratados ou promovidos, construir relacionamentos significativos e liderar pessoas. O último terço são os futuros profissionais de vendas. Querem aprender como vender produtos e serviços; normalmente conseguiram um emprego logo depois da graduação ou conhecem alguém que ganha muito dinheiro em vendas, e querem fazer o mesmo. Se algum deles pensou que se matriculou em uma típica aula de vendas que os ensinaria como "construir conexão", "lidar com objeções" ou "como fechar a venda", descobre bem rapidinho que *não* é isso que ensinamos. Em vez disso, nossa turma passará dezesseis semanas descobrindo que os maiores vendedores não são bem-sucedidos por aquilo que *fazem*, mas por aquilo que *pensam*.

✦ ✦ ✦

Nossa jornada para entender o mindset de grandes vendedores começou com duas perguntas. A primeira é bem parecida com o que Daniel Pink pergunta no capítulo três do livro *Vender É Humano*: "**Em que você pensa quando ouve a palavra 'vendedor'?**" Já perguntamos isso tantas vezes que nem lembramos mais quantas vezes foram, não só para nossos alunos, mas também para vendedores e não vendedores, e quase todo mundo responde sem hesitar. *Insistentes*, *manipuladores*, *desprezíveis*, *desonestos* e *irritantes* são as respostas mais comuns. Se falamos com alguém mais magnânimo, pode ser que diga *persistentes*, *extrovertidos*, *implacáveis* ou *bons de lábia*, mas o subtexto é o mesmo: Nós. Não. Gostamos. De. Vendedores.

Pelo menos é o que parece. As respostas à segunda pergunta que fazemos com a mesma frequência mudam o cenário: "**Quem é o melhor vendedor que você conhece?**" Durante anos, perguntamos isso ao fim de toda conversa que tivemos com alguns dos melhores vendedores, líderes e agentes de mudança do planeta. Alguns mencionam uma pessoa que conhecem; outros, uma figura pública. Alguns apontam para visionários que vendem ideias em escala global; outros, para heróis de sua cidade natal que conseguiram sair de situações desafiadoras. Alguns nomeiam influenciadores bonitinhos com milhões de seguidores; outros, pessoas com contas privadas que não desejam o selo de "verificado". Em *todos* os casos, no entanto, a resposta citava alguém que a pessoa em questão admirava e respeitava.

Quanto mais pensávamos sobre isso, menos essas respostas faziam sentido. Como essas pessoas admiravam o maior vendedor que conheciam e, ao mesmo tempo, recitavam estereótipos constrangedores sobre "vendedores" que todos odiamos? Não podíamos deixar passar — precisávamos entender a discrepância. Queríamos entender como algumas pessoas conseguem ser colocadas em um pedestal ao fazer algo pelo qual outras são estigmatizadas.

Começamos a nos aproximar de alguns desses vendedores altamente admirados para perguntar como encaravam as vendas e, é claro, descobrir quem eram os ótimos vendedores que *eles* conheciam. Ao seguir nosso objetivo, conversamos com CEOs, advogados de defesa, médicos, artistas mundialmente renomados, *bartenders* famosos no

Instagram, generais condecorados do exército, atletas profissionais, reitores de faculdades de administração, âncoras de jornais, músicos, atores e empresários de tantos tipos diferentes que perdemos a conta.

A variedade de pessoas consideradas "o melhor vendedor" era impressionante. O general Stanley McChrystal (que vocês conhecerão no Capítulo 2) nos contou que o melhor vendedor que conhece é o major-general David Grange, um "soldado extraordinário" e líder carismático que tinha a habilidade de inspirar as tropas e liderá-las para fazerem coisas inacreditáveis que outros não seriam capazes, como a vez em que liderou uma divisão com água até o queixo na Normandia. Jon Wexler, ex-vice-presidente de Entretenimento Global e Marketing da Adidas, GM da Yeezy, chefe de marketing de influências do Shopify e agora diretor-executivo da Fanatics Collectibles, disse: "Kanye é o melhor vendedor que já conheci, de longe." O ex-gerente-geral dos Los Angeles Dodgers, Fred Claire, relembrou a incrível habilidade que Vin Scully tinha de "vender uma imagem mental". Duas pessoas com quem falamos conheciam Steve Jobs pessoalmente, o oncologista mundialmente reconhecido Dr. David Agus (Capítulo 6) e o lendário investidor Keith Rabois (membro da assim chamada máfia do PayPal, que também inclui Elon Musk e Peter Thiel), e ambos disseram que Jobs era sem dúvida nenhuma o melhor vendedor que já conheceram.

Por mais diferentes que essas pessoas incríveis com quem conversávamos fossem, ao perguntarmos suas abordagens às vendas, ficávamos maravilhados com as semelhanças entre cada uma delas. O que o chef e celebridade Roy Choi, o superagente da NBA Alex Saratsis e o CEO do MasterClass David Rogier poderiam ter em comum além de seus cartões American Express Black? O conceito de vendas! Quanto mais pessoas entrevistávamos, mais percebíamos que as respostas eram ecos uma das outras. Falavam a mesma coisa, em palavras diferentes. O mais interessante é que elas não tinham ideia. Sempre que entrevistávamos uma nova pessoa, quando contávamos que suas visões e abordagens espelhavam as que tínhamos aprendido com outros vendedores incríveis, ela tinha um momento de epifania. Ainda que nem sempre fizessem essas coisas com uma intenção específica, de repente entendiam por que tinham tanto sucesso nas vendas e por que amavam tanto a profissão. Era como se esses vendedores excepcionais pertencessem a uma mesma sociedade secreta, submetidos aos mesmos princípios, mas esse segredo era tão bem guardado que nem mesmo eles sabiam que existia.

Chamamos essas pessoas de "Às Avessas", pois exibem um mindset distinto. Elas viram às avessas a ideia de quem *devem* ser, como *devem* agir e o que *devem* pensar. Viram às avessas a ideia do que o mundo *espera* que um vendedor seja, os estereótipos que circundam as vendas e as pessoas que vendem, que vendas não podem ser envolventes, criativas e um interesse satisfatório. E, o que é mais importante, viram às avessas a ideia de que ser uma boa *pessoa* e um bom *vendedor* são conceitos mutuamente excludentes.

O Mindset às Avessas empodera as pessoas a serem o oposto de um vendedor estereotipado, e não por causa das conversas com seus consumidores, mas por causa das conversas *consigo mesmas*. O mindset de um ótimo vendedor espelha o mindset de uma ótima pessoa — as lições que podemos aprender com o Mindset às Avessas não são só lições sobre como vender mais, mas sobre viver vidas melhores. Decidimos compartilhar nossas descobertas porque isso não só mudou o que pensamos sobre as vendas, mas o que pensamos de nós mesmos, e esperamos que o mesmo aconteça com você.

✦ ✦ ✦

Antes de nos aprofundarmos no que descobrimos, daremos um passo para trás e falaremos sobre *por que* isso é tão importante para nós. Nenhum de nós cresceu com o sonho de seguir com carreiras nas vendas — na verdade, era justamente o oposto —, ainda assim, somos dois vendedores de longa data, praticantes que já tiveram todo tipo de cargo na área que se possa imaginar. Como *isso* aconteceu?

Como é o caso para muitos jovens que tentam dar o primeiro passo e começar uma carreira, a disponibilidade (e potencial lucratividade) dos empregos em vendas nos atraiu. Colin desdenhou profundamente das vendas *e* dos vendedores durante toda sua vida, um sentimento que provavelmente herdou de sua mãe, que não era grande fã da dor e incerteza que fizeram parte do pacote de ter um pai como vendedor viajante (o avô de Colin). Depois de se graduar na Universidade da Califórnia, em Santa Barbara, Colin perseguiu seu sonho de trabalhar em relações públicas no ramo do entretenimento, mas sua sorte e suas economias acabaram quase que ao mesmo tempo, o que o forçou a escolher entre voltar a morar com os pais ou aceitar o primeiro emprego que encontrasse, nesse caso, vender "casas compartilhadas" (ainda não admite que eram *timeshares*). Ele nunca voltou a morar com os pais.

Depois de se graduar na Universidade do Sul da Califórnia, Garrett seguiu os passos do pai e começou a estudar direito. Três anos depois, trabalhava como advogado, no qual representava startups. Ele odiava a advocacia, mas amava as empresas com as quais trabalhava, então saiu do emprego e aceitou um cargo em uma delas para vender patrocínios para jogos online, porque foi o primeiro trabalho que lhe ofereceram e precisava do convênio médico. Falaremos sobre algumas das histórias sobre como e por que acabamos nos apaixonamos pelas vendas nas próximas páginas, mas não é um exagero dizer que escolher essa profissão mudou a trajetória das nossas vidas da melhor maneira possível.

Anos depois, quando Garrett era diretor de receita de um software de segurança na startup Bitium, ele precisava contratar alguém com experiência em escalar um time de vendas que crescesse rapidamente. Colin, na época um experiente líder de vendas de tecnologia, entrou pela porta e foi amor à primeira vista! Ainda que tenha levado um tempo para identificarmos o Mindset às Avessas, imediatamente criamos um vínculo com base no fato de que nos recusávamos a usar uma abordagem tradicional ao vender, e uma reunião inicial de trinta minutos se transformou em uma conversa profunda de duas horas sobre como poderíamos construir algo especial ao quebrar todas as regras e estereótipos de vendas que conseguíssemos. Colin entrou para a Bitium como vice-presidente sênior de vendas logo depois.

Uma coisa engraçada aconteceu nos anos seguintes: nosso plano de criar uma cultura de vendas fundamentada em fazer o oposto do que outras pessoas esperavam realmente deu certo, e, como é o sonho de todo mundo que já trabalhou em uma startup, a Bitium foi adquirida pelo Google. Depois da aquisição, parecia que todo mundo estava interessado em como nosso pequeno time tinha conseguido esse feito. Na época, já tínhamos uma compreensão profunda do Mindset às Avessas, e estávamos animados para ensiná-lo para outras pessoas, então começamos nossa própria empresa, Agency18. Além de trabalhar com empresas, recebíamos convites para palestrar em conferências, liderar discussões em eventos corporativos e dar aulas em universidades de todo o mundo. Quem nos convidava esperava escutar típicos executivos de vendas que discutem coisas como segmentação vertical e estratégias de mercado, mas encontravam dois amigos íntimos com estilos e abordagens completamente contrastantes que falavam para *parar* de fazer o que os outros esperavam.

As respostas das nossas audiências nos surpreendiam. As pessoas faziam fila depois dos nossos eventos para nos contar uma de duas coisas: ou "até hoje nunca soube por que eu era bom" ou "até hoje nunca soube por que não era bom". Ao percebermos que teríamos um impacto na maneira como vendedores *e* compradores viam as vendas, nossa missão tornou-se passar isso adiante, motivar o máximo de pessoas a adotar o Mindset às Avessas e desestigmatizar as vendas para sempre.

Várias de nossas palestras foram como convidados em universidades, o que inclui a USC, e, um dia, a diretora-executiva do Centro de Empreendedorismo Grief da USC, Helena Yli-Renko, nos chamou para dizer que estava entusiasmada com as respostas aos nossos conteúdos e queria saber se consideraríamos desenvolver uma aula para os alunos. Vender é crítico para o sucesso no empreendedorismo, ela nos disse, e as vendas não eram muito ensinadas nas escolas de negócios. *É claro que sim*, dissemos! Pulamos de cabeça na oportunidade. "Mindset de Vendas para Empreendedores", até onde sabemos, a única aula de *mindset* de vendas em nível superior, nasceu.

Ao desenvolvermos a aula, destrinchamos o Mindset às Avessas em nove princípios básicos, e dedicamos um capítulo para cada um deles. O pensamento de ficar diante de um dos públicos mais implacáveis que existem, alunos de graduação, também nos levou a fazer muitas pesquisas; precisávamos mostrar *por que* o Mindset às Avessas funciona. Rapidamente ficamos cativados por abordagens inesperadas da literatura da psicologia, e tudo isso foi tão esclarecedor que não paramos mais de pesquisar. Apesar de muitos estudos feitos sobre as vendas focarem em como usar técnicas da psicologia para "influenciar" pessoas para que comprem, nos deparamos com uma linha de pesquisa completamente diferente. Algumas delas enfatizam *por que* quem tem um mindset às avessas pensa como pensa, algumas abordam os desafios práticos e mentais das vendas tradicionais, e grande parte revela como pessoas de todos os estilos de vida e carreira superam esses desafios por meio da criatividade, otimismo aprendido e domínio.

Por mais que as ideias centrais de cada capítulo sejam únicas, com um conjunto de hábitos, práticas e métodos, também reforçam umas às outras. Você verá que o mindset autêntico descrito no Capítulo 1 sustenta o mindset patologicamente otimista do Capítulo 4, como a prática da ignorância intencional descrita no Capítulo 2 reforça o mindset de mesmo time do Capítulo 6 e assim por diante. O Mindset às Avessas consiste em todos esses conceitos, juntos.

✦ ✦ ✦

Quer você tenha ou não a palavra "vendas" na descrição do seu cargo, verá uma parte sua no "às avessas" e aprenderá lições valiosas a partir da maneira como pensamos e lidamos com a vida e as vendas. Quando vimos que o efeito do que ensinamos era poderoso para nossos alunos, clientes e audiências, sabíamos que tínhamos que escrever este livro. Há uma necessidade urgente para que todos nós nos divirtamos com as vendas e floresçamos com elas. Afinal de contas, todos vendemos algo.

Para quem está em cargos de vendas tradicionais, encontrar uma maneira mais saudável de vender é essencial. Um estudo que encontramos revelou que dois terços dos vendedores relatam que estão perto ou sofrem de *burnout*.

Quem está nessa área também é especialmente vulnerável a desenvolver questões de saúde mental, como ansiedade, depressão e vício, assim, encontrar uma maneira de vender mais e ser mais feliz não é só um luxo, é uma necessidade.

Para aqueles que não são da área, mas precisam vender diariamente (praticamente todo mundo), a ansiedade causada por isso pode ser opressora, e a relutância com relação às vendas pode fazer com que percam oportunidades de se tornarem mais bem-sucedidos, tanto na vida pessoal quanto profissional.

Nossa missão é mudar a forma como as pessoas pensam a respeito das vendas ao mudar como pensam a respeito de si mesmas. Sabemos por experiência que, quando as vendas são feitas do jeito certo pelos motivos certos, causam uma mudança real. Podem mudar circunstâncias, pensamentos e vidas, todos para o melhor. Você pode até nos chamar de inocentes, mas realmente acreditamos que, se todo mundo tratasse as vendas com um pouquinho mais de um Mindset às Avessas, a profissão quebraria esses estereótipos e seria tão respeitada quanto qualquer outra profissão que serve outras pessoas e contribui para a sociedade.

Não sabemos o que o levou a escolher este livro, mas sabemos que você é nosso tipo de pessoa e que estamos entusiasmados para que se junte a esta jornada conosco.

CAPÍTULO UM
Não Se Pode "Fingir" Autenticidade

Em uma sala com luz baixa nos arredores de Moscou, Alex se sentou à mesa para jantar. Do outro lado da mesa, um membro da máfia russa estava sentado entre dois guarda-costas imensos em ternos escuros. O tom da conversa era amigável o suficiente, mas havia uma arma visível à mesa, em frente de cada capanga, um lembrete de quem estava no comando. Não demorou muito e doses de vodca apareceram na frente de cada um dos homens. Alex não se sentiu confortável em recusar, então bebeu. Os copos foram enchidos mais uma vez, esvaziados e enchidos novamente ao longo da refeição, e assim seguiam as doses com os russos ameaçadores.

Quando o jantar estava no fim, a conversa finalmente mudou para os negócios. Alex, aos 24 anos e aspirante a agente de esportes, viera dos Estados Unidos ao outro lado do mundo na esperança de assinar com um cliente, um possível jogador de basquete russo relativamente desconhecido que possuía chances reais de chegar à NBA. Os homens sentados à sua frente "representavam os interesses do novato" e decidiriam quem seria seu agente.

Quando chegou a hora de discursar, Alex nos contou, fez o que pensava que um bom agente deveria fazer: vendeu o sonho. Com garra. Com a imagem de um superagente que tinha em mente, pintou um quadro tentador da vida luxuosa que o jogador russo experimentaria como uma superestrela de grande sucesso da NBA. Falou sobre o glamour de jogar basquete profissional; sobre dinheiro, luxo, times do *all-star games*, contratos para quebra de recordes e outros benefícios reservados para quem é da mais alta elite. Era possível que o jovem russo atingisse essa altitude rarefeita? Com certeza. Era provável? De jeito nenhum. Mas Alex teve um momento de sorte e ganhou coragem com a vodca. Disse tudo aquilo que era necessário para que voltasse para casa com um negócio fechado.

Quando terminou de falar, os russos pareciam agraciados. "Se pode fazer tudo isso por nós", disse o mafioso, "estou disposto a apertar sua mão agora mesmo." Alex agarrou a cadeira, tonto por causa da vodca e da emoção do momento. Era um grande acontecimento. O jogador russo seria seu primeiro cliente, e inauguraria a carreira com a qual sonhava. "Mas", continuou o mafioso, "sabemos onde mora. Sabemos quem é sua namorada. Sabemos onde trabalha. Se algo der errado, vamos procurá-lo."

De repente, a felicidade se transformou em pavor. A autenticidade de Alex estava à prova. O que ele tinha feito? Por que tinha prometido tanta coisa? Queria fechar esse acordo mais do que tudo, mas estaria disposto a apostar a vida naquilo? A vida de sua futura esposa? *De jeito nenhum*, pensou consigo mesmo. Voltou para casa sem fechar o acordo, mas com a paz de espírito de que desviou, literalmente, de uma bala.

Hoje, Alex Saratsis é um dos agentes mais poderosos do esporte. Fechou um dos maiores acordos da história da NBA para seu cliente Giannis Antetokounmpo. É reverenciado por muitos na indústria por seu estilo não ortodoxo mas genuíno, que exemplifica muito o Mindset às Avessas. Quando alguém disse a ele que era o "babaca mais legal que já conheci", tomou como elogio, pois sabia que tinha conquistado essa reputação com autenticidade. Hoje em dia, cansado de criar personas, prefere falar exatamente o que acontecerá, por mais difícil que seja. Em uma entrevista, ele se lembrou de quando os pais de um jovem jogador, que era uma boa aposta por chegar à segunda rodada do *draft* da NBA, perguntaram a Saratsis qual estratégia e branding seria usada. A resposta foi: "Sinto muito, mas, com todo o respeito, seu filho antes precisa chegar a um *roster* da NBA, só então podemos ter esse tipo de discussão". Muito longe da atuação na Rússia tantos anos antes.

Alex não quer interpretar um personagem; quer ser ele mesmo. É tudo o que quer. Mas mostrar seu eu autêntico pode ser difícil em qualquer situação, principalmente quando estamos em uma posição em que precisamos vender.

Desde jovens, somos pressionados a nos apresentar de maneiras não autênticas, o que faz com que não nos sintamos valorizados por quem somos. Ficamos preocupados que nosso cabelo possa ser muito comprido ou curto, muito liso ou cacheado; nossa calça muito folgada, justa ou da marca errada; não queremos que as pessoas descubram que achamos que as comédias românticas deveriam ter uma categoria própria no Oscar (Colin), que pensamos que a vírgula de Oxford deveria ser lei nacional (Garrett), ou que a Taylor Swift é de alguma forma subestimada (Garrett *e* Colin... mas mais Garrett); e assim por diante. Quando se trata de trabalho, em entrevistas para um cargo, pensamos que devemos criar uma persona. Isso talvez signifique ser sempre alto-astral, do tipo "nada me abala", a pessoa que sempre diz "sim" e "não se preocupe comigo" ou a mais inteligente. No entanto, com o tempo, ficamos confortáveis o suficiente com os colegas para mostrar mais e mais do nosso verdadeiro eu; erguemos as mangas de vez em quando para aquela tatuagem que escondemos poder respirar um pouco, expressamos uma opinião contrária ou pedimos por ajuda quando precisamos.

Mas, quando se trata de fazer o necessário para vender, como ligar para os prospectos, encontrar clientes ou gerentes, fazer apresentações dentro ou fora da empresa, ou até em situações não tradicionais de venda, como nos vender em entrevistas de emprego, angariar fundos para caridade ou pedir um aumento, sentimos que temos que incorporar uma persona. É um dos grandes motivos pelos quais as pessoas odeiam tanto vender. Sentimos que precisamos "ligar" uma versão de vendedor superconfiante, supereducado, animado e feliz. A expectativa cultural é profunda em nosso inconsciente coletivo. Se somos introvertidos, *devemos* agir como extrovertidos. Se estamos nervosos, *devemos* esconder, ou pareceremos fracos. Se um cliente está inseguro com uma compra, *devemos* fechar esse negócio mesmo assim.

As pessoas com um Mindset às Avessas usam um manual de regras diferente, e não se importam com o que o livro diz que devem fazer. Não ligam se a falta de vontade de interpretar um papel lhes custar um acordo de tempos em tempos. Não ligam se "sempre foi assim". Sabem que, a longo prazo, serão bem-sucedidas se continuarem como são. E ser quem são *é importante* para elas, pois perceberam que é extremamente gratificante ser verdadeiro em qualquer situação.

Parece muito simples — *ser autêntico* —, mas é algo que mais se fala do que se faz, principalmente ao vender. Quem poderia ser culpado por isso? A mensagem cultural de que vender se trata de falsidade e manipulação é muito difundida.

O Vendedor Que Você Nunca Quer Ser

Quantas caracterizações de vendas em livros, filmes e na TV são de pessoas cheias de ideias, genuínas, colaborativas e que contribuem para a resolução de problemas da sociedade? Quase nenhuma. Os vendedores quase sempre são retratados como bajuladores, aproveitadores de fala mansa ou manipuladores agressivos. O personagem principal do clássico filme sobre vendas *O Primeiro Milhão*, sobre um grupo de "acionistas" de vinte e poucos anos que vendem investimentos falsos a vítimas vulneráveis, reflete que ele tinha mais integridade quando trabalhava com apostas. "Agora percebo que o cassino foi a empresa mais legítima que já gerenciei", diz com melancolia. "Olhava meus clientes nos olhos e fornecia um serviço que queriam. Agora não o faço e empurro algo a eles que nem sequer queriam." Em *O Sucesso a Qualquer Preço*, Alec Baldwin, como Blake, é o estereótipo de uma equipe de vendas de bens imobiliários: "Apenas uma coisa conta na vida: fazê-los assinar a linha pontilhada!" E o desafortunado vendedor de peças de carro Tommy, interpretado por Chris Farley, em *Mong&Lóide*: "Bem, agora é hora de vender", o chefe o prepara, "então lembre-se, não aceitamos..." Tommy tem dificuldade para completar a frase: "Merda de ninguém... Hm, não aceitamos prisioneiros... Ah, sim... Não aceitamos "não" como resposta!" Isso sem considerar vendas *reais* que alimentam os estereótipos, do fluxo constante de infomerciais com "espere, ainda tem mais coisa!", vendedores que gritam em concessionárias rodeadas por aqueles bonecos (bizarros?) infláveis com os braços balançando, e as atendentes em lojas de roupas que cheiram a comissão e nos perseguem ao longo das araras.

Livros e treinamentos sobre vendas também estão lotados de conselhos sobre como, sem nenhuma autenticidade, conquistar as pessoas e convencê-las a comprar. A tática comumente ensinada de frequentemente repetir o nome de quem você atende, que surgiu pelo menos na época do livro de Dale Carnegie, *Como Fazer Amigos e Influenciar Pessoas*, é um exemplo. O nome de uma pessoa, aconselha Carnegie, é o "som mais doce e importante em qualquer idioma". Repeti-lo com frequência, diz a ideia, conectará o vendedor com o cliente.

Outra tática que supostamente cria uma conexão e ganhou muita popularidade ao longo dos anos é "espelhar" a linguagem corporal de um prospecto, o que causa uma atração subliminar entre as pessoas. A crença de que o espelhamento pode levar à conexão é baseada na psicologia humana, mas o relacionamento que constrói, se é que o faz, se baseia na crença de que essa técnica é uma reação *natural* que ocorre quando estamos realmente envolvidos em uma conversa com uma pessoa e nos identificando com ela. Se conversamos com alguém e só pensamos em cruzar as pernas quando o fazem ou colocar nossa mão no queixo como o nosso interlocutor, não prestamos atenção no que dizem, o que *prejudica* a conexão.

Se adicionarmos a técnica do "aperto de mão mais forte", temos a Santíssima Trindade da falta de autenticidade das vendas de que Andy Bernard, o vendedor de *The Office*, um dos personagens mais chatos da TV, se orgulha: "Serei o número dois aqui na Scranton em seis semanas", afirmou com confiança em um episódio. "Como? Repetição de nome, espelhamento da personalidade e nunca interromper um aperto de mão. Sempre estou um passo à frente."

Talvez algumas pessoas se sintam bem em usar uma persona, mas nossa experiência com milhares de vendedores de muitos ramos nos ensinou que a maioria odeia interpretar, se não a princípio, pelo menos ao longo dos anos. David Ogilvy, um dos criadores de publicidade mais influentes de todos os tempos, escreveu: "O pior pecado de um vendedor é ser tedioso." Claro, vender não deveria ser entediante, nem para os consumidores nem para quem o faz. Mas argumentaríamos que o pior pecado nas vendas é ser hipócrita. É ruim para a nossa reputação, nossos relacionamentos e nossos negócios, e as pesquisas mostram que é também ruim para a saúde.

Porque a Falta de Autenticidade É um Banho de Água Fria

Hamet Watt, ex-fundador do MoviePass e sócio da prestigiosa Upfront Ventures, agora fundador e CEO da Share Ventures, uma fundação e *venture lab* focada na performance humana, nos disse que "um fundador pode ter todos os requisitos, mas às vezes algo grita lá no fundo da minha intuição e diz que eu não devo fechar esse acordo, uma sensação de que não são autênticos com relação a alguma coisa. Não consigo explicar, mas escuto minha intuição." É da natureza humana desprezar a falsidade, e somos extremamente capazes de percebê-la. Em vez de nos convencermos de que podemos dominar táticas de manipulação, ou que são parte do ramo de vendas, apenas mentirinhas inofensivas, deveríamos ter em mente o que o professor e pesquisador de negócios Peter Wright chamou de *esquema do conspirador** do consumidor. É a consciência que desenvolvemos sobre as técnicas de persuasão que os vendedores usam conosco e nossa habilidade de nos protegermos dessa influência, com o que Wright chama de "conhecimento para lidar com a persuasão". É um jeito chique de dizer que os compradores identificam o que os vendedores farão e ficam na defensiva.

Pesquisadores chamam a reação descrita por Hamet Watt de *aversão à falta de autenticidade*. Estudos das respostas do consumidor a

---

* *schemer schema*

alegações feitas por indivíduos e marcas revelaram "quão ofendidos os consumidores sentem-se com a percepção da falta de autenticidade". Mesmo depois que os clientes passam a acreditar na confiabilidade de um vendedor ou marca, de acordo com o pesquisador da Wharton School e seus colegas, basta uma pequena inconsistência nas informações para minar essas crenças. Em suma: "uma gota de falta de autenticidade envenena o poço inteiro."

É como a tática já mencionada, na qual se repete o nome de uma pessoa ao vender. É quase certo que já tenhamos passado por isso, e não soa natural nenhuma das vezes. Já fez isso com seus amigos e família? Claro que não. Se um vendedor o faz, não só provavelmente perceberemos, mas nos irritaremos por pensarem que não somos espertos o bastante para notar.

Ou ainda outro conselho de vendas: repetir o que você ouviu um consumidor falar. Isso costuma ser ensinado como parte de uma prática de "escuta ativa". Mesmo que seja possível fazer isso de maneira que demonstre que você se importa com o que a pessoa diz e que deseja escutar, Colleen Stanley, especialista em inteligência emocional nas vendas, nos alerta que, nas interações de vendas, é provável que soe como falsa empatia. *Entendo totalmente, Kathy.* (Olha, por que não falar o nome dela também?) *Parece que precisa de uma solução. Afinal de contas, você disse que seu time passa infinitas horas por semana tentando solucionar esse problema.* Se o vendedor imitar a linguagem corporal da Kathy nessa hora, ela provavelmente revirará os olhos. O menor sinal de que nossos sentimentos são usados para nos vender algo nos causa angústia.

Até mesmo uma das maneiras mais comuns que muitos de nós finge é fácil de descobrir: o sorriso falso. É claro, fazemos isso por motivos altruístas, como deixar aquele parente chato achar que estamos mais animados por vê-lo no Dia de Ação de Graças do que de fato estamos. Mas, nas vendas, é muito fácil para os clientes perceberem que o que se quer é vender. O psicólogo Richard Wiseman conduziu uma pesquisa em que mostrou a milhares de indivíduos fotos de pessoas sorrindo genuinamente misturadas com sorrisos falsos e descobriu que é possível distinguir um sorriso de mentira de um real em quase dois terços das ocorrências. E isso quando a pessoa não está em pé diante de nós.

A ironia de recorrer a uma "persona de vendas" que não é autêntica é que não só os consumidores ficam decepcionados, mas quem faz a venda também não gosta disso.

Não Gostamos de Mentiras, Mesmo Quando *Nós* Mentimos

A maioria de nós odeia ter que agir como alguém que não é. A implicação disso é um insulto; não somos impressionantes o suficiente como somos, nem educados, inteligentes, confiantes, animados. Além disso, odiamos vendedores que fingem ser alguém que *não são* e se forçam a ser uma versão estereotipada do vendedor amigável, que nos pressiona e nos manipula. É por saber que compradores se sentem assim que muitas pessoas que trabalham na área — e do que o autor Daniel Pink chama de situações de "venda sem vendas" — sentem *a ameaça do estereótipo*. O medo, de quem está em um grupo estereotipado, é de que digam que se comportam de maneiras estereotipadas. Isso aparece de incontáveis maneiras. Por exemplo, alguns enxergam um estereótipo de que executivos de tecnologia bem-sucedidos são jovens workaholics solteiros. Por causa disso, um funcionário mais velho com uma família pode sentir que há um limite naquilo que pode atingir, e essa crença pode impedi-lo de alcançar seu potencial máximo.

Quando se trata de vendas, aqueles que não estão no grupo de mindset "conseguir a venda, não importa como" costumam sentir a ameaça do estereótipo, porque sabem que os clichés sobre vendas estão profundamente arraigados. Vendedores sentem ao serem perguntados com o que trabalham ou sempre que pegam o telefone para ligar para um prospecto. Sentem a ameaça mesmo quando interagem com colegas de outros departamentos de sua empresa, pois acreditam que são necessariamente vistos como maus. Para muitos, o sentimento surge quando é hora de perguntar pela venda. Pesquisas mostram que a ameaça do estereótipo afeta como as pessoas se sentem com relação a seu trabalho *e* o desempenho real delas.

Um dos motivos que comprova esse fato é o exagero do que os psicólogos George Dudley e Shannon Goodson chamaram de *relutância à ligação de vendas*, um medo de fazer ligações por causa de sentimentos de vergonha que surgem do imaginário de vendedores como insistentes, aqueles parentes de vendedores de carros usados. Leva as pessoas a literalmente não pegarem no telefone ou fazer as outras coisas de que precisam para vender. Quando falamos com uma amiga sobre isso, ela imediatamente reconheceu esse padrão em si mesma: "É o que eu sentia quando fazia ligações para 'conseguir votos'!" Ainda que fosse por uma causa em que acreditava profundamente, e não a venda de cacarecos, sentiu a ameaça do estereótipo de que era insistente ou irritante e isso a fazia hesitar na hora de pegar o telefone.

Ironicamente, quando as pessoas sofrem com a ameaça do estereótipo, regulam seu comportamento para compensar, e assumem uma persona diferente que acreditam opor o estereótipo. Assim, talvez vendam mais a persona do que o que deveriam vender. E isso pode ser estressante. Falamos para nós mesmos: *acho melhor deixar isso de lado, senão acharão que não sou bom para o trabalho; o produto não faz jus; a proposta não é legítima*. Quem não está em um trabalho de vendas tradicional para de pensar na experiência e pensa: *ufa, sobrevivi, e graças a deus não preciso fazer isso de novo por um tempo*. Mas logo estão em outra situação de vendas e sentem o medo retornar. Para quem trabalha na área e vende todos os dias, o impacto psicológico pode atrapalhar não só a satisfação com a carreira e o sucesso, mas a felicidade em geral.

O Ciclo Vicioso da Falta de Autenticidade

Em nosso trabalho, observamos um padrão destrutivo comum. Muitas pessoas, quando começam a vender, tentam assumir a persona de um vendedor bem-sucedido que internalizaram. Não acham que são boas o suficiente como elas mesmas, já que não parecem com a imagem de um vendedor de sucesso. Os consumidores enxergam além da fachada, e o vendedor não é bem-sucedido. O primeiro vislumbre de vergonha aparece, tanto por causa de seus resultados ruins quanto porque agiram como alguém que não são.

Em resposta, assumem ainda mais essa persona, acreditam naqueles livros de vendas tradicionais, em treinamentos, em podcasts, para tentar aprender como agir e criar uma boa persona. Então, de repente, aplicam o social selling, SPIN selling, value selling, vendas complexas, gap selling, challenger selling ou qualquer outra técnica de venda popular naquela semana. Mas ainda recebem *não* com frequência e sentem ainda mais vergonha por causa da rejeição.

Como atuar de acordo com sua *ideia* do que é um vendedor não deu certo, decidem imitar uma pessoa que conhecem com um desempenho primoroso. Assumem o novo modelo de abordagem de vendas, começam a recitar trechos que ouviram em ligações, enviam os mesmos e-mails e contam as mesmas piadas e histórias. Mas *ainda assim* não obtêm resultados melhores, o que é especialmente frustrante porque fizeram *exatamente* o que precisavam. Então, desesperam-se e falam para os clientes tudo o que puderem para mantê-los nas conversas.

É aqui que muita gente atinge um ponto de perigoso: culpam o consumidor porque, como fizeram tudo o que lhe ensinaram e também tudo aquilo que funciona para outros vendedores bem-sucedidos, não deve ser culpa delas. Xingam depois das ligações, desligam com raiva, desabafam com quem lhes der ouvidos sobre como seus prospectos são idiotas. Por baixo dessa raiva há uma vergonha cada vez maior, não só porque não são bem-sucedidos, mas porque acabam se comportando exatamente como o vendedor insistente e desesperado que nunca quiseram ser.

Se nada mudar, o ciclo de falta de autenticidade se transformará em insegurança e imobilizará o vendedor até que o *burnout* surja, peçam demissão, ou sejam demitidos. Grande parte da negatividade poderia ter sido evitada ao quebrar o ciclo, o que requer se desfazer do teatro e aprender a vender com autenticidade. Se nos perguntar, o motivo pelo qual apenas cerca de 20% dos vendedores atingem seus objetivos é porque 80% tentam ser como esses 20%, enquanto esses não tentam ser ninguém além deles mesmos.

Rejeite a Persona

Ao longo de sua carreira de décadas na música, Snoop Dogg tem sido autêntico sem pedir desculpas. Quando conversamos com ele, resumiu belamente a importância de ser você mesmo. "*Domine a arte de ser você*," nos contou. "Faça isso e todo o resto dará certo ao caminhar pela Terra." Em vez de procurar por uma bala de prata na combinação da persona com táticas de vendas, deveríamos saber que a mágica nas vendas é simplesmente ser quem somos. Colin acidentalmente descobriu isso *e* teve uma experiência em primeira mão do preço que a falta de autenticidade cobra, tanto no desempenho quanto na autopercepção, durante os primeiros meses conturbados depois da faculdade, quando vendia pacotes de moradia compartilhada que definitivamente não eram *timeshares*. A empresa para a qual trabalhou o treinou para ser um tipo de vendedor. Esperavam que ele se vestisse de determinada maneira, e ele trocou seu visual inspirado no Jay-Z recém-comprado por um guarda-roupa cheio de camisas Tommy Bahama. Também foi treinado para seguir um roteiro rígido que levava os clientes por um caminho que acabava no que a maioria chama de "venda difícil". Como tinha sido caro conseguir leads, a pressão para fechar era intensa, para dizer o mínimo. Colin não se sentia bem com nada disso, mas seguia os comandos porque não sabia que tinha uma escolha. Odiava o trabalho e não vendia bem, nem a si mesmo. Mas ficou muito bom em atribuir a culpa a outra pessoa! Na cabeça dele, os clientes eram péssimos, ele era muito estudado, muito jovem, o produto era horrível... O problema estava em tudo e todos, menos nele.

Depois de dois meses sem sucesso, foi colocado em um "plano de melhoria de desempenho", uma maneira chique de dizer que estava prestes a ser demitido. Como sentia que não tinha nada a perder, decidiu romper com o padrão. Intencionalmente quebrou todas as "regras" que lhe ensinaram, e, ao fazer isso, sem querer mudou o curso de sua vida. Chegou no primeiro dia do que supostamente seria seu último mês no emprego e fez o exato oposto do que tinha sido treinado para fazer. Agiu de acordo com seu eu verdadeiro, que era a antítese de um "bom" vendedor. Largou a seda Tommy Bahama e usou algo que não parecesse uma fantasia para ele. Só ria quando achava engraçado, e admitia "eu não sei" quando não tinha a resposta para uma pergunta. Quando sabia que a resposta seria *não*, dizia a verdade em vez de enrolar e dizer "vou checar para você". Só fazia perguntas cujas respostas *realmente* queria saber em vez das que estavam no roteiro. Algumas de suas perguntas eram sobre os consumidores em si, e ele, sem querer, meio que gostava das conversas. Logo, queria ter mais delas.

Em seguida, percebeu que procurava pelos bons clientes em vez de ficar obcecado pela próxima objeção. Também começou a ver as qualidades do produto que vendia. A visão do produto mudou porque sua visão do consumidor mudou. Quando começou a ter conversas autênticas, os prospectos se tornaram pessoas reais para ele, com famílias e prioridades reais. Percebeu que muitas das pessoas com quem conversava não se permitiam gastar o dinheiro para fazer exatamente o que diziam que mais importava: criar memórias com a família. Contavam sobre suas aspirações para ter um tempo dedicado à família com seus filhos pequenos na praia ou em uma cabana, para relembrar as férias preferidas na infância. E então na próxima frase diziam que nunca tinham feito uma viagem assim, ainda que pudessem pagar, porque não gostavam de gastar tanto dinheiro em algo que não fosse tangível, que não poderiam nunca mais usar.

Eram momentos genuínos, honestos e vulneráveis quando os prospectos compartilhavam seus objetivos e frustrações que faziam com que Colin os defendesse, o que mudou sua abordagem às vendas. Ele não fingia que se importava, pois se importava *de verdade*; e começou a ver a si mesmo nessas pessoas. Conectar os pontos entre um produto no qual agora acreditava e o que era melhor para as famílias com quem conversava ficou fácil.

Ele descobriu por acidente: ao ser o oposto do que as pessoas esperam que um vendedor seja, algo profundo acontece. Elas o tratam como uma *pessoa*, não como um *vendedor*, e você começa a vê-los como humanos *reais*, não como prospectos. Isso resulta em uma curiosidade mútua genuína. Não demorou muito e Colin não só quebrou os recordes de vendas da empresa, mas, na tenra idade de 22 anos, pediram-lhe que ensinasse sua "abordagem" para a equipe de vendas, o que o tornou o mais novo diretor de vendas da empresa. Que irônico, as pessoas precisarem *aprender* a serem autênticas. A noção de que as vendas requerem uma persona está enraizada profundamente. Mas escolhemos rejeitá-la.

Cada um de nós tem uma voz autêntica que usamos com perfeição o tempo todo, quando não estamos vendendo, em nossas conversas com amigos e família. Um líder de vendas com quem conversamos deixou bem claro para nós: "Já perdi as contas de quantas vezes escutei uma ligação e depois perguntei para o vendedor: 'Quem era aquele que acabei de escutar? Não é o mesmo com quem tomei uma cerveja ontem à noite'." As vendas trata-se de conexão por meio da comunicação, e essa conexão não deveria ser menos genuína do que quando você está com seus amigos no bar.

Muitos vendedores talentosos nos disseram que descobriram isso e tornaram-se muito mais felizes e mais bem-sucedidos. Jon Dahan, CEO da agência de criação MindMedium, que representa tomadores de decisão, influenciadores e marcas como Nike, Google e Pepsi, disse: "No início da minha carreira, desperdicei três anos tentando ser quem não sou." Por fim, decidiu ser ele mesmo, e teve sucesso. A autenticidade que fomentou transcendeu sua própria persona, e serviu como base para seu time e a cultura da empresa como um todo. Quando passamos um tempo com eles, ficou claro que agem com seus clientes na quadra em um jogo do Lakers do mesmo jeito que agem quando estão um com o outro no escritório.

Prova de que a Autenticidade Funciona

A evidência para o poder da autenticidade nas vendas não é só anedótica; pesquisas recentes mostram que é ótima para os relacionamentos com o consumidor, bem como para a satisfação e retenção do funcionário. Apesar de muitas pesquisas terem sido feitas sobre a importância dela nas mensagens das marcas, só agora foi dada a atenção para interações individuais com cargos de vendas.

Um estudo foi conduzido com funcionários de um call center Wipro na Índia, que sofria de alta rotatividade. Os pesquisadores pensavam que o problema eram as mensagens passadas para os funcionários em seu processo de orientação. Aprendiam como se comportar com os clientes, o que incluía imitar um sotaque britânico ou estadunidense. Não nos leve a mal, amamos imitar o sotaque britânico, mas não como meio de nos conectarmos sem autenticidade.

Os pesquisadores criaram um novo processo de orientação ao funcionário e asseguraram aos trabalhadores que eram admirados por serem quem eram, e pediram para que compartilhassem mais sobre eles mesmos e para "refletirem em seus pontos fortes e como poderiam ativamente os utilizar como parte do trabalho". Os resultados foram impressionantes. A retenção aumentou em quase 50%. Os clientes que responderam a pesquisas depois também reportaram maior satisfação com esses funcionários. Os resultados deram-se, argumentam os pesquisadores, aos trabalhadores "serem encorajados a se apresentarem de uma maneira consistente com seus eus verdadeiros". Nossa experiência demonstrou que isso é verdade para os trabalhadores ao longo de *todo* o tempo em uma empresa e carreira. Da mesma forma, uma pesquisa da Ernst & Young feita com representantes de empresas de seguro e seus clientes também demonstrou que, quando os representantes recebem permissão para serem "completamente autênticos" em interações com segurados, pontuam mais na satisfação do consumidor. Para a satisfação do funcionário, os autores de um estudo resumiram os resultados como "quanto mais aquele trabalho permite que os funcionários mostrem seu eu verdadeiro, mais engajados ficarão".

Ser autêntico também é bom para a nossa psique e nossa saúde física. Na verdade, o psicólogo Abraham Maslow identificou que viver de acordo com "valores intrínsecos e pessoais" é vital para atingir a última aspiração humana de realização pessoal. Nos anos mais recentes, pesquisas da psicologia positiva produziram fortes evidências empíricas da conexão entre autenticidade e bem-estar global. Em seu livro *Authentic: How to Be Yourself and Why It Matters* [sem publicação no Brasil], o psicólogo britânico Stephen Joseph escreve que os psicólogos perceberam que "autenticidade [...] não é uma opção, mas o pilar de uma vida boa". Ele aponta benefícios específicos, como "pessoas que tiram notas altas em testes de autenticidade estão mais satisfeitas com a vida [...] têm autoestima mais elevada [...] menos probabilidade de desenvolverem depressão e ansiedade, sentem-se mais alertas e conscientes e lidam melhor com o estresse".

Ela também está associada ao desejo de aprendermos sobre nós mesmos, tanto nossos pontos fortes quanto fracos, e nos esforçarmos para crescer, o que, conforme exploraremos em mais detalhes no Capítulo 3, é um dos principais fatores que contribuem para o sucesso na carreira. Essa ligação entre a autenticidade e o crescimento pessoal enfatiza que ser autêntico não significa descobrir em algum momento na vida quem somos e então nos agarrar a isso até nosso tempo aqui acabar. Podemos e devemos evoluir cada vez mais, e ser autêntico nos ajuda a descobrir do que somos capazes, para que possamos cultivar a pessoa que mais queremos ser.

Descobrimos um ótimo exemplo de como evoluir quando conversamos com o chef mundialmente renomado Roy Choi. Ele é mais conhecido por mudar o ramo dos restaurantes quando começou a vender tacos com cultura coreana e mexicana em seus *food trucks* Kogi em Los Angeles (mais sobre isso no Capítulo 7). Desde então, abriu restaurantes, criou e estrelou diversos programas de TV, e até fez um filme levemente baseado em sua vida, *Chef* com Jon Favreau. Choi nos disse: "Vivi vários eus autênticos. À medida que minhas experiências cresciam, eu também crescia... Eu não seria a versão autêntica de mim mesmo hoje se não fosse primeiro a versão autêntica de mim mesmo há dez anos."

Os vendedores com o Mindset às Avessas compartilharam diversas vezes conosco que as vendas foram um ótimo modo de se desenvolverem. Eles não mudam pelos clientes, mudam *por causa* dos clientes, ao aprenderem constantemente com as interações.

Um último motivo para a autenticidade ser boa para nós, e para o nosso sucesso nas vendas, é que quem a possui prioriza motivações intrínsecas no trabalho, busca experiências e habilidades com as quais possui um entusiasmo verdadeiro, bem parecido com o que Colin fez naquele primeiro emprego, quando passou a ser interessar genuinamente pelas pessoas com quem conversava. E estar intrinsecamente motivado contribui para a felicidade e nos faz persistir na busca por nossos objetivos. Dada a frequência com que vendedores lidam com a rejeição e fracasso, claramente é um grande benefício.

Mostre Seu Raciocínio

Lembra-se quando, na infância, os professores de matemática não lhe davam uma boa nota por acertar a resposta, pois você precisava mostrar *como* havia obtido a resposta? "Mostre seu raciocínio", diziam. Eles queriam se certificar de que você aprendeu o raciocínio correto. Bem, no "mundo real" fora da escola, também exigem que mostre o seu pensamento.

O Google é famoso por fazer questões complicadas em suas entrevistas, como: "*Quantos postos de gasolina existem no EUA?*" ou "*Quantas bolas de golfe cabem em um ônibus escolar?*" Os gerentes contratantes não se importam com a resposta específica dos candidatos, mas buscam compreender melhor os candidatos ao observar como pensam. Mostrar como você pensa é uma ótima maneira de mostrar sua autenticidade às pessoas a quem você deseja vender para construir conexões mais fortes com elas.

Um exemplo de demonstração do raciocínio que vimos com frequência entre os vendedores com um Mindset às Avessas é que falam com eles mesmos despretensiosamente, *em voz alta*, na frente da pessoa a quem desejam vender. Não reconhecemos o quanto isso era comum até percebermos um dia o quanto achávamos isso cativante, durante a condução de uma de nossas entrevistas. Estávamos bem no início do processo, e assistíamos à gravação de uma conversa que tivemos com um gerente de vendas sênior de uma grande empresa de software, e tentávamos encontrar o motivo por termos gostado tanto dele. Ele se apresentou para nós no começo da entrevista como "líder de vendas", então parou no meio da frase, olhou para o nada por um segundo e se deu uma bronca em voz alta: "Droga! Preciso parar de fazer isso." Então olhou de volta para nós e perguntou: "Podemos tentar de novo?" E prosseguiu, disse que se questionava sobre deixar a carreira definir quem ele é como pessoa, e que continuaria trabalhando em não se resumir intencionalmente ao "cargo" ao se apresentar. Depois de assistir novamente, percebemos que nos conectamos no momento em que ele falou sozinho na nossa frente. Por alguns segundos, tivemos acesso ao seu eu por trás das cenas, nu e cru. Começamos a pensar nesse comportamento como um exemplo quintessencial de "mostrar seu raciocínio" e, tão logo começamos a procurar por exemplos assim, percebemos que pessoas de sucesso fazem isso o tempo todo.

Em uma demonstração de vendas que assistimos, que não ia bem, a vendedora parou e falou em voz alta para si mesma: "Ah, eu sou um tédio", então olhou para o cliente e perguntou: "O que você acha?" O cliente riu, e a vendedora se iluminou e se tornou mais ela mesma, e uma química completamente diferente rolou entre eles. Robert Simon, outrora operador de telemarketing, que agora é um dos melhores advogados de defesa da Califórnia, nos contou de uma vez que o juiz pediu que repetisse alguma coisa, e, quando gaguejou ao tentar se recompor, olhou para o teto do tribunal e disse em voz alta: "O *que* eu disse?", e então olhou para o juiz e continuou: "Vossa Excelência, honestamente, não tenho a menor ideia do que acabei de falar!" Todo o tribunal, inclusive o júri, irrompeu em uma gargalhada nesse momento autêntico. De repente, Simon se tornou uma *pessoa* para os jurados, não meramente um advogado estereotipado que tenta persuadir, enganar e convencer.

O apelo de falar sozinho espontaneamente não é só porque permitimos que as pessoas tenham acesso ao nosso raciocínio, mas porque nos tornam parceiros em seus pensamentos. E isso abre portas para ideias que possivelmente não ouviriam. Também é atraente porque é uma evidência de que não somos perfeitos, e não agimos como o estereótipo do vendedor sabe-tudo, totalmente educado e superconfiante. Na verdade, outra maneira de mostrar seu raciocínio é assumir seus erros e enganos bem no meio da interação. Por exemplo, digamos que tenha feito uma piada que não teve nenhuma graça, algo que todos nós já fizemos. (Pergunte para qualquer pessoa que já nos viu em uma palestra!) Assumir o fracasso é um jeito de consertá-lo. O apresentador

Colin Jost, do "Weekend Update" no *Saturday Night Live* é ótimo nisso. Em quase todos os episódios, conta pelo menos uma piada que fracassa, mas, ao admitir imediatamente o quanto ela foi horrível com um comentário irônico ou um dar de ombros, consegue as risadas que esperava desde o início, além de uma salva de palmas. O fracasso é mais forte do que a piada. Ser falível é cativante.

Reconhecer um passo em falso permite que o ajustemos. Uma das nossas histórias preferidas de uma correção de curso foi contada por Sara Blakely, fundadora da Spanx. Nossa sala foi convidada para a ouvir falar, em uma visita a USC, e ficamos surpresos com o orgulho que ela tinha ao se autoproclamar vendedora, principalmente com o título de CEO. Ela disse que logo no começo da inauguração da empresa, estava no meio de um pitch com uma compradora do Neiman Marcus, que não ia nada bem. Sara percebeu que a atenção da compradora estava escapando e que estava a alguns minutos de a perder completamente. O fim dessa história se tornou lendária. Sara conta que interrompeu o protocolo e disse: "Quer saber, Diane? Me acompanharia até o banheiro? [Diane] olha: 'Como é?' Eu respondo, eu sei, eu sei, é meio estranho. Vamos, por favor, até o banheiro? Quero te mostrar meu próprio produto antes e depois. E ela... ela disse sim. Eu estava com uma calça creme — por isso inventei essa história — sem usar Spanx. Então fui a uma das cabines, coloquei o Spanx e saí. Ela olhou para mim e disse: 'Uau, entendi. É brilhante.' Então disse: 'Vou fazer um pedido, colocar em sete lojas e ver o que acontece.'" Alguns anos depois, Blakely foi parar na capa da *Forbes*, como bilionária.

A chave para tudo isso é autoconsciência. Uma das nossas Regras de Ouro para as vendas é o seguinte: se acha que parece brega, provavelmente é. Se acha que parece entediante, é quase garantido que é mesmo. A melhor maneira de se retirar dessas situações é reconhecê--las. Um pecado capital que os vendedores típicos cometem o tempo todo é que, ao cometerem um erro ou sentirem algo errado, tentam ignorar. Por exemplo, se perceberem que pronunciaram uma palavra ou um nome errado, e todo mundo escutou, por algum motivo, continuam falando em vez de admitir a gafe. Ótimos vendedores, por outro lado, estão confortáveis em admitir o que pensam e abrem o jogo.

Se sentem que um cliente está perdendo o interesse em uma demonstração, mencionarão esse fato em vez de seguir em frente. Se não entendem alguma coisa, perguntarão em vez de fingir que sabem sobre o assunto para parecerem inteligentes. Se uma piada que contaram não tem graça, fazem piada justamente com isso, e dizem: "Foi muito ruim, né?" Cometer erros nos faz humanos. Para corrigi-los em tempo real, é preciso primeiro reconhecer que deu um passo em falso. Seria egoísta não trazer o cliente para a jornada junto com você.

Como escreve o psicólogo e professor da Wharton, Adam Grant, além de ser verdadeiro consigo mesmo, "a autenticidade é [...] expressar seus pensamentos e sentimentos mais profundos. Em vez de usar uma máscara, permita que as pessoas vejam o que realmente passa na sua cabeça." Mostre seu raciocínio.

Autenticidade para Introvertidos, Babacas e Todo o Resto

Se um traço de personalidade é autêntico para você, pode ser um ponto forte nas vendas. Não importa se você é mais lógico, emotivo, desinteressado ou sério, amante de dados que gosta de fazer pesquisas ou um amante de conversas sem-fim. Se é perspicaz, mostre isso em suas vendas. Se é especialista em dados, encontre uma forma de mostrar isso às pessoas. O Mindset às Avessas não discrimina, ele existe em diversas opções.

Uma das perguntas que mais nos fazem no quesito vendas é se é necessário ser extrovertido para ser bom. Resposta breve: claro que não. Na verdade, Hilary Headlee, ex-presidente de vendas mundiais do Zoom e uma das executivas responsáveis por escalar o time de vendas para ajudar no crescimento massivo da empresa depois que a empresa ficou conhecida por causa da pandemia do covid-19, nos contou que alguns dos melhores vendedores que conhece são introvertidos. Em nosso trabalho com equipes de vendas, usamos testes de personalidade para nos ajudar a entendê-los melhor, e descobrimos que a maioria tende a ser extrovertida. Isso se deve, quase certamente, ao viés da autosseleção. Suspeitamos que o estereótipo do vendedor "animado" dissuade muitos introvertidos de tentarem cargos que envolvam vendas. As pessoas que contratam para esses cargos também possuem uma tendência a escolherem extrovertidos por causa do estereótipo. Mas será que os extrovertidos têm uma vantagem nas vendas? Não necessariamente. Sim, os extrovertidos tendem a adorar conhecer pessoas novas e são naturalmente mais sociáveis, mas, como Susan Cain enfatizou em seu livro *O Poder dos Quietos*, introvertidos têm as próprias vantagens de conversação. Pode ser que também gostem de conversar com estranhos. Cain demonstrou que não é que os introvertidos não gostam de conversar com pessoas ou estranhos, mas que não gostam de conversas desnecessárias, jogar conversa fora, nem de se exibir. Preferem conversas mais íntimas e profundas, em duplas ou pequenos grupos. O que é um bônus para interações de vendas. Os introvertidos também tendem a favorecer a escuta, em vez de dominarem as conversas. Escutar com atenção é vital para uma boa venda. Assim como entender ideias complexas e distribuí-las em um formato digerível, coletar dados e transformá-los em soluções significativas, ou colocar outra pessoa (o cliente) no centro de toda conversa. Todas essas habilidades são mais naturais para os introvertidos.

O chef Choi também acredita que teve sucesso nos negócios porque é introvertido. Quando o entrevistamos, ele nos contou que, por causa da introversão, não precisa ser o centro das atenções. "Um grande vendedor pode se tirar da equação, e os introvertidos são bons nisso", disse. É uma forma de ser mais inclusivo, destacou, o que permite que outras pessoas se expressem com autenticidade. "Nós nos privamos de excluir um ao outro", comentou. Afirma que sua introversão o levou a intencionalmente escutar mais e falar menos, nos conselhos *e* na cozinha. Também considera suas respostas às perguntas ou objeções com cautela porque, como a maioria dos introvertidos, precisa ter um nível de confiança no que dirá antes de dizer. Provavelmente todos conhecemos aquela pessoa que geralmente fica quieta e que todos escutam quando fala porque sabemos que, para ela, é sair da zona de conforto, então presumimos que será algo importante. Construir sua empresa, Choi diz, "me fez perceber que minha personalidade é um ponto forte nas vendas".

As características de introversão que Choi destaca são responsáveis por algo que observamos a respeito dos introvertidos que trabalham com clientes. Vimos que, com frequência, os clientes se mostram amáveis com o vendedor, e trocam a dinâmica usual, porque querem *ganhar* uma conexão com essa pessoa que respeitam. Os introvertidos também tendem a naturalmente seguir muitas das outras práticas que descreveremos nos próximos capítulos.

É claro que isso não significa que extrovertidos naturais deveriam agir como introvertidos ao vender. Isso não significa que você deve reavaliar *quaisquer* traços de personalidade quando se trata de pensar no que deveria ser como vendedor. Use seus pontos fortes verdadeiros para garantir que entregará sua melhor versão.

Os Limites da Autenticidade

É possível ser *muito* autêntico? Segundo Adam Grant enfatiza, ser autêntico não significa que deveríamos permitir que as pessoas vejam *tudo* que se passa em nossa cabeça e coração. Fazer isso poderia facilmente se transformar em autoindulgência, e nas vendas as situações tornam-se negativas muito rapidamente. Ele escreve: "Autenticidade sem limites é um descuido." Escolher guardar alguns pensamentos para nós mesmos é uma gentileza humana. Ir de acordo com certas normas de comportamento amplamente aceitas costuma ser importante para se dar bem com outras pessoas. Não há nada necessariamente errado em atenuar o que pensamos se for o que o decoro e os bons costumes exigem.

Outro "vendedor que não é das vendas" com um Mindset às Avessas falou conosco sobre isso. Ari Melber é correspondente-chefe da MSNBC e apresenta o *The Beat with Ari Melber*. Além de sua experiência estelar no jornalismo, ficou bem conhecido por citar falas de artistas do rap e do hip-hop em suas reportagens, o que mostra seu amor pela música. Mas ainda usa terno e gravata quando vai ao ar, ainda que jeans e moletom sejam mais o seu estilo.

Como sempre acontece nas vendas, sem exceção, a credibilidade de Melber é essencial ao seu sucesso. "Há estilos e hábitos que associamos com objetividade mesmo quando não são prova disso. Parecer o âncora do seu avô conota objetividade. Mas não significa que é verdade. É possível noticiar em um casaco de couro ou ser tatuado e ainda assim ser objetivo. Mas em um meio social ou visual, isso acrescentará certo desafio, pois exigirá muito mais de você para provar aos outros que é bom." Ari é o exemplo entre expressar-se com autenticidade e conformar-se com expectativas válidas.

Para Ari, ser autêntico não significa sempre se comportar de uma maneira absurdamente distinta. Sem dúvida nenhuma, cada um de nós é um indivíduo único, mas também compartilhamos muito uns com os outros, a começar por 99,9% do nosso DNA. Também aprendemos muitos comportamentos que a sociedade espera de nós. Certa conformidade na vida é a chave. Quando somos crianças, recebemos um treinamento sobre gracejos sociais e maneiras apropriadas de agir em determinadas situações, que envolve normas de comportamento essenciais para viver em sociedade. Se nossa inclinação natural fosse ser babaca, nunca expressar gratidão, rir livremente às custas de outras pessoas e constantemente julgar todo mundo, nós evoluiríamos por meio desses aspectos. Ajustar nosso comportamento para normas sociais positivas não é adotar uma persona hipócrita; é uma parte crucial do crescimento pessoal. Nós devemos aceitá-los como parte de quem somos. Sorrir para as pessoas ao conhecê-las não é algo ruim. Oferecer compaixão por alguém, mesmo que não entendamos como se sentem, é uma gentileza básica. A pergunta é *por que* agimos assim — para nos agraciar com uma venda ou para sermos bons humanos.

Todos os elementos da boa venda que trazemos neste livro podem ser armas, usados com hipocrisia para manipular ou influenciar alguém. Algumas pessoas podem cair nesse conto. Mas a questão é que você não será enganado, e não se enganar é a parte principal do ser autêntico. Focar naquilo que *nós* pensamos é um indicativo melhor de sucesso do que focar no que a pessoa do outro lado da mesa pensa.

✦ ✦ ✦

Uma grande ironia a respeito de ser autêntico é que, dada a mensagem cultural a qual somos expostos de vestir personas, pode ser desafiador sermos nós mesmos. Por um lado, o que nossos colegas vão pensar se começarmos a nos apresentar como uma pessoa diferente? Não ficaremos vulneráveis? As rejeições não serão piores se mostrarmos nosso verdadeiro eu nas vendas? E se formos chatos? Colin resolveu essa questão de uma só vez em seu primeiro trabalho com vendas porque tinha chegado ao limite e não tinha mais nada a perder. Mas se você não está em uma situação que lhe traz tal confiança, faça uma mudança em fases. E voltar à persona antiga é quase inevitável no começo. Pode parecer loucura, mas, no começo, ser mais autêntico será como aprender a meditar. Não duelar com seus pensamentos pode parecer fácil, até você ficar imóvel por 15 minutos e tentar não brigar com seus pensamentos. É como dizer "não pense em girafas" para alguém. Depois de dizer isso para alguém, é só o que vão pensar.

Ao trabalhar para deixar a persona de lado para sempre, dê a si mesmo permissão para tentar coisas novas que estão fora da sua zona de conforto. Ao fazer algo errado ou falar algo estranho na frente de um cliente, reconheça. E, quando algo parecer certo e soar de modo autêntico, se agarre a isso. Se mudar o seu conceito acerca do que significa vender, permita-se fazer o que quiser, e não se distraia, pois descobrirá que é genuinamente libertador.

Escolhemos a autenticidade como o tópico do primeiro capítulo porque é o fio que une todas as características do Mindset às Avessas. É a chave para aproveitar ao máximo tudo o que traremos a partir de agora. As práticas que compartilhamos só funcionam porque foram feitas com autenticidade. Este livro não recomendará outro conjunto de regras para *agir como* um vendedor; ele mostrará que, às vezes, ser a pessoa mais verdadeira do ambiente, a que não tem medo de ser vista como imperfeita, pode ser o que o faz ser o melhor vendedor do lugar.

CAPÍTULO DOIS
Ignorância Intencional

O combate nem sempre é uma questão de vida ou morte, mas, durante a maior parte da carreira do general Stanley McChrystal, foi. Ao longo de 35 anos no exército norte-americano, ele serviu como membro do 75º Regimento Ranger, especialista em contraterrorismo, líder do Comando de Operações Especiais Conjuntas (COEC) e, por fim, comandante das Forças do Afeganistão e da Força Internacional de Apoio à Segurança da OTAN, e liderou 150 mil tropas de 46 nações da coalizão. Como líder militar, era o trabalho dele "vender" àqueles que estavam abaixo dele missões grandes e pequenas, muitas incrivelmente complexas e com os mais altos riscos imagináveis.

Tivemos a honra de nos sentar para uma longa conversa com o general para questioná-lo sobre a experiência e seus pensamentos sobre vendas. No exército, a venda que os generais precisam fazer é chamada de liderança, e o general McChrystal explicou que não é sempre como se espera. "Há certa caricatura que envolve militares, especialmente generais", nos contou. "As pessoas esperam que os generais sejam de um jeito e, se você tenta motivar e inspirar grupos, algumas vezes é melhor atuar assim, estufar o peito e dar um grande discurso. Mas há vezes em que é melhor ser o oposto; não ser uma ameaça e ser uma pessoa com quem se pode criar um vínculo, diferente do estereótipo."

Quando disse isso, ficamos surpresos. É uma coisa fazer o inesperado e contradizer um estereótipo no contexto de negócios, mas presumimos que no exército sempre era importante fazer *exatamente* o que é esperado. Ainda mais surpreendente, ele nos disse que os líderes militares precisam *escolher não saber* certos detalhes das operações que supervisionam, ainda que os riscos sejam bem altos.

"Quando você atinge certo nível no exército, há uma tentação de pensar que precisa agir como o sabe-tudo, ser onisciente, ter uma resposta para todas as perguntas porque acha que, se não fizer isso, não está respeitando o papel esperado", disse. "O que os melhores comandantes entendem é que há muitas nuances. A nuance é que você não sabe tudo. Esse não é seu papel. Seu papel é fazer com que a organização funcione. Não precisa ter a resposta certa para a pergunta, quem precisa é a organização, e você só precisa encontrá-la."

Ele disse que é importante que os líderes intencionalmente não se tornem especialistas em todos os detalhes das operações. Ao refletir sobre o tempo que serviu no contraterrorismo, recontou: "Nós literalmente inventamos um monte de tecnologias, e eu sabia o que faziam, mas não queria saber os detalhes de como funcionavam." Porque, além de levar muito tempo, que seria retirado de outros trabalhos importantes pelos quais era o principal responsável, também escolheu não saber por que as pessoas querem respeito, por elas e pelo conhecimento delas. "[Outras pessoas] querem que eu respeite o mundo delas o suficiente para ter um entendimento para fazer o meu trabalho, mas querem que as olhe e diga: 'Você é o especialista aqui. Diga como funciona e o que devemos fazer.' É esse sinal de respeito que é poderoso."

Como acontece com os generais, a noção tradicional do vendedor "perfeito" é que possuem todas as respostas. Sabem tudo o que há para saber sobre o produto que vendem. Sabem quais objeções serão apresentadas e como lidar com elas. Sabem tudo o que é preciso sobre a concorrência, para então defenderem o quanto o produto ou serviço deles é melhor. Conhecem detalhes minuciosos sobre as pessoas e empresas para as quais vendem, o desempenho da empresa ao longo dos últimos trimestres, por quanto tempo os prospectos estão na posição atual, e até mesmo que o último post no Instagram foi uma selfie no espelho da academia (#cardio). Pensam que "saber tudo" é essencial para dominar a arte de vender. Mas ter um Mindset às Avessas, como o general McChrystal tem, significa que *não* acreditam que precisam saber todas essas coisas; na verdade, em muitas situações, *escolhem* não saber.

Eles praticam a *ignorância intencional*.

A *Ignorância* Intencional é uma Bênção

É claro, há certas informações que você *precisa* saber ao tentar vender alguma coisa. O quê, varia muito. Algumas vendas exigem que você saiba todos os detalhes sobre o produto, outras apenas um entendimento geral do básico. Muitos dos grandes vendedores que conhecemos não só identificam o que não precisam saber, mas o que os tornam melhores nas vendas *porque* não sabem sobre elas.

Danny Jacobs tem um desempenho excelente na HubSpot, uma enorme empresa de marketing, vendas e serviço ao consumidor. A HubSpot faz parte de uma indústria altamente competitiva, com rivais que incluem a Microsoft, Oracle, SAP e a líder, Salesforce.com, que altera constantemente suas ofertas e tenta ter uma vantagem em relação às outras. Um conselho de vendas convencional recomendaria que Danny aprendesse tudo o que pudesse sobre as outras empresas e seus produtos. E muitos vendedores passam longas horas montando "matrizes de competitividade" e lendo os últimos relatórios de quaisquer fontes que consigam sobre o que cada competidor oferece. As empresas disponibilizam listas gigantes de comparações de características para que possam formular uma resposta para cada pergunta de comparação que um cliente possa fazer.

Danny é diferente. Ele nos disse: "Eu me recuso a fazer isso. Nunca analisei meus concorrentes, *jamais*." Em vez disso, prefere focar no que é ótimo em seu próprio produto. Quer estar totalmente a par do que vende, e acredita no produto. É como estar em um relacionamento sério e escolher não usar o Tinder. Intencionalmente evita quaisquer informações que podem ter um impacto negativo no entusiasmo de sua crença genuína no produto.

Mas não é irresponsável não saber tudo sobre sua concorrência quando está contra ela? Os prospectos não ficarão decepcionados quando você disser que não sabe alguma coisa? Na verdade, é provável que sintam o oposto. Como demonstraremos, não ter todas as respostas na ponta da língua tem muitas vantagens. Uma delas, no exemplo do Danny, é que sua ignorância intencional lhe dá permissão para dizer com honestidade: "Obviamente, quero puxar a sardinha para o meu lado, então acho que não posso te dar uma resposta objetiva e estudada sobre a concorrência. Eu poderia te apresentar para alguns de nossos clientes, analisaram a concorrência por muito mais tempo." Ele demonstra que valoriza uma informação certa, e não fala só o que lhe convém. Não é o que a maioria das pessoas esperam quando lidam com um vendedor.

Bem, talvez, diferente do Danny, você seja uma pessoa que *ama* aprender tudo sobre os produtos da concorrência. Talvez sinta que lhe dá uma vantagem ser uma "loja de parada única" para seus clientes quando eles têm perguntas sobre suas opções. Então, é claro, dedique seu tempo a isso. Aprofundar-se dessa maneira é o seu jeito de ser autêntico. Não recomendamos a ignorância intencional como uma tática de manipulação, em que você assume a persona de alguém com menos conhecimento do que tem. É apenas uma opção poder ampliar horizontes e escolher *não* saber, de acordo com o que não se importaria em não saber, para manter um mindset que permita que você pareça verdadeiramente animado com o que *realmente* sabe. Pessoas diferentes praticarão a ignorância intencional de maneiras diferentes, e é assim que deve ser.

Entendemos que escolher não ter o máximo de informação possível pode deixar algumas pessoas desconfortáveis. Afinal de contas, é cultural que uma enxurrada de dados impressionará e persuadirá a pessoa a quem tentamos vender. Mas pesquisas conduzidas pela consultoria CEB, Inc. (adquirida por Gartner) avaliaram os efeitos de oferecer "todos os dados, casos e depoimentos de que podem precisar para guiar sua tomada de decisões" aos clientes B2B. Fazer isso levou a uma queda de 18% em "venda fácil" versus uma quantidade menor e mais adequada de informações. Os vendedores que ofereciam *menos* tinham 62% a mais de chance de fechar uma venda!

Uma vendedora de tecnologia de anúncios nos contou que, em uma reunião no início de sua carreira, um prospecto perguntou muitas coisas que ela não sabia responder, e ficou muito envergonhada. A reunião ficou estranha, e saiu sem fechar um acordo. A reação foi se debruçar sobre as informações para aprender o máximo que podia de seu produto e seus clientes para que nunca mais passasse por aquela situação. Passou infinitas horas lendo e fazendo pesquisas, para aprender tudo o que pudesse sobre seu ramo. A vida social dela sofreu, porque todo o tempo livre era dedicado a se tornar uma enciclopédia sobre sua indústria. E, ainda assim, todo esse trabalho levou a ainda *menos* vendas.

Se pudesse voltar no tempo, diz, teria feito com que a inabilidade de responder a todas as questões naquela reunião se tornasse uma vantagem. Teria entrado naquela reunião como faz agora, com a *intenção* de não ter todas as respostas. O que, por fim, descobriu foi que, em seu ramo, demonstrar que sabe encontrar respostas é mais valorizado do que já as ter. Na verdade, as ferramentas de automação do marketing que vende não são muito diferentes das da concorrência. Mas o que ela *pode* fazer diferente, percebeu, é a qualidade dos relacionamentos que constrói com seus prospectos; o desejo de ir atrás de informações para eles é uma ótima maneira de mostrar dedicação. Também permite que demonstre que as necessidades e desejos deles são exclusivos, e que não presume saber tudo o que precisam saber. Ela aprendeu uma coisa importante do Mindset às Avessas: dizer "eu não sei, mas vou procurar para você" é uma maneira poderosa de se conectar.

Outro vendedor com quem nos encontramos usa a ignorância intencional de outra maneira para influenciar seu mindset. Ryan Ferguson é um dos vendedores melhores classificados em todos os times de venda com os quais trabalhou, desde a Adobe até a Cisco, e, agora, para a ServiceTitan, uma empresa de software "unicórnio" que vende para pequenos e médios negócios. A cada cliente em potencial que recebe, tem acesso a uma quantidade significativa de dados — demográficos, comportamento online, se o lead é de uma fonte de alto desempenho, como uma feira profissional, ou de baixo desempenho, como um anúncio em redes sociais, e assim por diante. Ele diz que se recusa a olhar para essas coisas porque não quer julgar a pessoa com quem está prestes a conversar. Quer que todas as ligações sejam um imprevisto. "Eu fico entusiasmado sempre que *algum* lead entra no meu caminho", nos contou. "Por que eu olharia para aquelas informações e arriscaria não ficar *tão* entusiasmado para fazer a ligação?"

Por exemplo, os dados podem mostrar que o lead é de certa região geográfica com 40% a menos de chance de compra. Ryan teme que focar nisso pode fazê-lo procurar motivos pelos quais a pessoa não está interessada e perder oportunidades porque não explorou o suficiente com os prospectos. Ele nos contou que prefere conversar e deixar a *experiência* da ligação o conduzir. A ignorância intencional permite que permaneça apaixonado e engajado em todas as ligações, e, com muita frequência, consegue superar as expectativas baseadas nos dados.

A ironia de acreditar que precisamos saber tudo como vendedores — ou ao menos dar a impressão de que sabemos — é que nos leva a cair em armadilhas que minam as primeiras impressões e a qualidade de nossas relações com as pessoas para as quais vendemos.

Ninguém Gosta de um Sabichão

Todos nós já tivemos a péssima experiência de interagir com alguém, pessoal ou profissionalmente, que adora provar o quanto são inteligentes. Não são nada impressionantes e nos deixam enfurecidos. *Por favor, pare,* pensamos, *já entendi, você sabe muuuuito!* Os psicólogos explicam que essa reação negativa acontece porque, em parte, nosso instinto sente que precisamos ter cautela perto de pessoas que usam o "conhecimento" para elevar o próprio status. Algumas pessoas agem assim por causa de uma crença errônea de que sabem mais do que realmente sabem. É um viés chamado *crença de superioridade*. Acreditam que suas crenças se baseiam em um conhecimento de uma qualidade maior do que o de outras pessoas. Um estudo recente descobriu que, mesmo quando as pessoas com esse viés recebiam fatos claros que contradiziam suas crenças, ainda assim argumentavam que estavam corretas. Nós provavelmente evoluímos para desenvolver uma aversão ao comportamento de superioridade porque aprendemos que isso não é confiável. Vendedores que têm uma resposta imediata para cada objeção por causa de seu "conhecimento superior" arriscam desestimular os consumidores em vez de soarem como os especialistas que pensam ser.

Uma das razões que os psicólogos justificam a respeito da tendência dessas pessoas quererem demonstrar um vasto conhecimento ainda que não consigam os resultados esperados é a insegurança. Acreditam que isso vai mascarar suas dúvidas acerca de si mesmas. É claro, desconfiar de informações oferecidas por pessoas que duvidam de si mesmas também faz muito sentido. Por outro lado, como enfatizou o general McChrystal, as pessoas que são seguras de si tendem a ficar mais confortáveis ao admitir o que não sabem. E assim ganham mais respeito. É exatamente por isso que as pessoas respondem mal a vendedores sabichões e vão em busca daqueles que genuinamente não sabem. Os compradores querem tomar as próprias decisões.

Ninguém Quer se Sentir Persuadido

Um *senso de agência* está entre os presentes mais importantes que um vendedor pode dar a um comprador. Quando alguém tem agência, se sente no controle de suas próprias circunstâncias e decisões. Tire isso e se sentirão manipuladas, como se fossem forçadas. Ótimos vendedores conscientemente trabalham para incentivar o comportamento oposto. Genuinamente desejam que os consumidores tomem as próprias decisões com base no que é melhor para eles.

O general McChrystal enfatizou para nós que, às vezes, é importante que os líderes militares de alta patente tomem cuidado para não soarem como se tivessem todas as respostas exatamente por esse motivo. "Talvez seja a pessoa mais inteligente do lugar, e talvez ela saiba exatamente o que fazer, mas sabe que, se conseguir fazer com que a organização chegue à resposta, é uma venda diferente, porque a organização vendeu para si mesma. Não é a execução de uma ordem; é a execução de uma decisão que tomaram", disse ele.

Todo mundo quer ter agência sobre o que faz, e isso inclui decisões de compra. A abordagem "tenho todas as respostas para você" faz com que as pessoas sintam que o vendedor não oferece um horizonte de escolha, nem respeita seu julgamento e direito de terem as próprias preferências.

Foram incontáveis as vezes em que escutamos vendedores desabafarem por fazerem tudo *certo*, e só conseguirem o resultado *errado*. Eles deram ao cliente todas as informações disponíveis, satisfizeram todos os requisitos de compras, então o comprador *deveria* comprar, mas não compra. A história é sempre a mesma: "Não entendo o que aconteceu. Somos um encaixe *perfeito*, temos a aceitação dos tomadores de decisão, um orçamento, e nos amam! Lidei com as objeções, e nenhuma delas eram inegociáveis. Ainda assim, quando peço que comprem, escuto de novo: 'Você é um ótimo vendedor, MAS... não vou comprar'".

O que os clientes dizem implicitamente é que, já que tudo o que o vendedor disse é verdade, não há uma escolha; há apenas uma decisão "certa". Mas as pessoas não querem se sentir forçadas; querem ter agência sobre suas escolhas. Quando sentimos que os vendedores presumem que sabem mais do que nós sobre o que deveríamos querer, não sentimos que estamos comprando, sentimos que fomos persuadidos. E *ninguém* quer isso. A aversão a esse sentimento é tão forte que as pessoas costumam dizer *não* mesmo quando a venda *realmente é* a melhor decisão para elas.

Quando você evita intencionalmente ser um sabichão, seus clientes ficam empoderados para tomarem as próprias decisões, e você serve como um líder e parceiro, não ditador.

A Maldição do Conhecimento

Também vimos o conhecimento ser um impedimento para as vendas porque pode fazer as pessoas presumirem que seus prospectos sabem mais do que elas. O problema, chamado de "maldição do conhecimento", pode levar a uma falta de compreensão sobre o que os clientes em potencial entendem e quais perguntas possam ter, o que faz com que a comunicação, e em um linguajar que entendam, seja difícil. É um viés cognitivo em que, como você se armou com tanta informação, geralmente em um linguajar específico da indústria, não compreende que nem todo mundo tem o mesmo conhecimento. Como resultado, não consegue ajustar sua conversa para se comunicar no mesmo nível.

Chip e Dan Heath, autores de *Ideias que Colam*, um livro sobre comunicação persuasiva, explicam a essência da maldição: "O problema é que, quando sabemos alguma coisa, digamos, a melodia de uma música, achamos difícil sequer imaginar não saber. Nosso conhecimento nos 'amaldiçoou'. Temos dificuldade em compartilhá-lo com outras pessoas, porque não podemos recriar esse estado mental". Não conseguimos avaliar o que não sabem.

Vemos isso o tempo todo, principalmente em indústrias com muitos jargões e acrônimos. Quando se trata de vender, a maldição costuma se manifestar quando o vendedor cospe estatísticas e palavras-chave sem perceber que soam chatos para a pessoa com quem conversam. São lidos como desatentos, no melhor dos casos, mas geralmente como arrogantes e condescendentes. Além disso, os prospectos não pedem explicação por medo de serem vistos como estúpidos, o que impede que o vendedor faça o trabalho dele.

A maldição também pode levar a um erro de cálculo a respeito do que os prospectos *gostariam* de saber e o que *talvez* achassem impressionante em um produto, serviço, ideia ou pessoa. O economista George Loewenstein e colegas, que cunharam o termo "maldição do conhecimento", demonstraram que pessoas com vasto conhecimento e que vendem produtos, como especialistas em investimentos que vendem seguros e especialistas em vinhos que vendem vinho, costumam encontrar dificuldades para atingirem as cotas porque superestimam o preço que os clientes estariam dispostos a pagar por seus produtos. Fazem isso porque têm um conhecimento muito refinado sobre quais são os produtos de mais alta qualidade. Isso explica, em parte, o sucesso do vinho Yellow Tail. Como perfilado no livro *A Estratégia do*

Oceano Azul, de W. Chan Kim e Renée Mauborgne, os produtores venderam litros e litros de vinho ao criarem especificamente vinhos que não têm o desejo de competir com outras marcas nos quesitos qualidade, complexidade e prestígio. "Em vez de ofertar vinho como vinho", escreveu o autor do livro, o Yellow Tail ofertou vinho como "uma bebida social acessível a todos", e atraiu pessoas que costumam beber cerveja ou outros drinques. Ao procurar atingir um grande volume de vendas, com um produto de qualidade mais baixa, a Yellow Tail causou a disruptura de toda a indústria de vinhos. Em suma, a Yellow Tail acumulou vendas ao reconhecer o que seus consumidores *não sabiam*.

Sempre temos isso em mente quando nos preparamos para uma aula ou uma palestra. Cada uma das pessoas presentes em um evento tem um conhecimento diverso e suas próprias experiências exclusivas. Nosso objetivo é sempre facilitar uma experiência de aprendizado para todos os envolvidos. Ao interagir com o público, esperamos aprender com eles, assim como eles aprendem ao nos escutar. Pedimos que compartilhem conosco porque não são os únicos que possuem uma perspectiva *própria*, e, quando o fazem, sentem-se empoderados *e* inspiram seus pares a falarem para também se sentirem assim. Quando estamos nesse fluxo, nossa audiência está receptiva a tudo o que "vendemos", e nós, professores que vendemos uma mensagem, também curtimos mais o processo. Vimos essa mesma dinâmica acontecer entre vendedores com um Mindset às Avessas. Eles valorizam a perspectiva de seus consumidores.

Nunca subestime quanto reconhecimento e respeito você conquista daqueles a quem vende quando os aproxima e faz com que *eles* sejam uma parte essencial do processo. Fale o que não sabe e peça a contribuição deles. Faça com que o processo seja uma via de mão dupla.

Foque nas Partes que Ama

Outro vendedor muito bem-sucedido com quem falamos mantém seu amor pelo trabalho ao ser intencionalmente ignorante das partes nas quais não tem interesse. Jason Oppenheim, dono do Oppenheim Group e estrela do programa *Selling Sunset*, da Netflix, contou para nossos alunos que não se achava especialmente bom no mercado imobiliário quando começou, então perguntou a si mesmo como poderia se diferenciar de todos os outros corretores que tinham como foco o mercado de alta renda. Ele olhou para seus pontos fortes, especificamente as habilidades que adquiriu em sua carreira anterior como advogado, e percebeu que sua ética de trabalho e seu interesse em detalhes que outras pessoas não prestavam atenção seria um ótimo começo. Os detalhes que mais o interessavam estavam relacionados à arquitetura e construção, então tornou-se um especialista nisso. Sabe responder perguntas sobre as reformas que talvez sejam necessárias ou quanto custarão. No entanto, se um prospecto lhe pergunta sobre propriedades comerciais, indica imediatamente alguém com mais conhecimento. Ele poderia ter aprendido tudo o que fosse necessário, e o esperado talvez seja que um corretor queira ser um sabichão. Mas Oppenheim diz que as propriedades comerciais o entediam. Em vez de aprender sobre elas, montou um time de especialistas no assunto.

Tendemos a achar que, para sermos ótimos no nosso trabalho, precisamos ser apaixonados pela maioria, se não por todas, as partes dele. Todos ouvimos o mantra "siga o seu coração", e ele é ótimo, mas falta um detalhe importante. É bem provável que não encontraremos um trabalho e amaremos *todos* os aspectos, mas é possível fazer com que ele se encaixe nas nossas paixões. É de senso comum que, se amamos nosso trabalho, temos que gostar de aprender todas as informações de que precisamos para fazê-lo bem-feito. Se somos consultores financeiros, provavelmente devemos amar estudar os mercados e nos encontrar com clientes. Se somos advogados de defesa, é melhor gostar de depoimentos e de escrever alegações. Mas o que vimos nas vendas é que é completamente possível ser ótimo, e amar o trabalho, ao mesmo tempo em que não existe uma paixão por certas informações que aparentemente deveríamos saber. Como? Ao focar nas partes das vendas do produto que você ama e se manter ignorante de propósito daquilo que não ama.

Todos nós nos inspiramos em diferentes aspectos, e isso também vale para o trabalho nas vendas. Alguns de nós amam tudo sobre um produto e querem se aprofundar em cada detalhe técnico, enquanto outros acham extremamente entediante, ou talvez não tenham a aptidão para absorver esse conhecimento. Alguns estão doidos para saber os prós e os contras das finanças, enquanto outros preferem falar sobre qualquer outra coisa. Somos livres para aperfeiçoar nossa abordagem ao nosso trabalho de uma forma que enfatize nossos interesses. Como já dissemos, não há um tipo "certo" de vendedor para nenhum produto. Pessoas com paixões diferentes podem ser ótimas ao tentarem vender as mesmas coisas. Ser intencionalmente ignorante é outra forma de ser autêntico.

Em uma entrevista, o *linebacker* do Hall of Fame da NFL Ray Lewis disse: "Você me paga de segunda a sábado. Domingos são um hobby. Trabalho nos domingos de graça". Em outras palavras, seu mindset era que sua folha de pagamento era para praticar, estudar, tratar ferimentos, treinar com peso, viajar e as milhões de outras coisas que um atleta profissional precisa fazer para se manter no topo. Mas nos domingos, sob os holofotes, competir diante de milhares de fãs (e milhões na TV)? Ainda assim faria isso, mesmo se não fosse pago. Otimizar o tempo que você faz o que faria de graça é um traço comum de quem tem um Mindset às Avessas, então, por mais que concordemos com o conselho de seguir seu coração, queremos acrescentar que, para fazer isso da melhor forma possível, precisamos procurar uma maneira de evitar passar muito tempo em aspectos inevitáveis do trabalho que tiram nosso entusiasmo. Essa é uma forma de "job crafting", ou artesanato do trabalho, um conceito introduzido pela professora da Escola de Administração de Yale, Amy Wrzesniewski e seus colegas. *Job crafting* é quando as pessoas "repensam seus próprios trabalhos de uma forma que lhes traga satisfação, bem como engajamento, resiliência e sucesso no emprego". Pesquisas demonstram que isso também aumenta significativamente a produtividade.

Montar os nossos trabalhos de acordo com nossos interesses é ótimo para as vendas porque nos permite continuar energizados. Pense em algo pelo qual é apaixonado. Quando fala com alguém sobre esse assunto, você se ilumina. Fica animado e concentrado. Colin fica tão animado falando sobre tênis que ele até fez Garrett comprar um par da Nike, que Garrett *nunca* nem teria olhado, quem dirá comprado. Ele ainda não entende por que os tênis são legais, ou se ainda serão quando você ler, mas, por causa do entusiasmo do Colin, comprou mesmo assim. Como somos mais convincentes quando falamos de alguma coisa que amamos, focar as discussões com os clientes no que importa para você o levará aos melhores relacionamentos — e aos melhores resultados.

Escute os Especialistas

É claro, sua habilidade de praticar a ignorância intencional se limita aos recursos disponíveis para você fornecer informações aos prospectos. Talvez exista uma riqueza de recursos, mesmo que não sejam oficialmente fornecidos pela sua empresa, como aconteceu no nosso time de vendas da Bitium. Nós tínhamos engenheiros de vendas e especialistas em produtos disponíveis para nos dar respostas. Muitas empresas oferecem esse tipo de suporte, mas costumamos escutar de vendedores que depender de especialistas para vender é visto como um sinal de fraqueza. Preferem tentar aprender tudo o que podem sozinhos, para que possam responder a quaisquer perguntas na hora, pois pensam que parecerão mal-informados se tiverem que fazer uma pausa na conversa para procurar outra pessoa. Isso não é verdade; usar seu time e outros recursos disponíveis para você é um presente para os seus prospectos, e para si mesmo.

Chuck Ueno, gerente de vendas de uma das mais bem-sucedidas concessionárias da Audi, na Califórnia, nos contou que a empresa não acha que é uma boa ideia usar o tempo de um vendedor para *fingir* que têm um diploma de engenharia. Em vez disso, a Audi tem uma equipe de apoio de especialistas, e os vendedores indicam os clientes a ela quando querem saber detalhes técnicos sobre os carros. "Também não exigimos que nossos representantes de vendas se tornem especialistas no processo financeiro", explicou, "e deixamos especialistas em finanças disponíveis para essa parte das transações com os clientes. Fazer isso permite que nossos vendedores se especializem no trato com o cliente, entendam-no, ensinem-no o que mais sabem sobre os produtos e o guiem pelo processo de compra ao apresentarem os melhores recursos disponíveis." Quando o vendedor não sente pressão para atuar, nem finge que tem todas as respostas, não entra no modo "vendedor de carros".

Se não há especialista para aconselhá-lo ou falar diretamente com os prospectos, talvez você consiga ótimas respostas de pessoas que não foram especificamente determinadas para isso, como colegas, mentores, pessoas da sua rede de contatos, ou até mesmo consumidores. Para acessar esses recursos, é necessário construir relacionamentos autênticos. E procurar esses aliados não é algo que se possa fazer com frequência, então leve isso em consideração ao escolher no que deseja ser intencionalmente ignorante. Se pedir ajuda para um consumidor demandar muito tempo dele ou atrapalhar a relação entre vocês, não o faça. Mas percebemos que, no geral, as pessoas estão dispostas a ajudar, principalmente quando o pedido vem de alguém que os tratou bem.

Se não tiver colegas nem clientes a quem possa recorrer, tente pesquisar tópicos nos quais você não se aprofundaria até que algum cliente perguntasse a respeito. Saber o que eles querem saber fará com que a pesquisa seja mais empolgante, porque você a fará para uma pessoa específica, e sabe que ela será grata por isso.

Atualize-se

Outro benefício de praticar a ignorância intencional é se permitir improvisar e ser espontâneo. A profissão de vendas envolve sempre ter conversas parecidas, não há como escapar disso. Muitos prospectos perguntarão as mesmas coisas. Se mostrar o produto é parte do seu processo de venda, você pode começar a entrar em um modo automático depois da 12ª demonstração da semana. Esse é outro motivo do *burnout* ser um problema tão grande; vender pode ser dolorosamente repetitivo. Um simples antídoto é se manter intencionalmente ignorante de roteiros, falas prontas ou discursos de vendas. Muitos treinamentos recomendam não usar roteiro e costumam focar na autenticidade e a conexão humana que surgirá ao fazer isso. Isso tudo é verdade, mas sair do roteiro também é muito mais divertido. Permanecer ignorante de pelo menos uma parte da informação e abandonar uma parte ou todo o roteiro permite que as conversas sejam sempre novas.

Kevin Williams, profissional de vendas de dispositivos médicos, nos disse que, em duas empresas diferentes, uma de capital aberto e uma internacional, foi enviado a campo com quase zero conhecimento do produto ou informações a respeito do médico a quem deveria vender. Essa tática não é incompetência; as empresas sabiam que isso beneficiaria os times de vendas. Kevin era incentivado a usar suas habilidades de comunicação, fazer perguntas, pedir conselhos e ser vulnerável ao dizer às pessoas que era novo naquilo. Ele aprenderia com a experiência, mas, o que era mais importante, construiria relacionamentos ao se envolver ativamente com seus prospectos em vez de tentar impressioná-los com conhecimento adquirido em um curso de treinamento ou manual. As empresas entendiam que era importante que ele aprendesse a respeito de seus produtos da perspectiva do *cliente* e que se acostumasse a fazer perguntas sobre suas necessidades específicas.

Confirmando a conexão com os prospectos que surge da falta de conhecimento, Kevin se lembra de dizer para um de seus clientes: "Dr. Kim, sou novo e só vi esse procedimento uma vez. Você se importaria de me explicar por que fazer a cirurgia por laparoscopia seria mais arriscado nesse caso?" Ao pedir a um médico ocupado que o aconselhasse e o ensinasse, ficou maravilhado e surpreso quando recebeu um entusiasmado: "Sim!". Eles possuem um laço forte até hoje, e ele ainda o procura quando surgem perguntas e precisa de conselhos.

Há um ditado no ramo dos dispositivos médicos, diz Kevin. "Você só é novo uma vez, aproveite enquanto pode." Ele também diz que os novatos costumam se dar bem no ramo, mas muitos sofrem uma queda drástica nas vendas no segundo ano. Segundo ele, isso ocorre porque passam a fazer menos perguntas por acharem que sabem tudo o que precisam saber. "Quando você pede um conselho a um médico ou enfermeiro e eles lhe dão, por mais que não sejam obrigados a isso, é um sinal de que o respeitaram por ter perguntado", explicou Kevin. "Sempre fico muito grato pelo feedback, e deixo claro para eles. Acho que grande parte de eu ter um bom desempenho até hoje é porque peço muitos conselhos." Vamos chamar essa aderência à mente de iniciante de "atualizar-se".

A disposição de Kevin para admitir a si mesmo e aos seus prospectos que há muitas coisas que ele não sabe é especialmente impressionante porque vende para médicos. Como todos nós já vivenciamos, médicos podem ser incrivelmente intimidadores. É da natureza humana ter cautela, vergonha, até ressentimento, quando percebemos que falamos com pessoas que sabem mais do que nós. Talvez isso nos faça ficar na defensiva, o que nos leva a dar passos em falso, como fingir que sabemos mais do que sabemos, fornecer informações ruins (ou inventadas), ou despejar uma enxurrada de dados com uma mangueira de incêndio figurada.

Vimos os efeitos de nos atualizarmos em um contraste gritante entre as experiências de dois novos membros do time de vendas da Bitium. Os dois eram amigos e começaram a trabalhar conosco no mesmo dia, mas as abordagens eram extremamente diferentes. Um deles era uma máquina que fazia a mesma coisa várias e várias vezes. Ele tinha um bom desempenho e conseguia resultados ao ler o mesmo roteiro palavra por palavra um dia atrás do outro. Se fizesse 75 ligações no dia, teria praticamente a mesma conversa em todas.

O outro colega memorizou, durante algumas semanas, as partes do roteiro que precisava saber para se envolver com confiança com os prospectos, e nunca mais o usou. Com o tempo, o vimos ficar cada vez mais confortável com a improvisação, fazia correções, ria, surpreendia os clientes e era surpreendido de volta. As conversas fluíam naturalmente e levavam a rumos inesperados e interessantes, com descobertas de detalhes pessoais e profissionais que não seriam abordadas se tivesse se prendido ao que dizer. Quando perguntado sobre o *roadmap* de dois anos de um produto, chamava um engenheiro de vendas para responder *e*, enquanto esperava o engenheiro chegar, descobria onde o prospecto pensava que a própria empresa estaria dali a dois anos.

Quando alguém perguntava sobre o linguajar de cancelamento em um contrato de vendas porque já tinha sido enganado, dizia que procuraria saber *e* começava uma conversa sobre o que o prospecto tinha aprendido com aquela experiência. Ele ficava genuinamente intrigado e se divertia.

Os dois conseguiram resultados parecidos por um tempo. Mas, com o passar do tempo, o primeiro começou a ficar para trás. Para ele, o trabalho ficou entediante e exaustivo, o que demonstrava ao ficar cada vez mais irritado com os consumidores. Ficou menos interessado em seus prospectos, suas respostas ficaram mais curtas, as ligações ficaram robóticas, e estava tão mecanizado que às vezes cortava um consumidor e começava a "superar" a objeção antes mesmo de terminarem de articulá-la. Ele culpava os prospectos por não comprar, reclamava sobre eles com todo mundo, e, não muito tempo depois, saiu da empresa. O outro cara não só continuou a aumentar suas vendas, como aprendeu mais sobre o funcionamento da empresa do que se só tivesse memorizado o roteiro, pois era forçado a se envolver com diferentes departamentos com frequência para conseguir as respostas que não tinha de propósito. Ele se atualizou e, por fim, foi promovido.

Claro que, enquanto um vendedor aprende um novo processo, é útil ter um guia para saber o que dizer, mas, assim que aprende a dar os próprios passos, é hora de ter seu próprio estilo. Muitas das conversas ainda serão parecidas; as perguntas dos consumidores e as necessidades que você atenderá com frequência serão as mesmas. Mas as pessoas em si são múltiplas, e sempre há uma oportunidade de investir em uma conversa que desperta uma nota que você ainda não tinha escutado, como um músico de jazz que encontra um novo *riff* em uma música que já tocou uma centena de vezes.

Quando começamos a dar palestras, caímos na armadilha de tentar mapear cada palavra, grudados a um roteiro guiado por uma série de slides de PowerPoint. Mas, sempre que o fazíamos, nunca nos sentíamos tão bem com os resultados como quando usávamos uma estratégia menos rígida. Em dado momento, decidimos sair do roteiro em todas as nossas interações, sem exceções, e agora é uma das coisas que mais amamos fazer. Temos um rascunho dos assuntos principais, e como chegar neles depende da resposta do público. Cada público é diferente, e isso significa que, quando improvisamos, cada evento é único.

Nosso editor certa vez nos contou que há um ditado que deve inspirar escritores: "Se não é divertido para o escritor, não é divertido para o leitor". Isso também serve para as vendas. Se você se divertir ao vender, as pessoas para as quais deseja vender provavelmente se divertirão também.

Ignorância Intencional Sem Intenção É Só Ignorância

Para praticar a ignorância intencional, é preciso identificar o que se pode escolher ignorar com responsabilidade. Pergunte a si mesmo o que precisa saber, e então se desafie a entender por que acha isso. Reflita sobre os aspectos daquilo que vende, o que o deixa mais empolgado e como focar mais esses aspectos. Quando e por que, em outras palavras, a ignorância será uma bênção?

Faça algumas perguntas a si mesmo ao decidir o que se pode ignorar intencionalmente:

- ✦ O que você ama no que vende e quais áreas não o animam?
- ✦ Em quais partes do trabalho você é realmente excelente? São as mesmas partes que ama?
- ✦ É importante saber falar sobre um assunto imediatamente ou não é problema dizer que buscará saber?
- ✦ Como a conversa se desdobraria se não soubesse a resposta de uma pergunta? Qual será o lado positivo de admitir que não sabe?
- ✦ Se não souber alguma coisa, há algum outro recurso que poderá usar que será tão (ou mais) eficaz para oferecer a informação para seus clientes?
- ✦ A quem você pode pedir informações, tanto dentro quanto fora da empresa?

- Os recursos são usados da melhor forma possível? Se não, por quê?
- Como cultivar relacionamentos dentro e fora da empresa para ter acesso a especialistas?

Se pensar em abandonar alguns roteiros, fatos e números que você tem à sua disposição for desconfortável, vá devagar. Comece aos poucos e veja como os prospectos respondem. Quando o mundo não desmoronar da primeira vez em que disser "não sei", sentirá a necessidade incômoda de saber se dissipar. Tente conversar com stakeholders de outros departamentos para ver se podem aconselhá-lo. Então tente com outro. Veja como o seu cliente se comporta com esse pedido. Cultive relacionamentos com vários especialistas do seu produto e traga-os regularmente à conversa. É possível contratar alguém para esse propósito? Fazer um contrato? Ao seguir um roteiro, mesmo que você o tenha escrito, deixe-o de lado e tente ter uma conversa real.

É necessário que cada pessoa entenda o próprio nível de conforto quando se trata de não saber alguma coisa. Ninguém pode fazer isso por você. Mas aumente o seu limite de conforto aos poucos e veja o que acontece. E tenha em mente que viver fora da zona de conforto e focar seu tempo e energia nas coisas pelas quais é apaixonado é bom para si mesmo e para as outras pessoas. Essa noção já existe há muito tempo no conceito espiritual da Índia Antiga, o *dharma*. O *dharma* foi descrito como "o caminho para a ação correta, que traz o máximo de benefício para nós e para o planeta". Em outras palavras, seu *dharma* é aquilo pelo qual você é apaixonado e que contribui para o bem maior. Alguns professores incorporaram habilidade na definição, e dizem que um componente-chave do bem-estar é encontrar a interseção entre o que você ama, no que você *é bom* e o que o mundo precisa. As pessoas com o Mindset às Avessas usam a ignorância intencional para passar o máximo de tempo possível nessa convergência.

✦ ✦ ✦

Paul McCartney é considerado por muita gente o maior compositor de música de todos os tempos. Ele escreveu inúmeras músicas icônicas que mexem conosco, incluindo "Yesterday", "Hey Jude" e "Let It Be". Ele também tocou uma gama inacreditável de instrumentos nas gravações ao longo dos anos, incluindo baixo, guitarra, violão, bateria, piano e teclado. Pode até parecer que ele sabe fazer tudo no que se trata de música, mas tem uma coisa que ele não sabe: Paul McCartney, lendário membro dos Beatles e Wings, artista solo vencedor de platina, colaborador e gênio musical *não sabe ler nem escrever música formalmente*. "Não dá para saber muito", disse ele em uma entrevista. "Ninguém [dos Beatles] aguentou as aulas de música porque eram muito entediantes."

Desde o início de sua carreira, McCartney praticou o oposto daquilo que precisava saber para ser um ótimo músico. Pegou o estereótipo de um prodígio musical tecnicamente perfeito e o virou de ponta-cabeça para se tornar uma lenda em seus próprios termos. Focou no que amava, aprendeu ao escutar os melhores do blues e os pioneiros do rock e colaborou com John Lennon, e o mundo o amou (e sua música) por isso. A ignorância intencional naquilo que se refere à composição de música tradicional era uma característica, não um erro.

Ser intencionalmente ignorante em um aspecto de nossas vidas, como as vendas, não quer dizer que não trabalhamos duro. Nos permitir deixar a pressão de ter que saber tudo de lado garante que teremos energia para trabalhar o máximo possível naquilo que nos permite que tenhamos o máximo impacto e nos faz feliz. Isso faz com que sejamos melhores porque não estamos estafados com o que não permite que apresentemos a melhor versão de nós mesmos para as pessoas com quem interagimos. Também nos liberta para *novas* informações, ideias e oportunidades alinhadas com o nosso *dharma*, ao entrarem na nossa vida.

CAPÍTULO TRÊS

Desenvolva um Mindset às Avessas

Jay-Z é um dos músicos mais bem-sucedidos de todos os tempos. Vendeu mais de 50 milhões de álbuns e foi o primeiro rapper solo vivo a ser incluído no Rock & Roll Hall of Fame. Também é um empresário incrível. Fundou uma empresa de roupas (Rocawear), de entretenimento (Roc Nation) e uma rede de bares de esportes de luxo (40/40 Club), além de duas empresas de bebidas (D'Ussé e Armand de Brignac). Possui uma parte de um time da NBA (os Nets), foi investidor no início da Uber e comprou o serviço de streaming de música Tidal, que depois vendeu para a gigante de processamento de pagamentos Square, e hoje ocupa um cargo no conselho de diretores. Tudo isso fez com que ele se tornasse bilionário.

O sucesso do Jay-Z *não* foi inevitável. Quando começou, não conseguia fechar um acordo com uma gravadora nem que sua vida dependesse disso. Foi rejeitado inúmeras vezes. Ninguém comprava o que ele queria vender. "Fui a todas as gravadoras possíveis", lembrou-se em uma entrevista, "e todas elas disseram: 'Esse cara é péssimo. Ele não é nada.'"

Muitos de nós desistiríamos depois de tantas rejeições. Ou mudaríamos o que somos ou a nossa música para nos parecermos mais com o que a gravadora gostaria. Jay-Z tem um mindset diferente. "[A rejeição] me fez gostar ainda mais", falou sobre seu sucesso. "Ninguém me deu nada. Não me deram um acordo de gravação. Cresci aos poucos e construí cada degrau. Eu poderia ter facilmente cedido: 'Talvez o que eu digo não está certo! Ninguém que assinar comigo!' Isso teria parado com o sofrimento. Mas não cedi."

Jay-Z, como outros que encontramos com um Mindset às Avessas, não via suas dificuldades e obstáculos como um motivo para comprometer sua visão, culpar outras pessoas ou desistir. Ele via tudo isso como uma oportunidade de crescimento, e foi exatamente o que fez. Tomou a decisão de aprender tudo o que podia sobre a indústria da música, inclusive como gravar singles, vender as gravações para as lojas, negociar acordos de distribuição e tudo o que precisava para fundar e gerir uma gravadora. E então usou esse conhecimento, fundou sua *própria* gravadora, Roc-a-Fella Records, e lançou seu primeiro álbum sozinho. Aquele álbum ganhou platina e serviu de plataforma para tudo o que se seguiu.

Infelizmente, para muitos de nós, encontrar uma oportunidade em meio à rejeição não é fácil. Receber um *não* costuma parecer um julgamento sobre quem somos como pessoa, não sobre o que vendemos. Quando o sucesso só é medido pelas vitórias, rejeições inevitáveis podem cobrar um preço alto, o que nos causa certa frustração, nos deixa exaustos e desistimos. Esse é outro grande motivo pelo qual tantas pessoas são tão avessas às vendas.

As pessoas com um Mindset às Avessas enxergam os obstáculos com outros olhos. Não gostam de ouvir *não*, é claro, mas, diferente da maioria das pessoas, não pensam muito nisso, nem o internalizam quando ocorre. Em vez disso, enxergam a rejeição como uma parte integral das vendas, que os permite traçar estratégias, aprender e, por fim, crescer. As barreiras se transformam em outdoors que dizem onde estão, para onde precisam ir *e* como chegar lá.

Essa abordagem contraintuitiva aos desafios, combinada com uma obsessão pelo aprendizado, mesmo quando as lições são dolorosas, é um grande motivo pelo qual quem tem um Mindset às Avessas costuma ser mais bem-sucedido do que quem não o tem. É também o porquê de amarem vender.

Cresça, Não Apareça

Em nossas entrevistas, sempre ouvíamos as mesmas frases: *De que outro jeito vou aprender onde preciso melhorar?* ou *Sou bem-sucedido tanto pelos acordos que não fechei quanto por aqueles que fechei.* Ter um Mindset às Avessas amplia sua definição de sucesso nas vendas. E, dentre as coisas que os vendedores mais amam, é sempre ter algo novo para aprender.

A pesquisadora de psicologia de Stanford, Carol Dweck, escreve sobre essa forma de pensar em seu best-seller influente *Mindset*. Ela estudou como pessoas de diversas profissões, desde atletas a executivos de negócios e cientistas, pensavam a respeito de seu talento e se portavam diante de desafios. No processo, encontrou duas maneiras drasticamente diferentes de pensar: o mindset fixo e o de crescimento. Qual deles domina a maneira como as pessoas lidam com os desafios tem uma influência poderosa no sucesso de suas vidas, desde trabalho e educação, até exercícios físicos e relacionamentos.

Aqueles com um mindset fixo pensam que a inteligência e outras habilidades surgem de uma habilidade natural e só podem ser desenvolvidas até certo ponto, se é que podem. Como acreditam que *não há como melhorar*, agem dessa forma. Às vezes, focam mais em *parecerem* inteligentes do que em tentar *serem* inteligentes; evitam desafios porque pensam que, se não tiverem um bom desempenho, os outros pensarão que não possuem habilidade. Tendem a desistirem com mais facilidade quando têm dificuldade em uma tarefa, pois pensam: *De que adianta? Não sou bom nisso*, e tendem a enxergar o feedback como crítica. Outra característica infeliz de um mindset fixo é que o sucesso de outra pessoa pode ser ameaçador, já que costumam comparar os próprios talentos e sucessos com os de outras pessoas. São muito duros consigo mesmos uma vez que, na cabeça deles, não possuem talento o suficiente. Além de tudo, o mindset fixo se reforça a si próprio; ao fazer as pessoas tentarem menos e perderem oportunidades de desenvolverem seus talentos, resultados decepcionantes são ainda mais prováveis. Por sua vez, enxergam esses resultados como uma confirmação de que simplesmente não possuem a habilidade para melhorar. Dweck descobriu que, como resultado, indivíduos com um mindset fixo costumam estagnar no sucesso da carreira logo no começo e conseguem menos coisas do que poderiam.

Vemos sinais de um mindset fixo em vendedores o tempo todo, geralmente unidos à frustração e dúvida de si mesmo sobre o porquê de nada melhorar. Ao receberem o conselho para que usem uma estratégia diferente no processo de descoberta, dirão que já tentaram e não funciona ou inventarão um motivo para não funcionar. Ao serem aconselhados a respeito da prospecção, terão inúmeras justificativas para explicar por que a abordagem deles não é o problema. Para a maioria, a economia é o problema, ou o comprador, ou as circunstâncias — não são naturalmente bons em vendas, não têm paciência ou não se encaixam. Não veem a oportunidade de melhorar a situação ao melhorarem a si mesmos.

Por outro lado, pessoas com um mindset de crescimento acreditam que inteligência e talentos podem ser desenvolvidos. Enfrentam os desafios, persistem a obstáculos, veem o esforço como um caminho para dominar o assunto, aprendem com as críticas e encontram lições e inspiração no sucesso de outras pessoas, e até mesmo nos próprios fracassos. Buscam aprender e se desafiar para que possam melhorar, e veem os erros que cometem como passos para chegar aonde desejam. Esse mindset as ajuda a lidarem com decepções e permite que se sintam mais empoderadas para atingirem objetivos, e a pesquisa de Dweck mostra que usam todo o seu talento com frequência. Um mindset de crescimento também inspira as pessoas a amarem seu trabalho, mesmo quando as coisas não saem como o esperado. "Atletas, CEOs, músicos ou cientistas com um mindset de crescimento amam o que fazem, enquanto aqueles com um mindset fixo, não", escreve ela.

Ao falarmos com mais e mais pessoas com uma perspectiva às avessas, todas repetem o mesmo mindset de crescimento de Dweck. Não deveria ter nos surpreendido, principalmente porque ela discute uma ligação entre o mindset de crescimento e a autenticidade. Escreve que algumas pessoas com um mindset fixo se preocupam de "não serem mais si mesmas" se crescerem e mudarem. Esse grupo de pensadores fixos acredita que meramente nascer com seu talento faz deles quem são. Temem que, se o sucesso vier mais por meio do crescimento do que por meio de um talento inato, então talvez isso signifique que não possuem nada de especial. Temem, escreve ela, que "se tornarão mais um na engrenagem, como todo o resto do mundo". Mas descobriu que o oposto é verdadeiro. "Abrir-se para o crescimento o torna *mais* você mesmo, e não menos."

Sempre falamos para os nossos alunos que a parte difícil de ter um mindset de crescimento não é o esforço dedicado ao crescimento, é a consciência de reconhecer que o crescimento é necessário. Essa autoconsciência e honestidade a respeito de quem somos *hoje*, com todos os defeitos, é a chave para entender quem seremos no *futuro*. Se alguém diz que parece que você não escuta, que apenas espera para falar, só será possível abandonar esse hábito depois de olhar para si mesmo no espelho e admitir que pode ser um ouvinte melhor. Com um verdadeiro mindset de crescimento, essa honestidade consigo mesmo não é assustadora, é compreensiva e inspiradora.

Um mindset de crescimento não é a forma padrão de se pensar. A boa notícia da pesquisa de Dweck é que, se nos esforçarmos para adotarmos esse mindset, é possível desenvolvê-lo. Todos temos uma capacidade incrível para crescer, acreditemos ou não.

Além do mais, ninguém tem apenas o mindset de crescimento ou o fixo. Não nascemos pensando de certa maneira. Fomos condicionados a seguir uma direção ou outra ao aprendermos com os nossos pais, amigos, escola, treinadores e nossas carreiras, mas todos temos um mindset de crescimento, assim como temos momentos de mindset fixo. Afinal de contas, é difícil, difícil demais, encarar alguns dos desafios com os quais nos deparamos como oportunidades de crescimento.

Se formos intencionais, podemos mudar o equilíbrio do nosso pensamento. Podemos aumentar a capacidade do nosso mindset de crescimento, como um músculo. Isso começa, escreve Dweck, com "o que os psicólogos chamam de Experiência A-Há!" sobre os dois mindsets, depois da qual as pessoas "sentem a reorientação dos mindsets".

Vimos a velocidade com a qual a adoção de um mindset de crescimento para as vendas pode levar a uma mudança ao trabalharmos com um gerente de vendas que havia estagnado. Ele fora um representante de vendas bem-sucedido antes, mas não era um ótimo líder do time de vendas para um de nossos clientes. Os resultados da equipe não iam bem, e nosso cliente nos contratou para trabalharmos com ele e descobrir como poderia ser mais eficaz. Quando nos encontramos, foi claro ao falar que não concordava com a nossa presença; disse que já sabia qual era o problema e, "sem querer ofender", não era preciso contratar especialistas de fora para entender. Era um mindset fixo típico. Na cabeça dele, o problema não estava relacionado à sua falta de abertura para a mudança; sua equipe era o problema. Se tivesse aprovação para contratar mais pessoas de qualidade, atingiria os números. Para mudar sua opinião, fizemos um exercício. Ele poderia contratar os cinco representantes de vendas que tanto pedia, desde que soubesse nos dizer por que cada um deles era melhor do que ele nas vendas, antes de fazer a oferta. O processo foi pensado para fazê-lo perceber que era parte do problema, que havia coisas que não sabia, e que outras pessoas, mesmo que subordinados, poderiam o ensinar. Esse simples exercício o ajudou a perceber que seu papel não era ser a pessoa mais inteligente do ambiente, mas construir a habilidade coletiva de seu time. Isso, ele entendeu, requeria que visse os defeitos de sua abordagem às vendas ao olhar intencionalmente para seus pontos cegos e não para o de todos os outros. Percebeu o benefício de contratar pessoas que não gostam dele e reconheceu que "meu jeito" não é a base de um vendedor perfeito, porque não há uma única maneira de ser ótimo em vendas.

Por fim, contratou um representante da Salesforce.com, que mostrou à equipe novas ideias para reportarem dados. Outra contratação tinha mais de 30 mil conexões no LinkedIn e era mestre na construção de comunidades nas redes sociais para a geração de leads. Um terceiro veio de uma startup apoiada pela aceleradora de negócios líder Y-Combinator e trouxe acesso a uma enorme rede de talentos locais.

Dentro de seis meses, o gerente passou a liderar o time de crescimento mais rápido da empresa. O time cresceu coletivamente, e ele junto.

Um mindset fixo pode levar uma pessoa a agir como conhecedora. Alguém que acredita que sua inteligência e habilidades são relativamente estáticas também acha que outras pessoas pensam o mesmo a respeito dela. Isso as leva a projetarem constantemente a imagem de que são competentes para o mundo. É melhor parecer saber tudo que precisam para serem respeitadas e ficarem seguras em seus empregos, seja aos olhos de seu chefe, colegas ou clientes. Essa visão é reforçada pela poderosa mensagem transmitida pela nossa cultura, de que ser profissional significa dominar nossa área. E, se quisermos sermos *vistos* como profissionais, pensamos, é melhor que *sejamos* mestres no que fazemos. Logo, nos convencemos de que somos. Nesse ponto, não agimos mais como se soubéssemos todas as respostas, nós acreditamos que sabemos. Mas, ironicamente, nos convencer de que somos mestres em alguma coisa geralmente faz com que apodreçamos e fiquemos para trás.

Para ter um Mindset às Avessas, é preciso ser aprendiz. Em quase todas as nossas entrevistas, falamos com pessoas que expressaram de um jeito ou de outro que ainda precisam aprender muito sobre seu trabalho e o mundo, e acreditam que podem fazer isso em qualquer lugar. Manny Martinez, fundador da American Branding Agency, representante da marca de roupas Champion e responsável pela ressurgência massiva da marca na cultura pop e na moda mainstream, nos disse que uma de suas crenças centrais é que é possível aprender e crescer com todo mundo que você conhece. "Não se pode tratar as pessoas como se fossem dispensáveis", disse ele. "Todo mundo tem ideias com as quais podemos aprender." Comentou sobre as lições que aprendeu com o time de manutenção, estagiários e aqueles nos mais altos cargos. Seus comentários nos lembraram de algo que Jay-Z falou uma vez: "Todo mundo nasce com o talento de um gênio." Imagine se todos pensassem assim; como escolheríamos *não* aprender com todo mundo que encontramos?

Seja um Criador, Não uma Vítima

Outro efeito colateral bem-vindo do mindset de crescimento é o combate à *mentalidade de vítima*. Quando alguém com um mindset fixo não consegue o resultado desejado em uma venda, seja um pitch para um cliente, uma entrevista para um emprego ou uma apresentação para o time de marketing, costuma colocar a culpa do fracasso em algo sobre que não tinha controle e se enxerga como vítima. Isso gera sentimentos de impotência ou falta de controle, e às vezes "catastrofização" ao verem o problema desproporcionalmente maior do que de fato é. O que, por vezes, gera a crença errônea de que os outros intencionalmente o levam ao fracasso.

Costuma ser fácil observar a mentalidade de vítima por meio da linguagem que as pessoas usam para explicar por que não são mais bem-sucedidas. *Meus leads eram um lixo. O cliente era idiota. Os concorrentes mentiram sobre nós. O grupo para o qual apresentei não parou de olhar o celular.* Podemos facilmente nos enrolar na busca por uma justificativa para o fracasso, por meio da vitimização, em vez de focar como melhorar nossos resultados. Mesmo que algumas das justificativas sejam válidas, pelo menos em partes, realmente queremos ser vítimas dessas circunstâncias? A psicóloga Rahav Gabay escreve que essa perspectiva surge de um "local de controle externo", o que significa que a pessoa acredita que o que ocorre consigo deve-se principalmente a "forças externas".

Alguém com um Mindset às Avessas, por outro lado, acredita em seu poder sobre as circunstâncias, pois possui um local de controle interno. Em nossas pesquisas sobre as consequências da armadilha da vitimização, encontramos ótimos insights do coach executivo David Emerald. Em seu livro *The Power of TED (The Empowerment Dynamic)* [sem publicação no Brasil], escreve sobre a contraparte da mentalidade fixa de vitimização, que chama de "orientação do criador". Descreve perfeitamente os ótimos vendedores que observamos e entrevistamos. Em vez de sucumbir ao pensamento "o que devo fazer?" quando obstáculos surgem, um criador sente-se empoderado para focar no que *quer* que aconteça e como criar as condições para que isso aconteça. Ele *domina* a situação e a forma como lida com ela. Acredita que tem um grande grau de controle sobre as situações, e isso o leva a criar as próprias situações. Em vez de dizer que *o cliente era incompetente e não entendia*, responsabilizam-se. *Caí na armadilha da "maldição do conhecimento" e os tratei como se soubessem o mesmo que eu a respeito da empresa. Não cometerei mais esse erro.* Ao encararem uma adversidade, fazem uma pergunta-chave: "O que *eu* posso fazer para criar o resultado que quero?"

Trabalhamos com uma fundadora e CEO que passou por uma transformação poderosa de um mindset de vítima ao de criador. Ela estava com muita dificuldade para levantar fundos, mesmo com um ótimo produto e promessas de adoção do consumidor e renda. Foi repetida e respeitosamente (às vezes desrespeitosamente) rejeitada durante sua busca por investimento, e nos procurou para que a aconselhássemos, porque não conseguia entender o que estava errado. Ao escutarmos enquanto descrevia as experiências, não demorou para percebermos que se via como vítima. "Eles não entendem a oportunidade", nos contou. "Têm a mente fechada e não olham para a perspectiva geral. Querem um tipo específico de fundador, e não sou eu." Então fizemos uma pergunta que percebemos que ela nunca havia cogitado. "Com exceção à folha de termos, o que você *quer* que aconteça nessas reuniões?"

Ela ficou perplexa, mas, depois de uma breve pausa, respondeu: "Não quero que tenham a mente pequena, não quero que façam pressuposições que nem sabem se são verdade, e não quero que me tratem de um jeito diferente porque sou uma mulher, CEO e fundadora." Como costuma acontecer ao fazermos essa pergunta, ela respondeu com o que *não* queria que acontecesse. Mas queríamos entender o comportamento e os resultados que *queria*. Quando apontamos esse fato, os olhos dela se arregalaram e pudemos vê-la mudar de perspectiva. "Quero que tenham a mente aberta", disse ela. "Quero que vejam o que a empresa pode oferecer. Quero que vejam a grande oportunidade e não só o que poderia dar errado... e quero que vejam uma CEO mulher como um benefício."

Agora, articulava sobre como ela poderia agir. Sentíamos o entusiasmo dela. Ela se abriu para a percepção de que não precisava ver as reuniões como pitches que seriam bem-sucedidos ou não, a depender de como um capitalista de risco (VC) em específico reagiria. Podia *criar* as reuniões que queria, ir além de respostas, ao questionar os VCs, pedir mais insights, desafiá-los e *aprender* com eles.

Na próxima reunião com os parceiros de uma empresa de VC, cinco homens de meia-idade disseram novamente todos os motivos pelos quais não investiriam. Mas, dessa vez, ela escutou aos comentários com cuidado, absorveu e respondeu: "Esse feedback é muito valioso. Agora sei todas as áreas nas quais vocês pensam que preciso repensar. Posso perguntar do que vocês *gostaram* na empresa?" Em vez de encerrar a reunião, os parceiros gastaram um tempo para apontar tudo o que gostaram no negócio dela, e deram conselhos significativos para a expansão da empresa. Queríamos poder dizer que mudaram de ideia e investiram na empresa dela naquele momento, mas não foi o caso. No entanto, o que fizeram foi apresentá-la para outra empresa que seria uma parceria melhor para o estágio e tamanho da empresa dela e *essa* empresa financiou o projeto dela. Ao transformar a perspectiva de vítima para criadora, tomou as rédeas da situação para chegar ao próprio objetivo. Não só conseguiu o financiamento, mas o *criou*.

Abbondanza (Abundância)

O mindset de crescimento combate outra crença debilitante comum nas vendas: que existem apenas algumas oportunidades. O medo vem do mindset fixo; as oportunidades são vistas como limitadas, não abundantes. Ao pensar assim, as vendas se tornam um jogo de soma zero. Qualquer venda retira uma de alguém, e vice-versa.

Esse mindset também leva ao estereótipo da venda insistente. Ao pensar nos acordos como limitados, cada um deles será precioso e as pessoas dirão ou farão de tudo para não perder nenhum deles, então, inconscientemente aumentam as táticas de pressão e fazem promessas que o produto não cumpre para elevar as vendas.

Há mais de trinta anos, Stephen Covey escreveu sobre essa perspectiva problemática em *Os 7 Hábitos das Pessoas Altamente Eficientes*. "A maioria das pessoas", escreveu, "está profundamente presa ao que chamo de Mindset de Escassez. Vê a vida com um limite do que se pode ter." Por contraste, descreveu a Mindset de Abundância, "o paradigma de que há muita coisa por aí e o suficiente para todo mundo". Um ponto-chave sobre a crença da abundância, que está diretamente ligada ao mindset de crescimento, é que ela "reconhece as possibilidades ilimitadas para um crescimento e desenvolvimento interativo e positivo". Isso também serve para o outro lado; assim como as pessoas que veem a abundância reconhecem oportunidades para o crescimento, um mindset de crescimento alimenta a crença na abundância.

Ninguém pode ser culpado por ver através do prisma da escassez. Fomos doutrinados por nossa educação, ensinados que há somente alguns 10 a serem conquistados, apenas alguns lugares nos times de esportes, que somente algumas crianças podem ser populares. Na vida adulta, isso é reforçado no trabalho quando aprendemos que o orçamento e as oportunidades para promoções são limitados, e batalhamos com demandas que conflitam com nosso horário. O medo que surge desse sentimento de que as oportunidades são limitadas geram muitos dos comportamentos estereotipados de vendas.

Vendedores que creem genuinamente na abundância da oportunidade não costumam temer, pois possuem a confiança de que podem aprender a partir de um resultado negativo e fazer bom uso disso. Ao ouvir alguém usar o clichê "tudo acontece por um motivo", essa pessoa, quer saiba ou não, acredita na abundância.

Esse mindset dá às pessoas mais confiança na habilidade de vender e as empodera para serem aventureiras, inventivas e resilientes em seus esforços. Quando tudo vai devagar, acreditam que podem encontrar maneiras de *criarem* oportunidades. Colin, por exemplo, encontrou-se com Matt, a pessoa mais recente de nosso time na Bitium. Ele entrou na sala onde Colin aguardava e se sentou no sofá. Antes que Colin falasse uma palavra, começou a se remexer nas almofadas, acariciou o couro como se inspecionasse o frescor de um pêssego no mercado, e disse em voz alta para si mesmo: "Esse sofá é bastante bom."

Colin ficou confuso. Por que esse rapaz estava tão obcecado pelo sofá? Estava nervoso? Seu comportamento beirava à aberração. Mas, intrigado, deixou ele continuar a inspecionar o sofá enquanto se arrastava para frente e para trás, de almofada em almofada. Perguntou para Colin se sabia quem tinha feito o sofá, o que fez com que respondesse que não tinha ideia, quase sem disfarçar que achou a pergunta bizarra. Matt se levantou, virou a almofada, viu na etiqueta que a empresa que havia feito o sofá ficava na costa leste e perguntou: "Você se importa se eu der uma pesquisada nessa empresa antes de começarmos?" Ele pesquisou, percebeu que tinha milhares de empregados e que parecia parte da demografia da Bitium. Então, identificou um contato em potencial no LinkedIn e colocou um lembrete no celular para ligar para a empresa depois da reunião. Enquanto outros membros do time tinham sentado centenas de vezes nesse sofá (alguns tinham ironicamente reclamado sobre a escassez de oportunidade enquanto se sentavam nele), nosso mais novo vendedor entrou com um mindset de abundância e literalmente encontrou acordos entre as almofadas!

Pessoas com uma perspectiva de abundância costumam ser consideradas irrealistas, às vezes até doidas (definitivamente foi assim que Colin se sentiu ao observar Matt no sofá!). Ao ver uma oportunidade onde outras pessoas não veem nenhuma, costumam presumir que você tem uma visão desfocada. Mas quem vê a oportunidade onde outras não veem também tendem a *encontrar* mais oportunidades. Não é uma coincidência serem mais bem-sucedidas do que as contrapartes que focam a escassez.

Crie uma Resiliência Adaptativa

Um mindset de crescimento é útil para criar uma das qualidades mais importantes dos ótimos vendedores: resiliência. Mas nem toda resiliência é criada da mesma maneira. Queremos cultivar a resiliência *adaptativa*, que é a "capacidade de permanecer produtivo e verdadeiro à própria identidade [...] enquanto absorve a confusão e adapta-se com integridade em resposta a circunstâncias que se alteram." Não é aquela história de "me derrube nove vezes que levantarei dez". É a habilidade de tentar diferentes coisas para conseguir o resultado que você quer, mesmo que fracasse várias vezes no processo.

Em seu livro *Bouncing Back: Rewiring Your Brain for Maximum Resilience and Well-Being* [sem publicação no Brasil], a psicóloga Linda Graham enfatiza isso, e escreve: "Ser capaz de alterar nossas ferramentas de adaptação a um desafio específico é a habilidade que nos permite encontrar nosso equilíbrio quando o perdemos." Para enfatizar seu argumento, cita Charles Darwin, que escreveu: "Não é a espécie mais forte que sobrevive, nem a mais inteligente, mas a que mais se adapta." É o ponto-chave do pensamento de crescimento, o apoio à resiliência; ele nos encoraja a testar novas abordagens o tempo todo. Para quem tem um Mindset às Avessas, tentar novas abordagens e se adaptar conforme caminha é um elemento-chave para as vendas.

Graham escreve: "Todos temos uma capacidade inata de nos tornarmos mais resilientes", e podemos "escolher experiências específicas para deliberadamente refazer as conexões no nosso cérebro" para melhorá-la. Acrescentaríamos que podemos *escolher* quais experiências de vendas serão oportunidades de crescimento e construções de resiliência. Descobrimos diversas maneiras de fazer isso.

O Dom de um *Não Bom*

Por causa de seu mindset de crescimento, quem é às avessas muda seu relacionamento com a palavra "não". Em vez de se sentirem rejeitados ou derrotados com todo "não" que escutam, veem o valor de um Não Bom. O que é um Não Bom? Aquele com o qual aprendemos, que nos deixa melhores do que antes de ouvirmos. Eles aparecem quando procuramos as lições. É a diferença entre *"disseram não porque me ignoraram quando li os slides"* (um *não ruim* que não muda nada) e *"disseram não porque não comuniquei muito bem como podemos melhorar o negócio deles"* (um Não Bom com uma maneira acionável de melhorar da próxima vez).

Qualquer não pode ser um Bom Não se considerá-lo com intenção. Depois de uma rejeição, ou qualquer outro resultado indesejado, tire alguns minutos para refletir sobre a experiência e pergunte-se as setes palavras mais poderosas das vendas: *o que eu poderia ter feito diferente?* Os melhores vendedores com quem trabalhamos fazem essa pergunta constantemente, e não param aí. Eles fazem perguntas para identificar pontos cegos e aprofundar os insights. Veja alguns de nossos exemplos preferidos:

- Fez perguntas para seu benefício, ou o prospecto também se beneficiou ao ouvir as próprias respostas?
- Ouviu ou estava esperando para falar?
- Tentou vencer e os tratou como um oponente em outro time?
- O trabalho poderia ter sido melhor na criação das expectativas como uma via de mão dupla, em vez de só focar o que o prospecto poderia esperar de você?
- Eles perceberam que não gostou de conversar com eles?
- Qualificou o prospecto baseado em muita emoção e sem lógica suficiente, ou vice-versa?
- Sua intuição percebeu uma objeção logo de cara, mas decidiu ignorá-la na esperança de que não apareceria de novo?
- Reagiu sem naturalidade a uma objeção e o cliente percebeu sua frustração?
- Será que deixar a concorrência de lado foi um tiro que saiu pela culatra?
- O prospecto se sentiu o centro do universo, ou o universo girou ao seu redor durante a conversa?
- Tratou o prospecto diferente porque você erroneamente presumiu que eram, ou não, qualificados?

Explorar o que poderia ter feito diferente é especialmente produtivo quando também procura ideias de pessoas que não são vendedoras, ou que podem oferecer um contexto adicional, como a audiência de uma apresentação, colegas de trabalho que criaram o produto, ou clientes que disseram *sim* ou *não* para você.

Tenha um padrão alto para aprender com esse exercício. Dê um passo para trás, coloque seu ego de lado (todos temos um) e pergunte para alguém — ou para várias pessoas — o que você poderia ter feito diferente para conseguir o resultado que queria. Então aja de acordo com a informação.

Receber um *não* é uma das melhores coisas que podem acontecer com você; receber o mesmo *não* duas vezes quer dizer que você não fez o seu trabalho.

Reformule a Rejeição

Crescer com os *nões* não é fácil. A maioria de nós acredita que são direcionados a nós pessoalmente em vez de aos produtos, serviços ou ideias que tentamos vender. Os vendedores que lidam bem com a rejeição não levam os *nões* pessoalmente; entendem o *não* de uma maneira completamente diferente.

Ninguém tem culpa de levar um *não* para o lado pessoal. Faz parte do nosso treinamento evolucionário. Como somos criaturas sociais, fomos projetados para buscar aceitação de outras pessoas. Por milhares de anos, ser aceito como parte do grupo era essencial para a sobrevivência. Caso fosse rejeitado, morreria de fome ou seria comido por um tigre-dente-de-sabre ou hienas. Esses mesmos instintos para agradar outras pessoas fazem com que ouvir um *não* seja difícil. Ainda que saibamos que o que vendemos não serve para todos, ainda dói quando nos dizem que não querem. Sentimos que fomos afastados do grupo. Mas, com um mindset de crescimento, podemos reformular a experiência da rejeição e saber que cada uma delas é um incentivo para aprender algo novo e conseguir nosso próximo *sim*, e dessa forma, reformular totalmente a experiência de uma rejeição. Antes de perceber, fortalecemos nossos músculos de reformulação e, em vez de acabar conosco, os *nões* são vistos como uma parte importante do processo.

Um semestre, para ajudar nossos alunos a ficarem confortáveis com rejeições, pedimos um projeto em grupo. A tarefa era simples: deveriam usar tudo que tinham aprendido em aula para convencer uma pessoa conhecida que admiravam a dar uma palestra virtual para a turma. Os alunos selecionaram um grupo incrível de pessoas bem-sucedidas, de CEOs a atores, músicos e políticos. Apesar dos alunos pensarem que era uma aula sobre fechar uma venda, ela foi pensada como um exercício para confrontar o sentimento gerado por ligações sem retorno, e-mails ignorados e comentários ofensivos dos assistentes e seguranças que os VIPs usam para evitar tentativas de contato. Também queríamos que os alunos vissem como é fácil escorregar para um "modo de vendedor estereotipado", incomodar seus alvos com mensagens ou tentar usar "truques" para conseguir uma resposta. Esperávamos que fossem capazes de ver que as respostas negativas não tinham relações com eles, porque era provável que qualquer um recebesse o mesmo tratamento.

A cada aula, perguntávamos sobre o progresso do "processo de venda" com o convidado para a palestra, e toda semana escutávamos que eram rejeitados pelo agente, secretário, ou pela própria pessoa. Depois de muitas histórias de rejeição, uma aluna, Chelsea, disse que tinha uma boa notícia; tinha conseguido uma resposta direta de seu potencial convidado após ouvir algo dito por outra aluna, Jemma, na semana anterior. Jemma havia recebido uma rejeição e disse: "Pensando bem, eu deveria ter refletido sobre por que uma pessoa bem-sucedida assim sequer se preocuparia em ser convidada para uma palestra." Depois de ouvir isso, Chelsea enviou um e-mail para seu prospecto com o assunto "Quer mudar a vida de umas crianças por 20 minutos?" Focar no que seria benéfico para o receptor deu certo, e nossa turma recebeu uma sessão de perguntas e respostas benéfica de David Rogier, CEO da unicórnio do Vale do Silício, MasterClass. Se houvéssemos pagado para que desse ênfase à nossa lição sobre crescimento, não teria sido tão bom. "Quando você para de aprender, está morto", disse à turma. Não é de surpreender que ele criou uma empresa dedicada a ajudar outras pessoas a aprender.

Naquele semestre, vários palestrantes excelentes nos responderam, o que incluiu executivos, um líder religioso e Jason Oppenheim, a estrela da série da Netflix, *Selling Sunset*, que apresentamos no Capítulo 2. E mesmo os alunos que não conseguiram trazer um palestrante aprenderam algumas lições. Os alunos trocaram mensagens com o falecido Virgil Abloh, renomado designer de moda e ex-diretor artístico da Louis Vuitton, com Scooter Braun, o executivo de gravações e gerente por trás de Justin Bieber e Ariana Grande, e apresentaram insights que puderam compartilhar com a turma. Uma aluna tentou conquistar a vencedora do Grammy Alicia Keyes e, embora não tenha conseguido, pôde conhecer sua parceira de negócios, Erika Rose Santoro, que cativou nossa turma por uma hora com sua história incrível.

O exercício fez com que os alunos percebessem que respostas ruins não eram críticas pessoais. Mesmo os colegas aparentemente mais confiantes e extrovertidos passavam por isso, então todos aprenderam a crescer com os erros e mudar como viam a rejeição.

Reavalie a Situação

A reavaliação é uma prática bem estabelecida na psicologia cognitiva, a qual olha para uma situação com um resultado menor do que o esperado e identifica maneiras alternativas de pensar sobre ele e se comportar de forma a permitir que seja possível vê-la com mais positividade. Não digo que tudo é um mar de rosas, mas diminui a bagagem de negatividade que carregamos e nos treina para olharmos para as coisas boas que podemos aprender com as experiências.

Ao usar a reavaliação, podemos encontrar algo bom em situações adversas. A psicóloga Tchiki Davis, fundadora do Berkeley Well-Being Institute, reconta em um artigo como se inspirou a sentir gratidão em uma situação "merda" quando, um dia, a transmissão do seu carro estragou a caminho do trabalho. Em vez de lutar contra o estresse de se atrasar para o trabalho e consertar o carro com um dinheiro que não tinha, reavaliou e sentiu-se sortuda por não ter sido na rodovia, que seria muito mais perigoso. Também se convenceu a ficar grata pois o carro ainda funcionava, ainda que muito devagar e na terceira marcha, mas o suficiente para dirigir até uma oficina. Para praticar a reavaliação com seus alunos, usa uma experiência que *muitos* vendedores conhecem bem: o chefe que grita com você. Ela pediu para as pessoas indicarem como poderiam ver essa situação como positiva. As respostas incluíram: "Agora sei o que meu chefe pensa", "Meu chefe pôde descarregar e ficará menos estressado agora", "Aprendi como não tratar outras pessoas" e "Posso refletir sobre mim mesmo".

Começar com a reavaliação é simples, basta fazer as perguntas certas no momento. Quando um acordo que deveria cobrir as despesas do trimestre implode, procurar pela oportunidade de crescimento claramente não é tão fácil. Mas fazer uma ou mais das perguntas de Davis pode ajudá-lo a encontrar o que procura:

- Há, ou haverá, algum resultado positivo nessa situação?
- Você se sente grato por qualquer parte dessa situação?
- De quais formas você está melhor do que quando começou?
- O que você aprendeu?
- Como você cresceu ou desenvolveu (ou poderia) em função dessa situação?

O exercício de Linda Graham, "Encontre o Benefício no Erro", nos traz perguntas relacionadas, mas interessantes, sobre experiências difíceis, e até traumáticas, ao aconselhar que você escreva uma nova narrativa e então, ver o que pode aprender. Primeiro pense, ou escreva, uma descrição do que aconteceu, e então detalhe:

- Eu fiz isso para sobreviver.
- Esse foi o custo.
- Foi isso que eu aprendi.
- É assim que consigo responder à vida agora.

Para as vendas, podemos traduzir da seguinte forma:

- Foi assim que respondi a uma reação negativa.
- Esse foi o custo do resultado negativo.
- Aprendi isso com a rejeição.
- Responderei diferente no futuro.

Se esses exercícios fazem você se sentir como a Pollyana, nós o entendemos. As experiências difíceis são dolorosas mesmo que possamos aprender com elas. Qualquer pessoa que diga que não se importa com a rejeição está mentindo, ou não está tão engajada. David Rogier disse à nossa turma: "Os *nões* doem porque significa que você se importa." Nós percebemos que os alunos sentiam a verdade nisso. A chave para a reavaliação não é nos cegarmos para as coisas negativas, mas usá-las para corrigir o curso.

Se a reavaliação ainda for demais, também amamos o conselho do Trevor Moawad, o falecido autor e especialista em condicionamento mental para atletas mundiais. Ele sempre recomendou buscar o *pensamento neutro*, que definia como "aceitar a ideia de que, quando algo bom ou ruim acontece, aconteceu. Em vez de se prender à negatividade de um passado ruim ou um erro físico ou mental, você simplesmente aceita e segue em frente." Pode ser que isso seja o melhor que possa ser dito para a situação de, digamos, uma pessoa brava desligar abruptamente na sua cara ao fazer uma ligação.

Um tipo de reavaliação que recomendamos que ajuda a neutralizar o impacto emocional dos *nões*, é permitir que veja que a resposta não é necessariamente sobre você. Lembre-se que é o trabalho do cliente fazer o escrutínio, cutucar feridas e conseguir o melhor acordo possível para ele ou para a empresa. A predisposição de muitos prospectos será "obrigada, mas não", não importa o quão atencioso, informativo e orientado você seja. Os *nões* podem ser vistos como o sucesso do prospecto em vez do seu fracasso.

Pense em si mesmo como comprador. Você não entende a posição deles? A reação deles foi tão diferente de como agiria na mesma situação?

Celebre o Processo

A maioria de nós ama celebrar quando somos bem-sucedidos, e ansiamos por esses momentos. Essa é mais uma das formas como o mindset de escassez nos afeta; há poucas coisas a serem celebradas. Percebemos que uma das maneiras mais poderosas de vendedores nutrirem um mindset de crescimento é celebrar não só os sucessos, mas todo o processo de vendas.

Digamos que o seu trabalho requer que prospecte seus próprios leads e faça sua própria divulgação. Talvez descubra que, ao deixar um recado de voz e enviar um e-mail logo em seguida, um número significativo de leads abrem o seu e-mail, mesmo que não retornem a ligação. Agora você tem dados sobre a eficácia do e-mail ao deixar um recado de voz. *Celebre* essa descoberta. E se os prospectos nem abrirem o e-mail nem retornarem a ligação? É um dado igualmente importante a celebrar.

E se testar um novo pitch e for agressivamente rejeitado mais de uma vez? Celebre que os prospectos lhe deram um feedback tão definitivo que o fará iterar esse pitch. Digamos que escutou em uma entrevista que não tinham certeza de que você sabia fazer o trabalho. Celebre que alguém foi honesto o suficiente para dizer que não se convenceu, e prepare-se melhor para a próxima entrevista. Agora poderá trabalhar em ser mais vulnerável, ou mais direto nas próximas entrevistas. Ou celebrar que o entrevistador estava certo, você não queria o trabalho ou sinalizou subconscientemente que não queria aceitar algo que não o deixou genuinamente entusiasmado.

Quanto mais motivos para celebrar procurar, mais encontrará. A celebração não depende da situação, é apenas uma questão de escolha. Se não conseguir encontrar motivos para celebrar o processo, é porque não está muito investido nisso. Por um tempo, Garrett comprava vinhos excelentes. Não eram o tipo de vinho que se compra geralmente; eram daquelas garrafas que costumamos abrir uma vez na vida, para os momentos mais memoráveis. O problema é que Garrett nunca os bebia. As garrafas eram tão boas que parecia nunca haver uma ocasião que valesse a pena abrir. Ele compartilhou esse problema com um amigo que lhe deu um conselho brilhante. "Às vezes, a garrafa *é* a ocasião." Foi uma mudança de mindset tão simples, mas resumiu a importância — e a simplicidade — de mudar o significado daquilo que vale a pena celebrar.

Descobrimos que, se as pessoas celebrarem o processo todos os dias, começarão a ver várias coisas pelas quais serem gratas. Ao escutarem uma objeção nova e não saberem como responder, celebrarão porque estarão preparados na próxima. Ou talvez nunca mais escutem essa objeção porque entenderam que só a escutaram por terem conversado com o prospecto errado. Se uma empresária recebe um feedback negativo de um protótipo de produto, celebra que foi inteligente o suficiente para perguntar com antecedência, antes de seguir em frente com o planejado e desperdiçar dinheiro e tempo.

Ao ativamente procurar o que celebrar, seus dias se tornarão mais divertidos. (E, a depender da sua versão, suas noites também!) Você não ficará tão emocionalmente vulnerável aos altos e baixos das vendas. Poderá até transformar o processo em uma festa. Os times celebram de maneiras diferentes, mas o objetivo é sempre o mesmo: celebrar o suficiente para que as vitórias se tornem um subproduto do processo, não o único foco. Trabalhamos com um time que começou a fazer um happy hour semanal que chamavam de "Bater o Telefone na Cara". Reuniam-se para conversar sobre os maiores fracassos da semana, com três regras:

1. Celebrar o motivo do fracasso.
2. Descobrir o que poderia ter sido feito de outra maneira.
3. Nunca falhar pelo mesmo motivo duas vezes.

Essas reuniões nutriam um mindset de crescimento e sistematizavam a celebração do processo.

Ao celebrar o processo, os vendedores com um Mindset às Avessas não *esperam* por algo que os deixe felizes; eles *procuram* as coisas que os *manterão* felizes ao longo do caminho. O que isso significa? Que a felicidade não pode estar vinculada somente à vitória, porque não importa a frequência com que vence, nunca acontecerá com frequência o suficiente para sustentar o nível de felicidade necessário dos altos e baixos constantes de uma carreira de vendas. Não importa o que vende, vender não é um esporte de gratificação instantânea.

Ótimos vendedores não a procuram, e não esperam pacientemente posteriormente. Para eles, todo o processo de vendas se trata de uma *gratificação prolongada*.

Mude seu Vocabulário

Muitos dos ótimos vendedores que entrevistamos nos falaram que se envolveram em outro tipo de avaliação: o jeito como falam consigo mesmos sobre o que fazem. Como já demonstraram os psicólogos cognitivos em pesquisas, ao mudar as palavras que usamos quando falamos sobre nossas experiências difíceis já opera maravilhas em nosso mindset. Um exemplo bem popular: *preferiria lidar com um problema ou um desafio?*. Em vez de ficar "com raiva" ao perder uma venda, seria diferente sentir-se "frustrado"? Os desafios e as frustrações geram emoções mais produtivas e nos encorajam a seguirmos em frente para oportunidades diferentes com mais rapidez. O lendário produtor musical Quincy Jones foi além e disse: "Não tenho problemas, tenho quebra-cabeças." Reformular seu pensamento ao mudar seu vocabulário é poderoso. Um representante de vendas que conhecemos nos disse que costumava falar para si mesmo: "Eu *tenho* que fazer oitenta ligações por dia." Agora, diz: "Eu *preciso* conhecer oitenta estranhos hoje." Ele não faz ideia de como as conversas serão, mas quando perguntamos por que a mudança fez diferença, disse: "Me lembra que, de oitenta ligações, algumas sempre serão muito interessantes, e outras, hilárias. Eu não preciso ter conversas que me entretenham, é algo que *acontecerá*."

Às vezes perdemos a noção de como a linguagem que usamos conosco, e como os outros, pode ser negativa. Um vendedor com quem trabalhamos parecia estar sempre com raiva, e constantemente afirmava isso. Reclamava para todo mundo que quisesse escutar; na sala de descanso, no elevador, ou até em uma oportunidade de beber água, murmurava: "*Não suporto* fazer essas malditas ligações... Elas se acumulam tanto que não tenho mais tempo de prospectar, mas ainda esperam que o façamos... Os clientes *nunca* entendem nosso valor."

Então, um dia, durante uma reunião mensal, outro membro do time perguntou: "Se odeia tanto o que faz, por que não arruma outro emprego?" A resposta dele chocou o time. "Por que você diria isso? Não odeio o meu trabalho!" Ele proclamava uma negatividade há tanto tempo que nem percebia mais como soava para os outros. Sugerimos que ficasse mais consciente de como descrevia as emoções tanto para si mesmo quanto para outras pessoas, e, sabendo que todos os olhos e ouvidos da equipe prestariam atenção nele, manteve a palavra. Um mês depois, ficou surpreso ao descobrir que havia gerado mais volume do que nos últimos três meses. Coincidência? Talvez, mas duvidamos.

Ao notar como essa simples prática era eficaz, inventamos um jogo para ajudar as pessoas a reavaliar os padrões negativos: pegue as dez palavras destrutivas que mais usa e pare de usar. Substitua cada uma delas com uma nova palavra ou frase que descreva o mesmo sentimento mas gere uma emoção mais produtiva. A prática não é só eficaz, mas divertida. Um engenheiro de vendas que estava sempre "nervoso" antes das demonstrações com grandes clientes decidiu que diria que estava "com formigas nas calças", o que teve o efeito colateral de se dirigir às demonstrações com um sorriso no rosto, porque esse novo rótulo era muito ridículo. Um cara famoso no escritório por gritar "MERDA!" depois de ter uma ligação que o frustrava decidiu que diria "cocozinho", o que era tão tosco que o fez perceber que deveria parar de se referir às fezes.

As palavras são poderosas, e podem garantir ou retirar certo poder. Tire um tempo para refletir acerca da linguagem que usa, tanto externamente quanto para falar consigo mesmo, e então, ficará mais focado no que há de positivo em quaisquer ~~problemas~~ desafios de vendas que joguem em você.

✦ ✦ ✦

O Mindset às Avessas naturalmente cria oportunidades para um mindset de crescimento, para ver a abundância em vez da escassez, e para ser criador em vez de vítima. Para os vendedores da elite, adotá-lo não se trata apenas de vender mais. Trata-se de se transformar na pessoa e no vendedor que quer ser, não a que "deveria" ser. Enxergue as vendas como uma ferramenta de aprendizado, que permite que prospere tanto profissional quanto pessoalmente e que o empodera a tornar-se engajado de maneira profunda, a sentir-se satisfeito com o seu trabalho, além de um profundo senso de propósito ao saborear o real crescimento que poderá experimentar todos os dias.

Um livro como o nosso não seria completo sem pelo menos uma citação de Rumi, então aqui vai: o medo é "a não aceitação da incerteza; se a aceitarmos, ela se torna uma aventura". Vendedores com um Mindset às Avessas valorizam o crescimento. Em vez de temerem desafios, rejeições e incerteza, sabem que são parte da jornada. Os maiores vendedores do mundo veem a vida como veem as vendas. Enxergam quase todos os momentos como importantes, sejam eles bons ou ruins. Não celebram apenas o sucesso, mas o impacto. E qualquer momento importante pode causá-lo. Essa visão os ajuda a encontrarem significado em sua carreira *e* em sua vida.

■

CAPÍTULO QUATRO
Otimismo Patológico

Um dia, no Aeroporto Internacional de Los Angeles com dois filhos pequenos, nada saía como o planejado por Colin e a esposa, Margot. Quem já viajou com crianças pequenas já passou por alguma versão da história: um filho precisa usar o banheiro com urgência, mas já estão atrasados para o voo por causa de um começo conturbado e tardio que envolveu um Uber, um táxi *e* um traslado para o aeroporto. O outro chora porque, em vez de tirar sua soneca, foi arrastado por detectores de metais e filas da segurança. No meio de todo esse caos, Colin sorriu para Margot e disse: "Pelo menos sabemos que nunca nos esqueceremos de nossa primeira viagem com nós quatro!"

"Você é um *otimista patológico*!" respondeu, exasperada. Não era para ser um elogio, mas ele aceitou como se fosse. Em vez de focar o problema de lidar com uma criança prestes a fazer xixi na calça e a possibilidade de perder o voo, pensou em como seria uma das memórias especiais na história da família, de como pensariam nela e ririam, porque teriam passado por isso, bem como por muitas outras experiências familiares traumáticas típicas que os fortaleceria. O lado bom de passar um tempo sem interrupções com as pessoas mais importantes da vida dele superavam as dores de cabeça que sentia. Afinal de contas, as memórias surgem do caos. Os momentos que lembramos com mais carinho são dos tempos que passamos por coisas inesperadas.

Ao revisitar nossas entrevistas, vimos surgir um outro padrão, o que levou Colin a se lembrar do que Margot disse no aeroporto naquele dia. Quer seja natural para ele ou não, quem tem um Mindset às Avessas cultiva um pensamento de um otimismo obsessivo, intencional e habitual (em outras palavras, *patológico).*

Entende que, ao condicionar a si mesmo a procurar pelo lado bom, encontrará. Mesmo em situações nas quais fazer isso é insanamente desafiador, quem tem esse mindset encontra maneiras de enxergar uma oportunidade. Pelo menos, seu otimismo o leva a esperar que uma hora, de alguma forma, tudo se ajeitará, o que permite que continue o trabalho que precisa ser feito quando outras pessoas desistem, têm burnout ou mudam de objetivo.

O poder do otimismo é a chave para o sucesso da startup de saúde Preveta. No fim de 2017, Becky Ramos, a melhor amiga da cofundadora da Preveta, Shirley Lee, começou a exibir sinais de doença. Shirley, que era enfermeira e trabalhava como diretora em uma clínica oncológica, temia que Becky tivesse câncer e ajudou sua família a enfrentar os muitos desafios que precisava para conseguir o tratamento necessário, como as dificuldades em obter registros médicos, encontrar um especialista apropriado e lidar com a lenta autorização do convênio médico. Todos esses obstáculos atrasaram o diagnóstico em três meses e, quando Becky finalmente recebeu a notícia trágica de que tinha câncer de estágio 4 no ovário, era tarde demais para fazer a cirurgia que poderia ter salvado a sua vida. A Preveta nasceu do otimismo de Shirley e da crença de que poderia encontrar uma forma de fornecer uma experiência exponencialmente melhor para os pacientes e suas famílias.

Apesar de quase todo fundador ser otimista quanto às possibilidades da sua empresa logo que começam, ficamos especialmente impressionados com a crença de Shirley em sua missão, porque ela estava bem consciente de que a gigante indústria de saúde é historicamente resistente às mudanças. Mas estava confiante de que poderia, junto de seu marido, cientista de dados e cofundador da Preveta, formular um plano que poderia funcionar, apesar das circunstâncias. Ao usar algoritmos de inteligência artificial, treinados em um grande volume de dados clínicos, poderiam ofertar aos médicos um software que aceleraria o diagnóstico e o tratamento. Todo investidor com quem Shirley conversou dizia que a ideia era ótima, mas que seria extremamente difícil infiltrar um sistema tão complexo. A resposta para quem a rejeitava? "Exatamente!" O pessimismo e a dúvida que expressavam era um combustível para seu otimismo; ela e sua equipe tinham uma oportunidade gigante justamente porque muita gente acreditava na ideia, mas não na mudança do sistema, e era por isso que poucos tinham tentado até então.

Alguns anos depois, e apesar de todos os desafios que quem os rejeitava impunha, a Preveta se graduou da prestigiada aceleradora de startups Techstars como uma das melhores alunas. A empresa recebeu múltiplos investimentos de capitalistas de risco, passou do limite em sua primeira rodada de investimento, e imediatamente começou a reduzir a infraestrutura arcaica do sistema de saúde. O software agora é usado por vários convênios grandes, e a melhor parte é que um estudo dos resultados preliminares demonstrou um aumento significativo na detecção precoce da progressão do câncer entre os pacientes, o que permite um tratamento mais eficaz.

O sucesso da Preveta nos lembrou da clássica alegoria sobre um sapateiro britânico que desejava expandir para os mercados rurais africanos. A empresa enviou dois vendedores para diferentes países para ver como seria a abertura no território e como gerenciariam as vendas ali. Assim que chegaram, os vendedores reportaram. Um deles anunciou, com tristeza: "Todo mundo anda descalço. Se entrarmos nesse mercado, não venderemos nem um par sequer." O segundo exclamou, com entusiasmo: "O lugar é perfeito para nós! Ninguém tem sapato, e também não há vendedores. Vamos fazer uma fortuna!"

Otimistas como Realistas

Em nossas conversas com pessoas que amam vender, descobrimos que possuem uma habilidade quase sobrenatural de procurarem por algo bom mesmo nas situações mais desafiadoras. Entendemos que pode parecer que estamos dando crédito aos clichês conhecidos e às vezes condescendentes "olhe pelo lado bom" ou "faça dos limões uma limonada". Há uma resistência a essa visão simplista do otimismo, e com uma boa razão. A positividade tóxica, ou a crença de que devemos ver pelo lado positivo *qualquer* situação, sem importar o quão horrível ou trágica ela seja, pode ter efeitos devastadores. Barbara Ehrenreich, autora de *Bright-Sided: How the Relentless Promotion of Positive Thinking Has Undermined America* [sem publicação no Brasil], diz que o otimismo "foi um dos motivos do colapso econômico de 2008. Ninguém via a situação ruim para qual nos encaminhávamos."

Não queremos sugerir que as pessoas com um Mindset às Avessas suprimem preocupações válidas sobre a realidade de uma situação ou ignoram os fatos. Sim, como exemplificou a reação exasperada de Margot com a positividade de Colin no aeroporto, manter uma perspectiva otimista mesmo em momentos de adversidade pode parecer uma forma de ilusão. Mas ser otimista não é o oposto de ser realista. Ter um Mindset às Avessas não significa que as pessoas enfiam a cabeça num buraco e fingem que está tudo ótimo quando tudo dá errado (algo inevitável de vez em quando). Como vimos no último capítulo, elas costumam ser extremamente honestas consigo mesmas sobre os desafios que enfrentam, e suas habilidades para lidar com eles. O otimismo não as leva a ignorar obstáculos, mas ajuda a não os temer. Em vez de deixar uma situação difícil as derrubarem, sentem confiança de que, a longo prazo, tudo se resolverá. A psicóloga Kimberly Hershenson diz que o otimismo "não significa que você ignora os problemas da vida. Apenas lida com as dificuldades de um jeito mais produtivo".

Na área da psicologia positiva, que pesquisa extensivamente sobre o otimismo, ele não é definido simplesmente como acreditar que coisas boas acontecerão. É descrito como um estilo de exploração que leva as pessoas a "verem as causas do fracasso ou de experiências negativas como temporárias, não permanentes; específicas, não gerais; e externas, não internas". Assim como o mindset de crescimento instila a crença de que podemos melhorar nossas habilidades, o otimismo nos ajuda a perceber que podemos usá-las para melhorar os resultados. Praticar o otimismo é uma maneira de se empoderar.

Mas ser otimista ou pessimista não é um traço da nossa personalidade desde que nascemos? Até certo ponto, sim, mas não da forma que se acredita. Pesquisas determinaram que a herança genética é responsável por apenas 25% de nossa tendência de ser mais otimista ou mais pessimista. Isso significa que a influência da nossa criação e das nossas experiências de vida são responsáveis pelos outros 75%. Mais importante ainda, temos 100% de capacidade de reescrever nossos genes *e* nossas experiências de vida para termos uma perspectiva mais otimista nas situações quando quisermos.

Não deveríamos pensar em nós mesmos como "otimistas" ou "pessimistas". Todos somos um pouco dos dois. Por exemplo, a maioria de nós tende a ser de um jeito ou de outro em diferentes áreas da vida. Às vezes, somos altamente otimistas ao criarmos nossos filhos e pessimistas ao tentar encontrar um emprego que amamos ou ficar saudáveis na velhice. Podemos escolher construir nosso otimismo nas áreas nas quais somos pessimistas.

Martin Seligman, considerado o pai da psicologia positiva, estudou o otimismo extensamente, e escreveu que "o talento para a alegria, como qualquer outro, pode ser cultivado". Esse foi o principal tema de seu livro de 1990, *Aprenda a Ser Otimista,* e, desde então, uma tonelada de pesquisas na psicologia positiva apoiou sua descoberta de que é possível desenvolver a positividade de maneira consciente. Seligman também é líder em provar o porquê fazer isso é altamente benéfico para as vendas.

A Vantagem do Otimista

Nos anos de 1980, a gigante empresa de convênios, MetLife, pediu para Seligman conduzir uma pesquisa sobre os potenciais efeitos do otimismo no desempenho dos vendedores da empresa. Na época, a MetLife contratava cerca de 5 mil novos vendedores por ano e os treinava por um custo de US$30 mil cada, mas cerca de metade deles pedia demissão depois do primeiro ano. É uma perda enorme em um investimento maior ainda.

Seligman conduziu o estudo com 15 mil novos contratados, e avaliou o nível de otimismo ao medir o quanto se diziam esperançosos com o futuro, quão bem pensavam que podiam superar os obstáculos e como se sentiam com as chances de sucesso. Os que pontuaram entre os 10% melhores para otimismo geraram 88% mais vendas depois de dois anos do que os que ficaram entre os 10% mais baixos. Seligman descobriu que o otimismo era um indicador ainda mais importante para atingir resultados reais do que uma alta proficiência nas técnicas de vendas.

A forte ligação entre ser otimista e ter sucesso nas vendas foi desde então ilustrada em mais de mil estudos em muitas indústrias e organizações de vendas. Descobriu-se que o otimismo melhora o sucesso porque resulta em menor rotatividade, mais motivação para tomar as rédeas do destino, uma vontade de mergulhar nos desafios de propósito e maior perseverança frente a obstáculos.

Testemunhamos isso quando treinamos uma nova leva de vendedores para uma empresa que usava uma prática comum entre os times de vendas de dar leads da "geladeira" com os quais vendedores novos pudessem trabalhar. Tipicamente, são leads antigos que não se converteram em vendas, mas não são considerados mortos, pois foram colocados "no gelo". A filosofia por trás dessa prática é que é um bom treinamento, pois permite que vendedores inexperientes passem por clientes em potencial reais e afiem suas habilidades antes de experienciarem oportunidades mais frescas, com maior probabilidade de fechamento. Como os leads da geladeira estão ali há meses, ou anos, a maioria dos novos vendedores geralmente não espera muita coisa (nem seus gerentes). Mas isso não detém uma trainee.

Katie era tão otimista de coração que simplesmente *sabia* que encontraria vendas na geladeira. Analisou cada lead para o qual foi designada e estudou seu histórico. Antes mesmo de os prospectos atenderem a ligação, presumia que algo bom surgiria do outro lado da linha. Ela conseguia iniciar conversas incríveis com pessoas que mal se lembravam do que a empresa vendia, e suas expectativas altas levavam a conversas que nunca teriam sido eficazes se tivesse adotado o mindset de que estava apenas "treinando" e não precisava fechar nenhuma venda. Ela converteu tantos leads que normalmente não seriam nem revividos, quanto mais tornados em clientes, que fez os vendedores decidirem que se reconectariam com seus antigos leads. Afinal, eles é que haviam se esforçado para criar o caminho (na cabeça deles), para que essa recém-chegada viesse e ficasse com toda a glória!

Outro motivo para o otimismo nas vendas ser tão eficaz é que é contagioso. Como descobriu o professor de administração Scott B. Friend e seus colegas em uma pesquisa, o otimismo do vendedor costuma ser transferido para clientes e colegas de trabalho. Eles chamam isso de "efeito de contágio".

Garrett testemunhou isso em primeira mão quando ajudou uma startup de tecnologia em crescimento a construir um programa arquitetado para fortalecer o relacionamento com os parceiros de distribuição para seu software. A empresa desejava que um distribuidor enorme carregasse o produto e o revendesse aos seus numerosos clientes. O gerente da parceria fechou acordos com esse distribuidor em específico em um trabalho anterior e, francamente, não tinha dado certo. "Não vale a pena", reclamou. "Serão meses até finalizarmos um acordo, e então, quando finalmente assinarmos, não resultará em nada. Eles seguirão em frente e nós não teremos melhorado em nada." Esse pessimismo estava claramente presente em suas conversas com o parceiro, que tinha paralisado.

Diferente do gerente de parcerias pessimista, os fundadores da empresa acreditavam que uma parceria com o distribuidor seria um passo gigante para a empresa. Não estavam prontos para abrir mão disso, e tinham uma ideia. Tiraram o gerente de parceria do acordo, o qual deram para um jovem vendedor entusiasmado que não tinha nenhuma experiência com acordos de distribuição, mas era notório por ser positivo e ambicioso.

No começo, os representantes do distribuidor não entenderam por que o jovem representante estava tão animado. Novas informações? Uma demanda que não tinham visto antes? O que haviam deixado passar? Não conseguiram evitar e ficaram entusiasmados também. Não demorou muito para que vissem o que não tinham enxergado antes: uma enorme oportunidade de ser um adotante inicial em uma indústria que se tornaria comoditizada! Começaram a falar sobre possíveis colaborações de mercado, comunicados de imprensa e maneiras para incentivar o time de vendas do distribuidor para que aprendessem a vender o produto da empresa para o maior segmento do consumidor base. Nada na parceria tinha mudado, essas oportunidades estiveram lá o tempo todo. A única diferença era o nível de otimismo da pessoa que liderava a conversa.

Uma pessoa capaz de usar o poder do efeito de contágio durante toda a sua carreira foi o executivo musical Jeff Ayeroff. Ele chegou ao mais alto escalão da indústria da música ao vender ideias para artistas icônicos como Prince, Lenny Kravitz e The Police; e, depois de criadas, as vendia para estações de rádio, publicações e redes de TV. Quando o entrevistamos em seu quarto no bairro Pacific Palisades, em Los Angeles, com vista para o oceano Pacífico, disse: "Sempre achei que as vendas ficam muito mais fácil se você as enxergar como um fã." De acordo com Jeff, permitir-se ser um fã possibilitou que fosse autenticamente otimista, exatamente como a maioria dos fãs são otimistas quando se trata de seus artistas preferidos. Ilustrou exatamente o que queria dizer com isso quando nos contou sobre como convenceu a MTV a dar uma chance a um artista relativamente desconhecido que havia assinado com a Warner Bros. Records, a gravadora na qual tinha acabado de assumir cargo de vice-presidente sênior.

Ao descobrir o quanto estava otimista com esse novo artista, falou: "Eu *sabia* que a Madonna seria especial. Liguei para alguns executivos da MTV e disse: 'Se tocarem isso, ela *será* a maior estrela de vocês, e, *quando* for o rosto da rede de vocês, *contribuirá* com vocês.'" Enquanto escutávamos Jeff relembrar o que tinha dito naquela ligação há 40 anos, ainda é óbvio que falou cada palavra de coração. Podíamos sentir a admiração e o otimismo que tinha por quem e o que vendia. Ao pensar assim, ao acreditar genuinamente que o sucesso de Madonna era inevitável, também infectava o que era importante para as pessoas a quem vendia na MTV. Ele tinha confiança de que, se comprassem o que dizia, também se dariam bem. "Acredite", ele falou, pois sabia que poderiam acreditar. Seu otimismo era contagioso, e o resto é história, é claro. Madonna se tornou um dos ícones mais definidores da Geração MTV, e Jeff, o maior fornecedor da empresa por muitos anos.

Tornar-se um vendedor melhor é apenas parte do motivo para trabalhar seu otimismo. Descobriu-se que cultivá-lo também é extremamente benéfico para sua saúde. Pesquisas revelaram que ele é bom para o nosso coração e reduz tanto as doenças cardíacas e os ataques cardíacos quanto também aumenta a força de nosso sistema imunológico. Uma análise dos resultados do Nurses' Health Study, conduzido em Harvard e um dos estudos mais longos e respeitados no ramo da saúde pública, mostrou que, por um período de oito anos, as mulheres que tinham pontuado mais em um teste de otimismo tinham 30% a menos de chance de morrer de uma doença grave nesse período.

Nas vendas, aumentar nosso otimismo é a chave para estar proativamente preparado para enfrentar os desafios que a maioria dos vendedores inevitavelmente encontrará. Sem o otimismo, é muito fácil se entregar a um comportamento negativo.

É Natural Ver o que É Negativo

Infelizmente, somos humanos, programados para procurar a negatividade. Desde o início da nossa espécie, os perigos intensos de uma vida diária nos fizeram entrar em uma tendência adaptativa de estarmos altamente alertas a um perigo em potencial. Com o tempo, à medida que nosso cérebro evoluía, naturalmente focamos mais nos eventos negativos, reais ou imaginários, do que nos positivos. Isso é chamado de viés da negatividade, e é o motivo pelo qual geralmente achamos mais fácil nos lembrar de perdas, decepções, escorregões e erros do que de conquistas, realizações e sucessos. Vimos isso arrastar muitos vendedores para baixo. Um vendedor com quem trabalhamos disse que "não consigo me lembrar de todos os acordos que fechei, mas tenho certeza de que consigo listar todos os que perdi".

O psicólogo Roy F. Baumeister estudou esse fenômeno, e explica que nosso cérebro processa as emoções negativas melhor do que as positivas. Isso significa que sentimos as experiências negativas mais profundamente. Até usamos palavras mais fortes para descrever experiências ruins, o que é parte do porquê lembramos delas mais vividamente.

Isso explica, diz Baumeister, por que as pessoas "ficam mais chateadas quando perdem US$50 do que felizes quando ganham US$50".

As pressões inerentes dos gerentes sobre vendas, metas irreais, a urgência geral para ter um bom desempenho, pode ser um gatilho para esse viés. Isso com frequência nos leva a um espiral vicioso de negatividade. Os vendedores focam nos acordos que *não* fecharam, os engenheiros ficam obcecados por algo que *não* construíram, os empregados da linha de frente focam no bônus de incentivo que *não* conquistaram.

Em seu livro *Florescer*, Seligman enfatiza: "Pensamos muito nos erros e não pensamos o suficiente no que dá certo em nossa vida. É claro, às vezes devemos analisar eventos ruins para que possamos aprender com eles e evitá-los no futuro. No entanto, as pessoas tendem a gastar mais tempo do que seria útil pensando no que a vida tem de ruim." Certamente percebemos que isso é real para muitas das pessoas com quem trabalhamos. Elas compartilham inúmeras razões por que não é possível conseguirem resultados melhores. *O mercado é muito pequeno e não há clientes em potencial o suficiente. A concorrência nos superará logo. Faltam recursos em nosso produto. Os hábitos dos nossos clientes mudam mais rápido do que a empresa consegue acompanhar. O time executivo não se ajuda. O marketing não gera leads suficientes. Os ciclos de vendas são muito longos. Não podemos fazer nada até vencermos a próxima rodada de investimentos. Nossos clientes passam por cima de nós.* E assim por diante.

Vimos essa negatividade debilitar diversas pessoas. Ela mina nossa habilidade de ver como melhorar e ficamos tão focados na racionalização do porquê não conquistamos resultados melhores que nem tentamos mais. Isso acontece mesmo quando está claro que possuímos todo o talento de que precisamos para o sucesso.

Vimos isso com, de longe, nosso melhor trainee em um curso de desenvolvimento que ensinamos para um cliente. Ele tinha um entusiasmo incrível, muita ambição, e fazia tudo certo nas aulas, mas, quando chegou ao trabalho real, não conseguia nem fechar uma porta, quem dirá um cliente. Depois de alguns meses, se demitiu.

Em retrospecto, ficou claro que ele tinha cometido todos os erros mais comuns de pensar que mais atividade curaria o que o assolava. Ficou obcecado, vendia pitches para o máximo de pessoas possível, empregava o método "spray e spray", ao qual tantos vendedores se agarram quando nada vai bem. Ao fazer isso, pulou todos os passos importantes de verificar com as pessoas com quem conversava se podiam sequer *usar* o que ele vendia. Em vez de pedir orientação do chefe e dos colegas, que facilmente o ajudariam a identificar o problema, começou a ficar com vergonha e se fechou, e, depois de alguns poucos meses, deixou a empresa e desistiu de vender, e se tornou gerente de projetos.

Quando ficou claro que o aumento de atividades não geraria mais vendas, começou a fazer menos ligações e enviar menos e-mails a cada semana. Na verdade, no último mês, fez 90% menos ligações do que quando começou. Essa queda imensa em atividade é um sintoma clássico de *burnout de vendas*. Com muita frequência, quando começamos a nos aprofundar em uma empresa cujo time de vendas tem dificuldade em aumentar os números, encontramos uma porcentagem muito alta do time em burnout ou quase lá, extremamente exausta e sobrecarregada, que age como se estivesse tudo bem no escritório, mas conversa desesperadamente com qualquer recrutador que apareça com um novo trabalho. A OMS reconheceu o burnout como um diagnóstico médico legítimo, e é só um dos inúmeros efeitos adversos à saúde que podem resultar do pensar demais em questões negativas. Ela também inclui condições de saúde mental, como a depressão e a ansiedade, bem como efeitos físicos, que variam de pequenas doenças a doenças cardíacas e uma expectativa de vida mais curta.

Claramente, para quem quiser vender bem e se divertir no processo, cultivar um mindset otimista é essencial.

Flexibilize seu Otimismo

Kevin, um dos melhores amigos de Colin, acredita em videntes. Uma vez, quando caminhava pela Venice Beach, uma vidente em uma mesa montada no calçadão o chamou. "Sei que não vai acreditar em mim a menos que prove para você, então lerei sua sorte de graça. Se estiver certa, você volta e me paga pela próxima leitura. Se estiver errada, nunca teremos que nos ver de novo. De acordo?"

Kevin deu de ombros. Não tinha nada a perder. "Perfeito."

A vidente se aproximou e fez sua previsão: "Três coisas ótimas acontecerão com você hoje."

Kevin ligou para Colin para contar o que ela havia dito, que não prestou muita atenção, e esperava que ele também não desse. Mas Kevin ligou de novo uma hora depois e disse (vamos parafrasear porque ele xinga mais do que qualquer um na fila do Detran): "Você não vai acreditar! Estava na Chipotle e pedi meu burrito de sempre, com o dobro de frango e guacamole! A menina só me cobrou um frango. Quando avisei, ela disse para eu não me preocupar, que era por conta dela!"

Colin deu risada. "Entendi, é uma coisa ótima."

Algumas horas depois, ligou de novo. "Que loucura é essa? Minha reunião se prolongou, e enquanto eu ia para o carro, vi que um funcionário do estacionamento estava prestes a me multar. Corri e cheguei lá bem quando ela ia apertar o botão da máquina de multa, cara! Ela me disse: 'Acho que hoje é seu dia de sorte.'"

Colin riu de novo e tirou sarro de Kevin. "Interessante."

Horas depois, recebeu uma terceira ligação. "Tá, é insano demais. Acabei de conversar com meu cliente ao telefone. Ele cancelou a ligação que tínhamos marcado para amanhã para conversar sobre os detalhes finais do contrato porque percebeu alguma coisa, e então, do nada, me disse que não precisávamos de uma reunião porque estava pronto para ir adiante, só precisa que eu enviasse o contrato! Acredita agora?! A vidente estava certa!"

Colin respirou fundo e disse: "Kev, como seu amigo, me deixe perguntar algo. Se a vidente tivesse dito que três coisas *ruins* aconteceriam com você hoje, o que acha que aconteceria?" Ele queria ter visto a cara de Kevin nesses 20 segundos de silêncio constrangedor que seguiram. "Eu não sei, acho que estaria mais preparado para as coisas ruins, já que estaria alerta."

"Assim como estava preparado para as coisas boas de hoje... porque estava alerta?"

A história de Kevin ilustra dois aspectos importantes sobre a prática intencional do otimismo. Primeiro, é um exemplo perfeito de como, ao procurar pelas coisas boas, as encontrará, e, ao procurar pelas ruins, também as encontrará. Também é um ótimo lembrete de que uma simples mudança em seu mindset pode ser a diferença na maneira como enxerga o mundo.

Ao nos aprofundarmos e fazermos mais perguntas sobre como quem tem um Mindset às Avessas sustenta seu otimismo, percebemos que eles especificamente *se condicionam* a serem tão focados naquilo que é positivo. Ao perguntar para um bodybuilder como mantém um tanquinho tão definido, ele olhará para você com uma cara estranha e dirá o óbvio: "Vou para a academia todos os dias." O otimismo não é diferente; é preciso exercitar continuamente esses músculos. Quem tem um Mindset às Avessas foca em encontrar maneiras de "ir à academia". Procura pelo lado bom, e transforma essa prática em um hábito que mantém ativamente. Mesmo alguns dos ótimos vendedores nos disseram que sua natureza padrão era mais pessimista e recontaram maneiras de mudarem seu mindset para serem positivos. Foram claros ao dizerem que é possível ser intencionalmente otimista. Aquele que compartilhou com mais alegria essa abordagem de treinar a mente para focá-la no que é bom foi o comediante e ator J. B. Smoove. Ele era lendário pela forma como conseguia "vender" suas ideias nas reuniões semanais como roteirista do *Saturday Night Live*. J. B. nos contou uma história sobre como, depois de três temporadas com o programa, demitiu seu agente, mesmo que isso significasse que seu contrato não seria renovado, porque a agência tinha vínculos fortes com o programa. "Às vezes é preciso fazer coisas que parecem assustadoras", nos contou. "Mas, se acreditar em si mesmo e no que tem a oferecer, no quanto você trabalha, nada disso importa." Isso é o otimismo patológico.

J. B. sabia que, ainda que não retornasse para um trabalho que amava, se trabalhasse bem, tudo se encaixaria. "É preciso acreditar que, ainda que não consiga vender aquilo, há sempre alguma outra coisa que podemos vender bem pra caralho." (Como os fãs sabem, ele nunca encontrou uma frase que não pudesse melhorar com um palavrão!)

Ao nos aprofundarmos na filosofia do otimismo de J. B., ele compartilhou alguns pensamentos que podem oferecer um impulso de motivação otimista sempre que ficar tentado a se desencorajar. "Há uns *foda-se* negativos e uns *foda-se* positivos", disse. "Os *foda-se* negativos são quando você joga as mãos pra cima e fala 'foda-se' porque sente que não há outra opção. Os *foda-se* positivos são quando você diz: 'Foda-se, vou fazer isso. Vou construir uma coisa incrível. Vou fazer essa merda dar certo sim, porra.'"

As pesquisas apoiam J. B. A psicologia positiva demonstrou que esse tipo de autocoaching pode ter efeitos poderosos. Ao convencermos nós mesmos de que devemos fazer as coisas positivas que desejamos com mais frequência, criamos um ciclo de reforço positivo. Ou, nas palavras de J. B., quanto mais você entrar em um padrão de *"foda-se* positivo", mais perceberá que estava certo, e desejará ainda mais dizer: "Foda-se, por que não tentar?!"

Há um provérbio indiano que diz: "Às vezes o trem errado o leva para a estação certa." Não existe apenas um caminho para onde você quer chegar. Mesmo diante de desafios, é importante que lembremos que todos temos o poder de escolher no que focar e alinhar nossas expectativas para as situações, desde que permaneçamos presentes o suficiente durante o momento para fazer essa escolha. As pessoas com um Mindset às Avessas estão plenamente *conscientes* de que situações de merda, até meses de merda, acontecem às vezes. Mas é essa mesma consciência que as empodera para se treinarem a reconhecer quando focam no que *não* querem, para então se tirarem disso, e focar novamente. O otimismo as ajuda a aceitar que dias, meses ou até mesmo anos ruins não as definem.

Ponto/Contraponto

Seligman advoga o que chama de "disputas". Disputas — em outras palavras, *disputar* suas crenças atuais — "centralizam em gerar contraevidência para [...] crenças negativas em geral". Isso pode ser ressignificar a causa do evento ou suas implicações. Também pode ser lembrar dos benefícios que surgem ao seguir em frente e sair da adversidade em vez de prestar atenção nela. De certa forma, é a prática de brigar com os próprios pensamentos para abandonar a negatividade, mas, na verdade, é uma forma de reavaliar, procurar pelo lado bom e afastar os pensamentos negativos com uma resposta positiva.

Digamos que um contato em uma empresa para a qual tenta negociar uma venda há meses some de repente. Não retorna ligações, e-mails, nada. Seu primeiro pensamento (pessimista) pode ser: "Ah, não, decidiram não comprar e agora vão me ignorar para não precisarem dizer *não* para mim." Então, você surta. Talvez até envie um e-mail desesperado, na tentativa de recuperá-los, ou, o que é pior, envia um daqueles e-mails passivo-agressivos de "término" que alguns vendedores adoram (*faz um tempo que não tenho notícias suas, então presumo que suas prioridades mudaram...*).

Se conseguir pontuar sua negatividade, conseguirá se segurar e contar uma nova história. *Pare de tirar conclusões precipitadas. Não sou o centro do universo. Há inúmeros motivos pelos quais pararam de responder; pode ser que tenham os próprios problemas dos quais desconheço.* Ao fazer isso com mais e mais frequência, verá que está certo. Terá energia quando perceber que seus pensamentos são só pensamentos, em vez de reagir a eles como se fossem fatos. Em nossa experiência, vendedores que têm consciência disso quase sempre geram resultados melhores do que vendedores com mais conhecimento e experiência, mas que não têm esse traço.

Comece com o "Sim"

Entrevistamos Jim Ellis que, durante seu período como reitor da Faculdade de Negócios Marshall, na USC, angariou mais de meio bilhão de dólares para a universidade. Isso não é pouca coisa, porque angariar fundos para a universidade é literalmente pedir dinheiro sem oferecer qualquer retorno tangível (a menos, é claro, que deseje um prédio com o seu nome!). Perguntamos a ele como conseguiu angariar com tanto sucesso, e ele falou sobre uma simples mudança de mindset que desde então escutamos ecoar de outras pessoas.

"Em algum momento, aprendi a começar com o *sim*. Talvez chegaremos ao *não* em algum momento, mas não é onde começaremos", contou.

O senso comum diz que um vendedor típico será rejeitado aproximadamente 70% ou 80% do tempo. Ainda assim, descobrimos que aqueles com um Mindset às Avessas acreditam, de maneira bem otimista, em um *sim* em toda interação de vendas. Presumem que fecharão *todos* os acordos, e isso os leva a tratarem todas as pessoas com quem conversam *como se já fossem clientes*. Quando presume que todo prospecto será um cliente, os trata de um jeito diferente. Há menos dinâmica de poder de venda, e não há o medo de que o acordo seja frágil, porque esse relacionamento não se baseia mais em fechar um acordo. Você retrocede quando sabe que é o certo a se fazer, não teme trazer um concorrente para a conversa ou discutir um recurso que o seu produto não tem, e diz "não" quando algo não serve para eles sem nervosismo algum, porque não teme perder um acordo que já fechou.

A artista mundialmente renomada Kelly Reemtsen nos contou que acalma a ansiedade com relação a quantas pinturas vai vender em um evento ao estabelecer uma meta simples e alcançável de "vender apenas uma pintura", ainda que sempre venda tudo. Esse é o jeito de se assegurar de que sempre começará com o *sim* para entrar em um mindset confiante nas conversas com os colecionadores para vender a si e ao seu trabalho. Ela costuma atingir a marca de uma pintura antes mesmo de o evento começar, e diz que ter esse *sim* permite que ela "apareça com confiança e se divirta, em vez de querer se esconder no banheiro!"

Outro efeito colateral de começar com o *sim* é que, quando você genuinamente acredita que toda interação com um prospecto ou cliente será boa, começa a procurar (e encontra) todos os motivos pelos quais o cliente comprará. *O comprador ainda não sabe, mas serei promovido! Nunca vi uma empresa mais adequada para a nossa solução. Isso mudará para sempre o jeito de fazer negócios.*

As pessoas com um Mindset às Avessas sabem que não devem prestar atenção às estatísticas sobre a porcentagem de acordos que "devem" fechar. Se só quiser que três em cada dez prospectos se tornem clientes, o que acha que conseguirá?

Gratidão Consciente

A gratidão está na moda atualmente, tanto que quase não a incluímos por medo de soar muito como todo mundo. Mas, quanto mais pensávamos nisso, mais percebemos que estaríamos em falta se não a discutíssemos. A gratidão é uma característica essencial do Mindset às Avessas, se não uma coincidência, e seria injusto com você se a deixássemos de fora só porque está em alta. Muitas formas de praticar a gratidão já foram testadas, e os benefícios são reais.

Ela é a atividade mais importante das vendas ao contribuir para o otimismo aprendido e sustentado. Pessoas com um Mindset às Avessas sabem disso, então, em vez de simplesmente se convencerem a "serem gratas", *procuram* maneiras de praticarem a gratidão balanceada. A maior parte das pessoas a enxergam de maneira específica — veem algo pelo qual deveriam ser gratas no momento e a reconhecem. Não há uma maneira de mensurar a gratidão de momento para o sucesso a longo prazo porque é muito situacional, e só é possível ser grato pelo que está diante de si. Quando nos prendemos na miopia da gratidão situacional, provavelmente somos gratos ao investidor-anjo que disse que participou de sua rodada, mas não pelo engenheiro que criou o produto que permitiu que você angariasse aquele dinheiro. Ou ser grato pela felicidade que seus filhos trazem para a sua vida em um momento de orgulho e esquece de ser grato por seu parceiro, sem o qual as crianças não existiriam. Para *escolher* a gratidão, é preciso integrá-la à maneira como pensa sobre vendas, não só sobre como vender. É preciso ver os motivos para a gratidão mesmo quando não estão claramente visíveis, e não apenas quando o beneficiam no momento. Se puder escolhê-la, incorporá-la em seu mindset padrão, poderá curtir os benefícios que descrevemos neste capítulo por mais tempo, em todas as interações, e não só quando tudo estiver bem.

Como se tornar grato por tudo? Comece ao procurar e anotar a gratidão quando for difícil de o fazer. Sugerimos manter um "diário de dias difíceis". No fim dos dias mais desafiadores — dias em que perdeu um acordo, foi rejeitado, se sentiu mal, discutiu com um colega, ou só teve um dia terrível em geral —, escreva tudo o que aconteceu de errado. Ainda que não foque imediatamente na sua gratidão, é catártico. Então, na próxima página, escreva tudo que deu certo naquele dia ou que *poderá* dar certo no dia seguinte. Talvez não seja tão fácil. É fácil ser grato nos dias bons, mas, ao adquirir a habilidade de ser grato nos dias não tão bons, perceberá que eles serão cada vez menos comuns. A ideia de manter um diário (sabemos que pensou no "diário da gratidão", mas esse é um exercício diferente) pode soar muito brega para algumas pessoas, mas muitas das que têm um Mindset às Avessas com quem falamos têm uma maneira parecida de escolher a gratidão. Observá-la dessa forma aumenta o otimismo, pois o força a procurá-lo.

De acordo com o psicólogo e especialista em gratidão, Rick Hanson, enquanto as experiências negativas ficam registradas imediatamente por causa das implicações de sobrevivência que discutimos anteriormente, precisamos manter as experiências positivas em nossa consciência entre cinco e vinte segundos para registrar uma memória emotiva. Se não registrarmos a memória, não conseguiremos curtir os efeitos positivos ao longo do tempo. Hanson sugere separar um tempo para focar doze experiências positivas por dia e nos demorarmos nelas para absorvê-las apropriadamente. Isso deve ser especialmente fácil já que você buscou motivos para celebrar o processo!

Meça Objetivamente Seu Otimismo

Em qualquer regime de treinamento bom, é preciso ter uma base para avaliar seu progresso. Um desafio ao tentar aumentar o otimismo é que pode ser difícil saber onde você está no espectro. Com muita frequência, ao pedir para um pessimista avaliar a si mesmo, ele dirá que é "realista". Se isso o descreve, é uma boa ideia avaliar seu nível de otimismo, ou falta dele, com mais eficácia, com a simples lista de perguntas abaixo, adaptada de M. F. Scheier, C. S. Caver e M. W. Bridges, "Teste da Orientação da Vida".

Instruções: Coloque um número correspondente ao lado de cada afirmação. Seja honesto consigo mesmo ao avaliar o quanto concorda com cada uma delas, não se preocupe com o que "a maioria das pessoas" responderia.

5 = Concordo muito

4 = Concordo um pouco

3 = Nem concordo nem discordo

2 = Discordo um pouco

1 = Discordo muito

Afirmações:

1. Quando a maioria das pessoas está com medo de um resultado, fico confiante de que tudo ficará bem.
2. Quando algo dá errado, presumo que aconteceu por um motivo.
3. Coisas ruins acontecem comigo com menos frequência do que com a maioria das pessoas.
4. Não importa a situação, sei que aguentarei.
5. Se procurar, encontrarei o lado bom das coisas.
6. Se eu trabalhar duro por tempo o bastante, coisas boas virão.
7. Lido bem com a rejeição.
8. Raramente fico estressado com coisas que fogem do meu controle.
9. Meu nível padrão de felicidade é mais alto do que o de todos ao meu redor.
10. Não fico muito nas nuvens nem muito no fundo do poço — fico contente por saber que sempre tenho o suficiente.

Se pontuou 35 ou mais, seu otimismo padrão é mais alto do que o da maioria das pessoas. Continue fazendo o que faz e "siga na academia". Se pontuou abaixo de 35, não se preocupe, está junto da maioria das pessoas, e as abordagens descritas acima sem dúvidas o ajudarão a dar os passos em direção a uma visão mais otimista.

✦ ✦ ✦

Você provavelmente nunca ouviu falar da Dra. Katalin Kariko, mas é quase certo que o trabalho dela já impactou sua vida. Ela é bioquímica. No início dos anos 1990, começou a trabalhar com uma tecnologia que evoluiria para a tecnologia de mRNA usada nas vacinas, inclusive a da covid-19. Agora está sendo testada em doenças como câncer, esclerose múltipla, lúpus e malária. Ela ganhou dezenas de prêmios pelo trabalho dela. Mas o sucesso não foi uma conclusão precipitada. No início da pesquisa, sofreu muitos reveses.

Rejeitaram investimento, em parte porque ela "vendia" a pesquisa dela junto de tecnologias muito mais populares e "trabalhava na sombra da terapia gênica e de pessoas que trabalham com o DNA". O progresso em seu trabalho era dolorosamente demorado e iterativo, e por isso foi removida ou demitida inúmeras vezes. Apesar desses obstáculos, nunca deixou de ser otimista. "Você verá, em todas as fotos [daquela época], eu estou sorrindo. Eu estava feliz." Em grande parte, esse otimismo vinha de sua crença genuína de que o que tentava fazer daria certo. "Eu sabia que serviria para alguma coisa, era isso que me impulsionava", disse ela.

A Dra. Kariko se treinou para permanecer otimista diante dos desafios. Ela não ignorava a realidade quando batia à sua porta, mas a impulsionava. Sabia que era uma questão de tempo, e confiava que, se fizesse o trabalho, vendesse a si mesma e suas ideias para as pessoas que se importavam com o trabalho sobre o qual estava tão vigorosamente otimista, conseguiria o progresso científico que tinha proposto. *É assim* que as pessoas com um Mindset às Avessas usam o otimismo para mudar a maneira que vendem.

Uma das descobertas mais importantes na história da psicologia, feita ao longo das últimas décadas por neurocientistas, é que o cérebro é maleável. Ele cria novos neurônios continuamente ao longo de toda a nossa vida, e podemos modelar seu crescimento conscientemente ao desenvolvermos os hábitos que queremos e suprimir os que não queremos, como a ansiedade e a depressão. Se nosso pensamento for dominado pela negatividade, reforçaremos as ligações neurais do pessimismo. O mesmo vale para os pensamentos positivos, que fortalecem as ligações que ajudam no otimismo. Nunca poderemos evitar as garras da negatividade por completo, mas, por meio de atividades como a disputa, começar com o *sim* e praticar a gratidão, podemos ajudar nossa mente a procurar pelo lado bom com muito mais frequência. O que, é claro, significa que encontraremos o lado bom com mais frequência, também.

CAPÍTULO CINCO
Apaixone-se de Verdade

Lindsey Lanier trabalha em um dos empregos mais invejáveis do mundo das vendas. Como vice-presidente de A&R (artistas e repertório) da Motown Records, o trabalho dela é descobrir, assinar e desenvolver novos artistas. Apesar de parecer que é a compradora (quem não ia querer um acordo com a Motown?!), o ramo é altamente competitivo, e, para assinar com grandes talentos, precisa convencer os artistas do porquê deveriam trabalhar com ela e sua equipe em vez de outra gravadora. Nem sempre é fácil. "Realmente acredito no que podemos fazer com um artista, mas também não consigo fazer isso com todos", nos disse.

Ela nos contou sobre experiências dramaticamente distintas que teve ao recrutar dois artistas diferentes quando era executiva musical na Universal Music Publishing Group. O primeiro era um rapper jovem que emplacou uma música na época e procurava por uma nova gravadora. A chefe de Lindsey realmente queria assinar com ele, e confiou que ela o faria. "Você precisa se encontrar com ele", disse a Lindsey.

Quando o dia chegou, ela apareceu para a reunião e esperou. E esperou. Uma hora e meia depois, os gerentes do rapper entraram na sala. "Ele não está bem", um disse. "Está no carro. Pode ser que esteja dormindo." *Hmm, que estranho*, pensou ela. Alguns minutos depois, os dois voltaram. "Ele virá, mas não está muito bem. Estará aqui em breve." Finalmente, o artista apareceu, cumprimentou Lindsey, assentiu e saiu novamente.

"Ele voltará para o carro agora", disseram os gerentes.

Lindsey ficou confusa. "Ele está bem? Precisam levá-lo de volta ao hotel?"

"Ele está bem", garantiram. "Podemos terminar a reunião." Mas, para Lindsey, abandonar a reunião e falar com outras pessoas sem uma explicação real era uma preocupação.

Os gerentes colocaram algumas músicas nas quais o artista estava trabalhando para Lindsey escutar, e não se pareciam em nada com a música anterior. Ainda era boa, mas ela não amou. Ela já tinha visto e ouvido o suficiente. "Veja, não sei se a criança é supertalentosa ou não, não sei se ele será ótimo ou não. Mas não posso, em sã consciência, dizer que, não importa o que aconteça na carreira dele, ficarei ao lado dele, ou que acredito completamente em tudo que ele faz. Não seria justo." Ela rejeitou o acordo.

Em contraste, um outro artista que Lindsey queria assinar já tinha feito algum sucesso na comédia e na televisão, mas era um músico relativamente desconhecido. Os encontros com ele foram completamente diferentes. Quando se encontraram pela primeira vez, estava completamente engajado, falava com entusiasmo de sua música e compartilhava a grande visão de onde queria levar a própria carreira. Ela amou a música e a ambição, e queria assinar com ele ali mesmo, para que pudessem começar a trabalhar no que achava que seria uma carreira musical um tanto especial.

Quando Lindsey contou para a chefe que rejeitaria o primeiro rapper, ela não ficou feliz. "Há uma música ótima dele na rádio!"

"Não tem problema, porque assinaremos com o outro menino, e acredito muito nele."

"É a sua decisão, mas talvez seja um grande erro", a chefe a alertou.

Por fim, ambos os artistas foram bem-sucedidos, mas nem de perto no mesmo nível. O primeiro assinou com uma outra gravadora, teve algumas outras músicas populares, e até foi nomeado para dois Grammys, apesar de não ter recebido nenhum. O artista que Lindsey amou tanto que se sentiu compelida a dar uma chance teve um sucesso comercial massivo. Donald Glover, mais conhecido na indústria musical como Childish Gambino, foi nomeado a doze Grammys (até agora) e ganhou *cinco*! (Para uma boa referência, também ganhou dois Globos de Ouro *e* um par de Emmys por *Atlanta*, a série de TV que criou e é a estrela.)

Lindsey não pensa em si mesma como vendedora, ainda que admita que "é o que eu faço, em essência". Grande parte de seu trabalho é vender a si mesma e sua gravadora para os artistas, e então os vender para o mundo. Mas acrescentou que "não sentia que vendia o Donald, porque acreditava nele. Eu *queria* trabalhar com ele. Antes mesmo de me comprometer a assinar, *me apaixonei* pela música, pela visão, e pela ideia do que poderia se tornar. Quando fiz isso, não pareciam vendas, era apenas um 'faremos isso *juntos*'."

Muitas e muitas vezes em nossas entrevistas, a palavra "amor" aparecia. Ninguém falava de amor romântico, mas uma conexão platônica que não deixava de ser verdadeira, que surgia de um cuidado genuíno e interesse pela outra pessoa. Por exemplo, Kelly Perdew, um empresário que se tornou capitalista de risco há muitos anos, que "vende" seu capital, Moonshots Capital, a fundadores que querem trabalhar com ele, nos falou: "Eu me apaixono por quase todo empresário que conheço." Ele diz isso porque, como já passou pelo que os empresários passam, não consegue evitar de sentir assim. Os fundadores também, e essa é parte da razão da Moonshots atrair tantas oportunidades excelentes de investimentos para seus parceiros, que incluem o ID.me, Olive e Gretel.

Em outra de nossas entrevistas, Amy Volas, fundadora e CEO da Avenue Talent Partners, umas das agências mais admiradas do mundo, nos disse que fundou a empresa porque "*ama* trabalhar com vendedores". Ela diz que buscar saber mais sobre quem são seus prospectos e se apaixonar verdadeiramente por algo neles é uma as principais razões para sua empresa ser tão bem-sucedida. "Está relacionado às pessoas", disse. "Você quer ajudá-las a resolver problemas e alcançar objetivos."

Pode ser que pense: *ah, tá, eles não se apaixonam de verdade. Esses caras sabem como soam bregas?* Talvez pense que somos hipócritas, pois grande parte da nossa mensagem é deixar a bobagem de lado e agora parece que entramos na mesma onda. Entendemos. Temíamos que escrever um capítulo sobre o amor poderia afastar algumas pessoas. Mas sentimos isso que nossos entrevistados expressaram em vários cargos como líderes de vendas, professores e palestrantes. Também sentimos essa faísca quando ótimos vendedores vendem para nós.

Então decidimos investigar o que a ciência teria a dizer sobre isso. Queríamos entender se o sentimento que experimentamos, e que tinha sido descrito para nós, pode ser considerado amor. E, se sim, queríamos descobrir o que poderíamos aprender sobre a natureza dele, para que pudéssemos ajudar mais pessoas a sentirem isso ao venderem. Imagine o nosso entusiasmo quando descobrimos que pesquisas demonstraram que, sim, o que nós e os vendedores com um Mindset às Avessas sentimos é amor, de fato; um tipo bem documentado de amor platônico que rapidamente conecta pessoas. E mais: a ciência demonstrou por que é um ótimo incentivo para o sucesso, e um poderoso potenciador da vida em geral, com benefícios para a saúde física e mental.

Amor no Cérebro

Barbara Fredrickson, uma das principais contribuintes da psicologia positiva, se especializou no estudo da natureza do amor e como ele não só nos deixa mais felizes, como mais saudáveis. Ela apresenta o que chama de "nova ciência do amor" em seu livro *Amor 2.0*, que explica exatamente o tipo de amor que mencionamos, e o que leva as pessoas a senti-lo. Biólogos aprenderam muitas coisas nos últimos anos sobre a fisiologia e a neurociência desse sentimento. Por exemplo, o corpo libera um coquetel diferente de hormônios quando sente amor platônico ou amor romântico, e é por isso que é possível amar profundamente amigos, familiares e às vezes estranhos, sem qualidade romântica. Mas Fredrickson postula que, na base de todo amor, há uma coleção do que chama de "micromomentos de aconchego e conexão" entre as pessoas. Em alguns casos, esses micromomentos resultam de uma conexão romântica ou amor familiar, mas, de modo mais geral, criam um senso especial de ligação e apreço entre as pessoas, que é exatamente o que muitas das pessoas com um Mindset às Avessas que entrevistamos descreveram, e que ressoam profundamente com as nossas experiências.

Fredrickson escreve: "O amor virtualmente floresce sempre que duas ou mais pessoas, até mesmo estranhos, se conectam por meio de uma emoção positiva, seja ela moderada ou forte." Ela deixa claro que amor é o termo certo para esse sentimento de conexão, mesmo em situações do trabalho ou com pessoas com as quais tivemos apenas um breve encontro. "Eu realmente preciso chamar aquele breve momento de conexão que acabei de ter com meu colega de *amor*?", escreve. "Foi *amor* que senti quando compartilhei um sorriso com um completo estranho?" *Sim!* é a resposta empolgada dela.

Quando falamos sobre isso em uma ligação do Zoom para nossa editora de desenvolvimento, Emily, ela se empolgou: "Ah, eu tive exatamente esse tipo de experiência com o técnico da internet!" A história que contou explicita por que procurar essa faísca de conexão amorosa com clientes, colegas e o público para o qual nos apresentamos é bom não só para as vendas, mas para vivermos vidas mais ricas.

A sobrinha de Emily marcou de aparecer ao vivo em um grande noticiário nacional pela primeira vez. Mas, vinte minutos antes do programa, quando Emily ligou a TV, entusiasmada para ver a sobrinha, a TV a cabo não estava funcionando. Ligou freneticamente para o 0800 da empresa e o homem que atendeu a ligação fez o impossível: a transformou em uma fã do suporte técnico!

Quase todo mundo já passou por essas ligações que nos deixam furiosos quando um técnico tenta todas as coisas óbvias e lhe dizem que basta "reiniciar o sistema". Esperamos por um longo tempo e há aquele silêncio constrangedor, ou nos colocam para escutar uma rádio do Spotify, e parece um pesadelo até que retornem. Mas esse técnico foi diferente. Emily pensou que ele estava genuinamente curioso quando lhe perguntou sobre o dia dela "com exceção do fiasco com a TV". Ela riu e comentou que ele devia ser de um lugar mais amigável do que Nova York (onde mora), e descobriu que, na verdade, ele morava bem pertinho dela. O técnico escutou o gato miar e perguntou quantos ela tinha, antes de admitir que era pai de gatos também. Ela respondeu que o gato gostava de assistir TV junto dela, e ele compartilhou que há um tempo, o gato dele havia, de alguma forma, jogado a TV no chão, então fora necessário comprar uma nova. Eles riram e conversaram sobre mais algumas situações felinas. Enquanto isso, o sistema era reiniciado.

Alguns minutos antes que sua sobrinha aparecesse, Emily contou que esperava conseguir assisti-la no grande noticiário e o técnico perguntou: "Que noticiário?" E então ligou a própria TV — ele trabalhava em casa —, colocou no canal e aumentou o volume para que ela escutasse a sobrinha pelo fone. Emily não perdeu nenhuma parte. O técnico até descreveu como a sobrinha posava e comandava bem. Então, bem quando a entrevista finalizou, o serviço foi restaurado.

Ela nos disse que contava essa história para os amigos há meses. Não conseguia resistir. E, quando nos contou, expressou tanta paixão que conseguíamos ver que revivia a alegria pura daquela interação breve. O único arrependimento dela, disse, foi que não pegou o nome dele para escrever para a empresa sobre como era incrível. Imagine o quanto as interações de negócios, sem falar das vendas, seriam mais frutíferas e pessoalmente satisfatórias se inspirassem tanta alegria assim!

Por que podemos experimentar um sentimento tão intenso de conexão com alguém tão rapidamente? Nossos corpos e mentes evoluíram para fomentar e reforçar essas conexões de tantas formas porque são boas para nós. Na verdade, Fredrickson escreve que momentos assim são as "experiências emocionais mais essenciais para a prosperidade e saúde". A neurociência demonstrou que, quando conhecemos alguém em quem estamos interessados, os "hormônios da felicidade" — dopamina, serotonina e oxitocina — são liberados em nosso cérebro, e, como o psicólogo Marc Schoen escreve em seu livro *Your Survival Instinct Is Killing You* [sem publicação no Brasil], especialmente a oxitocina "às vezes é referida como um hormônio de conexão ou do amor [...] Faz as pessoas se importarem umas com as outras, o que promove harmonia, cooperação e altruísmo."

O *"umas com as outras"* é muito importante quando se trata do poder desse sentimento ao vender. O que é muito doido é que, quando nos sentimos tomados pelos hormônios que atingem nosso cérebro, causamos a mesma liberação na pessoa que interagimos. Pesquisas mostram que cérebros, na verdade, sincronizam uns com os outros. Esse "pareamento neural" foi descrito como uma dança entre cérebros, na qual a atividade cerebral se combina, o que também nos leva a nos combinarmos fisicamente. É por isso que, em uma conversa verdadeiramente engajada, quando a pessoa com que conversamos sorri, tendemos a sorrir também, ou nos aproximamos mais quando o fazem genuína e subconscientemente, diferente de quando isso é apenas uma tática de manipulação.

O neurocientista Uri Hasson foi o precursor na descoberta dessa combinação de mentes. Ele monitorou a atividade cerebral de pessoas enquanto escutavam a gravação de uma mulher contando uma história envolvente sobre uma experiência pessoal. Ao contar a história, foi conectada a um equipamento que monitorava sua atividade cerebral. A atividade cerebral de quem a ouvia imediatamente imitava a dela, geralmente em menos de um segundo. Essa dança não só libera uma corrente de oxitocina, o hormônio que nos faz focar mais a pessoa com que conversamos, fazer mais contato visual, escutar mais atentamente, e ficar mais receptivo às emoções dos outros. Fredrickson escreve: "Sua consciência se expande de seu foco habitual em 'você' para um foco mais geral em 'nós'." A oxitocina também aumenta a confiança entre as pessoas. Estudos mostraram que faz as pessoas "confiarem uma porcentagem surpreendente de 44% a mais de informações confidenciais sobre si mesmas". Abaixamos a nossa guarda e nos abrimos uns para os outros.

Todos já passamos por esse sentimento incrível de conectar-se com uma pessoa que acabamos de conhecer, talvez ao nos sentarmos lado a lado no avião, ao bater papo numa sala de espera ou na fila do mercado. Pegamo-nos quase em transe quando conversamos com alguém que achamos fascinante, admirável, ou que nos inspira. Ao termos esses momentos de microconexão com alguém continuamente, seja com um cliente, colega ou conhecido, o vínculo que formamos se aprofunda; nossa confiança cresce; nosso interesse torna-se mais efusivo; e nossa compaixão e compreensão floresce.

É bem óbvio por que o amor é uma força tão positiva ao tornar as vendas não só mais satisfatórias, mas alegres e saudáveis para nós e, claro, eficazes. Então como melhorar no desenvolvimento desse senso de conexão?

Vamos ser 100% claros: não queremos sugerir a "escolha" de técnicas para encantar prospectos (esse livro provavelmente já existe). Seria a absoluta antítese da autenticidade, para não mencionar antiético, se não pior. A conexão *deve* ser genuína. Fredrickson também fala sobre isso, e diz que, ao conversarmos com alguém que detecta que fingimos uma conexão com eles, a positividade imediatamente deixa de existir; seu nível de hormônio da felicidade despenca e a confiança passa a parecer traição.

O objetivo não é aprender a imitar uma conexão, mas encontrar maneiras de genuinamente conectar-se, cultivar um forte desejo de conhecer e estar a serviço das pessoas a quem vendemos. Uma das coisas que escutamos as pessoas com um Mindset às Avessas dizerem que mais amam nas vendas é poderem conhecer tantas pessoas que não conheceriam de outra forma: surpreenderem-se continuamente com o quanto são interessantes, contemplativas ou gentis. Foi exatamente isso o que mudou completamente a abordagem de Colin às vendas em seu primeiro emprego. Garrett também sentiu isso ao começar na Bitium, quando havia apenas cinco pessoas na empresa e ele cuidava das vendas. O produto ainda era muito novo, e não era fácil convencer clientes em potencial a darem uma chance e implementarem uma solução que ainda não estava completa. Logo em seguida, conheceu Brett, líder de operações em uma startup em crescimento, e, ainda que as primeiras conversas tenham sido sobre negócios, rapidamente se transformaram em conversas entre amigos. A empresa para a qual Brett trabalhava tornou-se o primeiro cliente pagante da Bitium, mas a amizade não acabou quando o contrato foi assinado. Claro, pode ser que o acordo nunca tivesse acontecido se não fosse a conexão que criaram, que foi tão profunda que continuam amigos até hoje — até contrataram a mesma babá quando os filhos eram pequenos!

Fazer esse tipo de conexão começa ao abrirmos nossas mentes às oportunidades ilimitadas que podemos encontrar. Descobrimos que é quase impossível interagir com alguém e não encontrar *algo* para amar nela, mas, como verá logo mais, às vezes é preciso *procurar* maneiras para se apaixonar. Encontramos muitas ótimas maneiras de fazer isso e de usar ao máximo o *potencial* de uma conexão.

Amor 3x3

Um exercício deu especialmente certo em demonstrar aos clientes e alunos como conseguir entrar no mindset correto para se apaixonarem pelos prospectos. Muitos treinadores de vendas tradicionais ensinam um exercício chamado "3x3". Na versão deles, você pesquisa por três minutos três coisas sobre um prospecto antes de cada ligação. O objetivo, como é ensinado, é que o vendedor encontre três coisas que possa usar na conversa para "criar uma conexão", dar a impressão de que fizeram uma pesquisa e elaboraram um pitch customizado, e então potencialmente usar isso como meio de persuasão. Por exemplo, talvez o prospecto tenha escrito um post em um blog que o vendedor poderá usar como referência, ou há um artigo no jornal sobre a empresa, que descreve um problema que o produto do vendedor poderá ajudar a resolver. Na superfície, não tem nada de errado com isso. É certamente uma boa ideia saber sobre o assunto antes de tentar um contato, quem dirá um pitch. O problema é o foco em encontrar um "jeito" de convencer o cliente a comprar. O foco quebra todo o potencial de desenvolver um interesse genuíno na pessoa. Para fazer isso direito, é muito mais importante focar na qualidade da interação, em vez do resultado. Pense por um momento como se sentiria, e soaria diferente, ao conversar com alguém que genuinamente quer conhecer em vez de falar com alguém que enxerga como o quarto prospecto em uma lista de vinte que lhe disseram que há 30% de probabilidade de fechar um acordo.

Para tirar o foco da persuasão e mudá-lo para a conexão, reimaginamos a prática 3x3 e a transformamos no que chamamos de "Amor 3x3" (não revire os olhos para o nome, ela funciona!). Em vez de procurar informações para usar com um prospecto para fazê-lo comprar, procure por três coisas que genuinamente *amou* neles, em vez de pensar se isso significa que estão interessados em fazer negócios com você ou não. Seu único objetivo é sentir a *vibe*, só isso. É uma ótima maneira de passar o tempo, procurar motivos para amar alguém.

Com um pouco de prática, o processo se torna fácil. Quando fazemos esse exercício com os times e damos a eles tempo para a pesquisa, costumam relatar o que descobriram: *vi no Facebook que são defensores ferrenhos do lar adotivo. Eu AMO isso!* ou *Eu AMO a trajetória da carreira dela — tão inesperada!* Os pontos de interesse não precisam ser importantes, como contribuições sociais ou conquistas de carreira. Afinal de contas, todos nos conectamos com pessoas do nosso dia a dia por algo pequeno. Um cliente, grande fã dos Lakers, falou para a gente: *Eu AMO que esse cara usa uma* jersey *do Kobe na foto de perfil do LinkedIn!* Outra pessoa com quem trabalhamos, Michael, nos contou que compartilhava uma conexão estranha com todo mundo que tinha o mesmo nome que ele. Ele começou a intencionalmente prospectar pessoas chamadas Michael (*Oi, Michael, é o Michael!*), e o mais engraçado foi que pareciam compartilhar o afeto. E tinha sorte de seu nome ser tão comum! Converteu mais leads frios em oportunidades do que qualquer outra pessoa em seu time ao longo de três meses de engajamento.

Caso tenha dúvidas de que as pessoas responderiam tão bem a algo tão banal quanto o mesmo nome, há um trabalho na psicologia social que mostra que até mesmo a menor sensação de uma experiência de vida compartilhada pode ter um efeito poderoso em fazer com que as pessoas se sintam melhores consigo mesmas. Em um estudo que envolveu estudantes universitários com dificuldades em uma aula de matemática, disseram para um grupo que faziam aniversário no mesmo dia que um matemático. Tal grupo depois relatou que se sentiram melhor com suas habilidades matemáticas e deram mais de si mesmos na próxima prova. O sentimento positivo que surge da descoberta dessas simples conexões também costuma ocorrer quando duas pessoas gostam do mesmo time, têm os mesmos hobbies, escutam a mesma música ou compartilham experiências de vida significativas. Procurar a si mesmo em outras pessoas é uma maneira deliberada de se apaixonar com autenticidade.

Então não, não queremos que você busque por pessoas com o seu nome ou signo; apenas descobrimos em primeira mão que *certas* pessoas se sentiram genuinamente conectadas por causa disso. O objetivo é encontrar o que faz *você* sentir afeto genuíno pelas pessoas com as quais interage.

Descobrimos que o exercício Amor 3x3 funciona mesmo com pessoas que se opõem completamente a ele. Certa vez, trabalhamos com um executivo de contas experiente que não conseguia (ou não queria) compreender o valor de tentar se apaixonar.

Achava que o conceito era "riponga" demais e, depois que apresentamos o exercício a ele e ao resto da força de vendas, anunciou para todo mundo que tinha certeza de que não daria certo. Como era um sênior altamente respeitado na organização de vendas, sabíamos que era um momento de aprendizado ideal. Estava convencido de que os prospectos aos quais fora designado não teriam interesse em escutá-lo com base nos dados que havia recebido sobre a localização do lead, o tamanho de seu negócio, e todos os outros sinais que apontavam para um lead meramente qualificado. Nosso exercício requeria que pesquisasse um pouco mais, um tipo diferente de pesquisa, e, para o crédito dele, ele o fez (provavelmente com a intenção de provar que estávamos errados). Pesquisou onde a pessoa cresceu, quantos filhos tinha, para quais times torcia, de que organizações fazia parte e os interesses listados nas redes sociais. Por coincidência, Jim e o prospecto se formaram na faculdade no mesmo ano. No entanto, o mais interessante é que a pessoa tinha frequentado a Universidade de Minnesota, onde Bob Dylan estudara brevemente antes de desistir para seguir carreira musical por tempo integral. Acontece que Jim era um GRANDE fã de Dylan. Assim, não só se apaixonou pelo prospecto, *como se apaixonou pela ideia de quem queria que o prospecto fosse.* Esperava que o cara amasse Dylan tanto quanto ele, e que talvez tivesse ouvido algumas histórias sobre a época do cantor na faculdade.

Quando Jim fez a ligação, o prospecto não o decepcionou. Depois de algumas apresentações iniciais, Jim casualmente disse: "Vi que você se formou na Minnesota. Impressionante — nem o Bob Dylan conseguiu!" Não demorou muito para que comparassem músicas favoritas e o prospecto contasse as lendas do campus sobre Dylan. Jim vendeu com sucesso para o "Prospecto Dylan", como depois se referiu ao homem e, embora tenha enfatizado que fechou o acordo porque o produto era bom para o cliente, o lembramos como não acreditava nessa possibilidade um pouco antes. Em um dia comum, talvez nem tivesse ligado para o prospecto, ou, se tivesse ligado, não teria nem de perto o mesmo entusiasmo que demonstrou aquele dia. E definitivamente não teria escutado as histórias sobre Dylan.

Vimos tantos resultados impressionantes com o exercício Amor 3x3 que agora fazemos nossos alunos praticarem uma versão no primeiro dia de aula, todo semestre. Dizemos: "Você trabalhará em dupla com um colega aleatório e seu trabalho é se apaixonar por ele antes que o exercício termine." No começo, olham para nós como se fôssemos doidos. Imaginamos que pensam: *achava que era uma aula de vendas, agora tenho que vir aqui e me "apaixonar" por um estranho? Vou cair fora dessa aula!* No entanto, 100% das vezes esse exercício é um sucesso enorme, com um superimpacto.

O único conselho que damos é *foque nas perguntas* que faria para se apaixonar *de verdade* por alguém, de modo platônico, claro. Eles sempre começam uma conversa com uma pergunta padrão: *De onde você é? Por que decidiu cursar esta aula?* Mas logo fazem perguntas mais profundas, e recebem respostas mais pessoais e interessantes. *Qual foi a parte mais difícil de se mudar para o outro lado do país para fazer faculdade? Como seus pais se sentem com a mudança de curso?*

Quando todo mundo já teve tempo o suficiente para fazer e responder perguntas, reunimos todos eles em um grande grupo e compartilhamos como e por que nos apaixonamos. É sempre mágico observar atletas populares e extrovertidos descreverem o que amaram a respeito de uma pessoa tímida e introvertida que estudou história da arte, e todo mundo sempre encontra *pelo menos* três coisas pelas quais se apaixonaram.

Os alunos costumam apontar o momento exato em que as conversas mudam de uma tarefa estranha de sala de aula para um questionamento sincero e uma conexão genuína. Quase sempre, coincide com o momento em que viram *a si mesmos* na pessoa que está diante deles. *Amo que ele coleciona cartões de esportes, eu também tenho uma coleção gigante... Amo como foi honesta com o quão difícil foi quando era caloura, minha transição foi difícil também... Amo que ele mudou do curso de finanças para o jornalismo, falamos sobre como essa decisão foi difícil, pois tomei uma decisão parecida no segundo ano.* Conseguem articular como essa conexão levou a uma conversa mais significativa, familiar e valiosa.

Você pode fazer esse exercício em qualquer situação de venda. Digamos que precisa vender uma campanha para o seu CMO. Por que ficaria entusiasmado ao simplesmente estar na sala, independentemente de aprovarem ou não o seu pedido? E ao fazer uma apresentação para um grande grupo de pessoas em uma organização? Analise alguns dos membros e tenha em mente coisas que descobriu e amou neles ao subir ao palco. Você não falará mais com uma audiência de pessoas sem nome e sem rosto, mas com um grupo de pessoas que você espera ter muito mais coisas em comum para amar.

Saberá que foi bem-sucedido quando se sentir um pouco como sua versão do ensino médio que tinha um *crush* em alguém. Você mal podia esperar para chegar na escola e ver aquela pessoa. Falava pouco para poder escutar; ria das piadas porque genuinamente achava que eram engraçadas, mesmo quando as outras pessoas não achavam; você se importava, e só via qualidades nela. Encontre um *crush*, fique animado por *conseguir* conversar com ele, e verá a si mesmo de uma maneira diferente e, assim, não precisará mais atuar.

O Efeito Larry King

Nunca subestime o quanto as pessoas apreciarão perguntas sobre elas ou o quão receptivas são ao responderem perguntas mais pessoais. É claro, em situações de vendas na vida real, geralmente não podemos nos aprofundar e realmente fazê-las. Não queremos parecer intrometidos ou esquisitos. Então, como saber quando fazer uma pergunta pessoal em uma venda e de que tipo? Permita que Larry King seja seu guia.

Escutamos uma história ótima sobre uma jornalista que trabalhou com o falecido Larry King, um dos entrevistadores de maior sucesso na TV e no rádio, quando ele estava em uma turnê literária. No primeiro dia da turnê, King e a jornalista tinham acabado de se conhecer e foram levados à sala de descanso enquanto esperavam o programa começar. Assim que se sentaram, ele virou-se para ela e começou a fazer perguntas. Onde ela havia crescido? Gostava de lá? Não se incomodava com os invernos rigorosos? Ainda esquiava? De repente, ela pensou: *espera um pouco, ele é o famoso aqui, por que se importa comigo?* Teve momentos incríveis de conexão com outros clientes, mas o que a deixou impressionada foi a rapidez com que se sentiu completamente confortável ao lado de King.

Logo, fez perguntas sobre a vida dele; como ele conseguia ser tão direto, inquisidor e honesto com as pessoas que entrevistava, se ficava nervoso ao conversar com figuras públicas influentes. Quando ele respondeu com carinho, ela mentalmente paralisou por um momento: *meu Deus! Acabei de "dar uma de Larry King" com o Larry King!* O que a impressionou foi que parecia que o conhecia, profunda e pessoalmente, há anos.

Uma das maneiras de King ser tão pessoal é que começava com perguntas simples. Certa vez falou sobre seu estilo de entrevistas: "As perguntas simples são as melhores." A chave para ele, disse, que carregava com felicidade em suas mais de 60 mil entrevistas, era que era "insanamente curioso" sobre as pessoas, não importava o que faziam ou de onde eram. "Quando eu era criança", lembrou-se, "perguntava para os motoristas de ônibus: por que você dirige um desses?" Ele não era condescendente nem tentava mostrar que era inteligente e tinha muito conhecimento. Era simples e puramente curioso. Citou um velho mantra que dizia ser seu princípio-guia: "Nunca aprendi nada enquanto falava." A fórmula básica era: "Faço boas perguntas, escuto, e sigo em frente."

Uma curiosidade genuína pelas pessoas o leva a fazer perguntas amplas, cujas respostas realmente deseja saber, e não demorará muito para que o interesse nelas aumente, e as perguntas se tornarão mais profundas também. Quando as pessoas sentem uma curiosidade autêntica, costumam se abrir e dar respostas que naturalmente levarão a mais perguntas, que resultarão em uma conexão ainda mais profunda.

Cada situação e pessoa são diferentes, então infelizmente não existe uma regra para saber o momento certo de fazer uma pergunta mais profunda ou saber se o que perguntou é pessoal demais. É parecido com a regra "se acha que é brega, provavelmente é mesmo" do Capítulo 1; siga um parâmetro "se acha que é muito cedo para fazer a pergunta, é realmente muito cedo". E não se esqueça de que você sempre pode demonstrar interesse. *Tem essa pergunta que eu sempre quis fazer, mas fico com medo de sair do jeito errado, o que não é minha intenção.* Pare por um momento para ver se o incentivam a seguir em frente e perguntar, e preste muita atenção se parecem felizes por querer saber mais ou se aceitaram para não o ofender ao negarem. Se a pergunta for motivada por uma curiosidade genuína, as pessoas sentirão, e ficará surpreso com o quanto elas falarão ao saber que se interessa por elas e pelo que têm a dizer.

Ao importar-se o suficiente para querer entender alguém dessa forma, as respostas superficiais soarão diferentes para você do que soam para as outras pessoas. Elas o intrigarão a ponto de *desejar* saber a resposta para a próxima pergunta, que geralmente está em uma camada mais profunda. Normalmente, é algo como: "O quê?! Pera, preciso saber mais. Você ficou nervoso?" Lembre-se, isso não é uma tática, é apenas importar-se o suficiente para *querer* saber sobre algo que outras pessoas não se importam, que começa ao se apaixonar.

O Amor é uma Via de Mão Dupla

Outra forma de os vendedores com um Mindset às Avessas poderem aprofundar suas perguntas é ao compartilharem informações sobre si mesmos primeiro. Uma das poderosas normas de comportamento humano é a ética da reciprocidade. Para a maioria de nós, na maior parte do tempo, se alguém faz algo por nós, ficamos inclinados a retornar o favor. O mesmo vale para as conversas. Se alguém revela algo sobre si mesmo, geralmente logo revelamos algo de profundidade similar. Pense em alguma vez que um cliente ou colega contou algo vergonhoso (como quando o fone do Colin se desconectou e todo mundo escutou os sons tão viciantes da música "Party in the USA", da Miley Cyrus, em seu computador); é provável que tenha compartilhado uma experiência esquisita parecida (como quando Garrett admitiu que a música pop preferida dele é "Call Me, Maybe", de Carly Rae Jepson, e tentou justificar essa opinião com ciência). Talvez tenham compartilhado detalhes de um desafio que enfrentaram na vida pessoal, e você sentiu-se inclinado a retornar essa dádiva ao contar de uma vez que vivenciou algo parecido. Isso não é feito para manipular, é uma vulnerabilidade sentida de coração, que possui raízes no desejo de entender a outra pessoa.

Quando Colin estava no modo de planejamento de casamento, Margot marcava um horário no calendário dele entre as reuniões para conversar sobre os detalhes. Por causa disso, ele costumava aparecer para as reuniões marcadas alguns minutos atrasado. "Sinto *muito*", era forçado a falar: "Costumo ser muito pontual, mas estou planejando meu casamento e minha noiva me ligou para pedir algumas opiniões um pouco antes do horário que eu deveria ligar para você." Quase sempre, as respostas das pessoas eram uma dessas opções. Ou diziam: "Não se preocupe, casei há algum tempo e o ditado é verdade: esposa feliz, vida feliz", ou "Não tem problema, eu entendo, será mais fácil no seu segundo casamento!" Em ambos os casos, Colin percebeu depois, ele havia formado uma conexão instantânea autêntica. Sem nem começar a conversa oficialmente, os clientes sentiam-se confortáveis para falarem sobre suas histórias maritais e conectar-se em um nível mais profundo. A candura de Colin levava os clientes a expressarem candura também.

Achamos que uma das razões para esse tipo de autorrevelação criar tal conexão em situações de vendas é que desmancha o estereótipo de vendedor ultraconfiante. Nos tornamos, em uma palavra, humanos; um mero viajante, em vez de um *sniper* dando um tiro. Esse é outro motivo pelo qual mostrar o seu trabalho pode ser tão apreciado; costumamos nos abrir, mostrar nossas dúvidas e desafios e sermos vulneráveis, o que encoraja outras pessoas a fazerem o mesmo.

Quando nos conhecemos em um time na XX Artists, uma agência de marketing digital que crescia rapidamente e ostenta clientes corporativos como YouTube e Robinhood, e celebridades como os ganhadores do Oscar Brie Larson e Jennifer Hudson, tínhamos acabado de receber um impulso ao marcar grandes eventos de palestras e workshops. Um amigo nos apresentou para um contato da agência para ver se poderiam nos ajudar a construir nossa presença online. Marcamos uma reunião e começamos a conversa bem vulneráveis, e contamos para as três pessoas na sala que evitávamos as redes sociais como uma plataforma porque temíamos como seríamos percebidos. Compartilhamos que não queríamos ser forçados a atuar como algo que não éramos só para causar impacto online, e temíamos perder o controle e nos tornar algo que não somos, já que nossa missão sempre será maior do que curtidas ou números de seguidores. Não sabíamos muito da estratégia deles ao trabalhar com clientes, e temíamos que nos achassem ingênuos ou muito prepotentes. Mas queríamos um relacionamento real com quem nos ajudaria a articular nossa marca e guiar nossa presença online. O time da XX Artists nos fez muitas perguntas ótimas e nos asseguraram que era normal ficar com medo em relação à criação da presença nas redes sociais, e saímos da reunião sentindo que fomos ouvidos.

A XX Artists nos enviou uma proposta uma semana depois da nossa reunião, e, quando um membro do time nos ligou duas semanas depois, presumimos que queriam saber se tínhamos aceitado, mas não era nada disso. Em vez disso, queriam nos contratar para sermos os palestrantes de uma reunião *offsite*! Depois aprendemos que a conexão que sentiram por meio de nossa vulnerabilidade tinha sido um fator importante. Precisavam confiar que as pessoas que convidassem a palestrar com o time deles e liderar os workshops seriam capazes de fazer com que seus funcionários se sentissem confortáveis durante o processo, para que pudessem se conectar mais profundamente uns com os outros.

Ao nos abrirmos com nossos prospectos, ou a qualquer pessoa a quem "vendemos", há uma grande diferença entre oferecer uma vulnerabilidade apreciada e fazer com que nossos problemas sejam um fardo para outra pessoa. A conversa deve ser sobre dar e receber, e, se esse vai e vem não ocorrer, vá em frente e procure outra maneira de conduzir a conversa. A chave é buscar *conversas transformadoras*.

Conversas Transformadoras

Em um artigo para a *Psychology Today* chamado "A Neurociência das Conversas", a psicóloga Judith E. Glaser escreveu sobre três tipo de conversas e o impacto que podem ter em nosso cérebro. O primeiro, conversas transacionais, evoluem em torno de troca de informações, como uma conversa de descoberta típica, em que um vendedor faz perguntas para descobrir o orçamento, as necessidades, o cronograma etc. do comprador, enquanto este pergunta sobre preço, recursos do produto e o processo de compra. Ou, ao se vender em uma entrevista, uma abordagem transacional seria oferecer várias descrições do valor que acha que pode trazer para a empresa, enquanto pergunta para o entrevistador o que pode esperar em termos de promoções, aumentos, opções de investimento e outros benefícios.

O segundo são as conversas posicionais, que focam mais na defesa de ideias. Em um contexto de vendas, envolvem mudar para um modo de persuasão e no qual defende o produto ou serviço na esperança de consumar uma venda. Um exemplo de venda não tradicional pode ser tentar convencer um amigo a concordar com você a respeito de uma questão política ou convencer seu parceiro a jantar comida tailandesa em vez de italiana.

O terceiro tipo, as conversas transformadoras, são caracterizadas por um interesse mútuo na descoberta, escuta profunda e compartilhamento livre de ideias e sabedoria. Glaser as descreve vividamente como um processo de *cocriação* entre ambas as partes.

Garrett ainda se lembra da primeira vez em que teve uma conversa transformadora no contexto de vendas. Ele trabalhava em sua primeira startup, a Fastpoint Games, onde vendia jogos de esportes de fantasia para propriedades como Turner Digital, Major League Soccer e NBA.com. Há meses, dedicava-se arduamente a um acordo com a The Sporting News (TSN), que queria terceirizar a produção e o gerenciamento de alguns de seus jogos mais populares. Conseguir o contrato ajudaria muito no crescimento da Fastpoint.

Até aquele momento, todas as conversas tinham sido ou transacionais ou posicionais, nas quais Garrett perguntava o que a TSN queria e, em retorno, contava como a Fastpoint poderia ajudar e defendia o porquê de a empresa ser a melhor opção. Achava que era tudo o que um bom vendedor faria e, ainda assim, não conseguia uma assinatura da TSN.

Então, um dia, o tomador de decisão da TSN, Geoff, anunciou que viria de Los Angeles e passaria nos escritórios da Fastpoint pessoalmente. Garrett ficou entusiasmado, não só porque era a pessoa que finalmente poderia fechar um acordo, mas porque tinha passado a admirá-lo ao aprender mais sobre sua escalada nos ranques da altamente competitiva indústria de esportes digitais. Ele não chamaria assim na época, mas tinha se apaixonado por Geoff, ou pela *ideia* dele, já que não se conheciam. A conversa pessoal que estavam prestes a ter teria um impacto imenso na estratégia de vendas de Garrett.

Quando Geoff chegou, Garrett mal podia esperar para conversar com ele. Fez perguntas que não tinha pensado em fazer no processo de vendas; perguntas sobre os objetivos de Geoff quanto ao projeto, pessoais e profissionais, sobre a história da empresa e o significado dos jogos para os leitores da TSN. O mais importante foi que discutiram sobre colaboração. Em vez de só falarem dos prós e contras e detalhes do produto e especificações tecnológicas, falaram sobre como seria trabalhar juntos, como fariam as marcas crescerem juntas e como resolveriam possíveis problemas no caminho. Às vezes, se desafiavam e identificavam empecilhos em potencial, mas então trabalhavam em maneiras de contorná-los. Para Garrett, não parecia em nada com uma conversa de vendas. Era uma conversa transformadora, revigorante, estratégica, recompensadora e bem divertida. Duas semanas depois, Garrett soube que a TSN seguiria com o acordo, que era, na época, o maior na indústria.

Venda-se Primeiro

Antes de virarmos a página sobre a paixão, há mais uma tendência que percebemos em nossas conversas com quem tem um Mindset às Avessas: não se apaixonam apenas pelos prospectos. Uma pergunta que sempre nos fazem é: "É preciso acreditar no que vende para ser um excelente vendedor?" Não há um jeito de contornar a resposta, que é *sim*. Infelizmente, há muitas pessoas que vendem produtos nos quais não acreditam, para clientes que, na verdade, não precisam deles. Costumam ser as perpetradoras do estereótipo do "vendedor típico", pois dizem o que precisam para convencerem os clientes (e a si mesmos) de que a compra é uma boa ideia. Pode ser que achem que o produto é bom, mas no fundo sabem (ou, às vezes, não tão no fundo) que, se o consumidor soubesse o que sabem, não compraria. Talvez não precisem dele, a qualidade não é a melhor, há concorrentes com opções melhores ou simplesmente não há um valor nele, exceto o dinheiro que pagarão. Mesmo os que costumam ser honestos e dão o seu melhor para fazerem o certo nos deixam com um gosto ruim na boca quando não acreditam no que vendem e fingem mesmo assim.

Por um lado, aqueles com um Mindset às Avessas acreditam de coração em qualquer ideia, produto ou serviço que vendem. É impossível ser ótimo em vendas e sentir orgulho disso sem se entusiasmar com os benefícios que o cliente receberá com a venda. Não queremos dizer que precisa se apaixonar pelo produto que vende, nem ser um cliente em potencial. Há muitas pessoas que vendem produtos e serviços para pessoas e negócios que nunca os usariam. Até falamos com um time que vendia serviços de coleta (um grande volume de coleta de lixo!), cuja melhor vendedora AMAVA o trabalho e era boa para caramba nele. O que *queremos* dizer é que precisa saber que o que vende é certo para a pessoa a quem você vende e *amar* que tem a oportunidade de compartilhar isso com elas.

Essa regra é importante se quisermos ser ótimos nas vendas, mesmo em situações não tradicionais. Robert Simon, o advogado de defesa que conhecemos no Capítulo 1, nos contou que, para ele, é importante se apaixonar pelos clientes (sim, usou essas exatas palavras) antes de ficar diante do júri em nome deles. Contou sobre um cliente que havia se machucado em um acidente de carro. Infelizmente, mesmo com um caso convincente, Robert não conseguia se relacionar direito com o cliente. Ele havia pedido para que Robert o representasse em um caso que era quase certo de ir a julgamento. "Vender" para um júri pode ser a venda mais difícil que existe. Imagine não apenas vender contra um concorrente, mas o concorrente está na sala com você e busca encontrar buracos na sua "venda" em tempo real enquanto os clientes (júri) ficam sentados bem ali, assistindo! Qualquer sinal de dúvida ou insegurança sobre o que vende pode ser a diferença entre uma grande vitória para seu cliente ou sair sem nada.

Robert sabia disso, e, como não havia criado uma conexão real com esse cliente ou a história dele, considerou abandonar o caso e indicá-lo a outro advogado. Mas, antes de fazer isso, decidiu se aprofundar e ir até a casa do cliente para aprender mais sobre ele e o impacto que o ferimento teve em sua vida. Enquanto estava lá, iniciaram uma conversa transformadora surpreendentemente profunda e honesta. Robert soube que seu cliente e a esposa tinham passado por maus bocados durante anos de infertilidade antes de terem a filha deles. Coincidentemente, Robert e a esposa passavam pela mesma batalha. Falaram sobre o custo emocional da experiência, e o cliente deu um conselho e suporte que só alguém na mesma posição poderia oferecer. "Quando o encontrei pela primeira vez, ele não era o tipo de pessoa por quem você se apaixona de cara. Mas, assim que escutei a história dele, sabia exatamente o que passou porque eu estava na mesma situação e queria lutar por ele", Robert contou em uma conversa, e o mindset amoroso que isso gerou o levou a aceitar o caso, que por fim ganhou para o cliente e a família.

A necessidade de Robert de acreditar no que "vende" não é exclusiva. Um vendedor que entrevistamos nos contou: "Todo emprego que já tive foi o melhor que já tive." Ele queria dizer que, sempre que trabalhava para uma empresa, intencionalmente se apaixonava pelo produto que vende, pela empresa e por sua cultura e, o que é mais importante, pelos clientes com os quais interagia. Imagine a diferença entre uma conversa com alguém que pensa assim para uma com alguém que meramente segue o passo a passo das vendas de algo que não acredita para pessoas que não se importam.

✦ ✦ ✦

Uma vez, tivemos uma palestra em uma reunião de vendas para a ADS, uma empresa que vende equipamentos para o exército dos EUA. O time de vendas consistia em cerca de duzentas pessoas, muitas das quais eram veteranos que se tornaram vendedores depois de retornarem à vida como civis. Ao nos prepararmos para o evento, debatemos muitas vezes se queríamos falar ou não sobre *se apaixonar* para um grupo de ex-militares durões. *Será que nos ignorarão?*, nos perguntávamos. *Ou pior, rirão de nós?* No fim, optamos por ir com tudo em nossas lições sobre o amor e as vendas. *Se pudemos fazer esse público se apaixonar pela paixão*, saberemos *que chegamos a algum lugar*, decidimos.

Depois do evento, falamos com o CEO da empresa, Jason Wallace. "Quando começaram a falar de amor, fiquei nervoso", admitiu. "Achei que comeriam vocês vivos. Mas depois de alguns minutos percebi: 'É exatamente o que meu time precisa escutar'. Todo mundo conseguiu se conectar com a ótima sensação de interagir com alguém em que ambas as partes *energizam uma à outra*, e vê-los perceber que podiam fazer isso com intenção foi bem interessante."

Das conexões amorosas mais breves feitas em uma ligação de vendas às experiências transformadoras mais profundas, todas as que formamos com as vendas se tornam um lastro que nos fortalece. Quanto mais cultivarmos, de propósito, um sentimento de amor autêntico por nossos clientes, colegas para quem vendemos e também, é claro, todas as pessoas que encontramos em quaisquer situações da nossa vida diária, mais felizes seremos; ficaremos muito mais energizados e ansiosos para ter a próxima conversa, muito menos focados em preocupações sobre as ligações e as palestras seguintes ou se fecharemos o acordo com o próximo cliente. Descobriremos que vivemos mais no momento em toda experiência de venda, e no resto de nossas vidas também; estaremos mais antenados com as oportunidades de conexão, que inevitavelmente nos levam a fazer mais e mais delas todos os dias. Tudo isso, é claro, nos leva a uma vida mais rica e cheia de nuances.

CAPÍTULO SEIS
Seja um Colega, Não um Coach

Durante o início da pandemia da covid-19, dias depois do mundo ter sido enviado para casa na esperança de cortar a contaminação pelo vírus, assistimos uma reunião no Zoom entre um vendedor e um prospecto a pedido de um cliente nosso. Ele havia nos pedido para ajudarmos o time da empresa a lidar com o estresse de novas rotinas diárias, que tinham sido profundamente alteradas pelos efeitos do vírus. O vendedor começou a ligação, se apresentou e então disse algo para o prospecto que não esperávamos. "Não tenho muita certeza de como essa conversa deve ser, nem se *deveríamos* tê-la. Eu sei que nós dois temos trabalho a fazer, mas isso tudo é uma doideira e meio assustador, para ser honesto! Acho que o que quero dizer é que esta é a minha primeira pandemia, e senti a necessidade de reconhecer quão estranho é fazer negócios agora."

Como se a abertura genuína do vendedor não fosse revigorante o suficiente, a resposta do prospecto foi ainda mais inesperada. Com um sorriso acalorado e aliviado, ela disse: "Nossa, nem me fale, me sinto exatamente assim. Comecei nesse emprego poucos meses antes da covid aparecer, e ainda nem conheci a maioria dos meus colegas de trabalho!" Então falou as palavras mais bonitas que um cliente em potencial pode dizer: "Daremos um jeito juntos."

E foi assim que a típica dinâmica do vendedor que controla a conversa, focado em nada além da venda, virou de cabeça para baixo. Em vez de pensar como sempre, vendedor versus cliente, a conversa foi baseada em camaradagem e compreensão. Daquele momento em diante, falavam sobre a quarentena como se fossem dois amigos. Então, em *doze minutos* de ligação, o prospecto tomou a iniciativa e falou com felicidade: "Bom, e se focarmos nos negócios para que mantenhamos esses empregos dos quais tanto reclamamos?" Ambos deram risada e seguiram em uma ótima conversa *em pé de igualdade*, ainda que não estivessem nem no mesmo estado, quem dirá na mesma sala.

Ao compararmos essa troca com outros exemplos que vimos de vendedores e prospectos que conversaram de igual para igual, percebemos que tínhamos descoberto outra chave para o sucesso, e para a felicidade, de pessoas que vendem com um Mindset às Avessas: enxergam-se como dois membros do *mesmo time*.

A Cultura do Eu Contra o Mundo

Pensar assim pode parecer óbvio, mas nem sempre é fácil ou natural. Costuma haver uma desconfiança inerente de clientes quando conversam com um vendedor, e geralmente há o encontro de uma insistência da parte desse último, que tenta mudar a opinião da outra pessoa. Além disso, os treinamentos de vendas, a dinâmica dos times de gerenciamento, experiências como comprador e ideias culturais a respeito das vendas conspiram para instilar a noção de que vender é uma competição. A maioria das culturas de times de vendas cultivam um mindset "eu contra eles", geralmente de modo intencional. Ainda que nos digam que estamos em um *time*, uma infraestrutura elaborada de tapas e beijos nos leva a nos comportarmos como lobos solitários tanto com colegas quanto com clientes, cada um com seu próprio objetivo, de modo independente.

Todos fazemos parte disso de alguma forma, seja como membro de uma audiência ou como alguém cujos benefícios são comparados com os de outros por meio de tabelas de liderança exibidas em telas gigantescas para que todos vejam quem está em último. Amamos cerimônias de entrega de comissões, a menos que não sejamos nós a ser celebrados, aqueles que são desmoralizados por serem forçados a ver quanto dinheiro outras pessoas ganham a mais do que nós. Não é nenhum segredo que os planos de compensação costumam gerar o comportamento oposto que os clientes esperam dos vendedores. Ouvimos de um gerente que rearranjava as mesas toda segunda-feira na ordem de quem melhor desempenhava até o com o pior desempenho. Imagine a inspiração daqueles como um desempenho ruim quando vinham tomar seus lugares para a semana com uma das pernas da cadeira quase no banheiro masculino. Tudo isso encoraja um mindset de que precisamos trabalhar por nós mesmos. *Se não contribuirá para a* minha *comissão, então estou fora.*

Essa cultura construída por meio do antagonismo não se limita apenas aos profissionais de vendas. Em muitos ramos, os colegas são comparados uns com os outros, e os gerentes costumam demonizar membros do time que não estão no mesmo nível que os outros. Na maioria das empresas, nos juntamos em panelinhas de grupos funcionais — marketing, produtos, engenharia, sucesso do cliente, finanças, recursos humanos e, é claro, vendas, por exemplo —, o que geralmente leva a uma cultura de adversidade que nos impede de conseguirmos os melhores resultados. Se você trabalha em uma empresa assim, pode parecer que o grupo de marketing existe somente para culpar as vendas por não converterem leads suficientes. As vendas, por sua vez, talvez peguem no pé do time de engenharia constantemente, por focar a construção de recursos errados para os clientes errados. O time de operações talvez culpe o de produtos por fazerem mudanças demais no *roadmap* do produto.

E essas são pessoas que trabalham para a mesma empresa. Entre os efeitos infelizes de cultivar esse mindset "eu contra eles" no ambiente de trabalho é que ele é transportado para as interações com os clientes também. Espera-se que "ganhemos" o acordo, "superemos" objeções, "conquistemos" previsões, "esmaguemos" a concorrência. Esse mindset não é só o resultado de uma osmose mental; incontáveis livros, blogs e podcasts sobre vendas e marketing explicitamente promovem métodos para convencer potenciais consumidores a comprar ao tratá-los como adversários a serem combatidos.

Quando a Persuasão se Torna Coerção

Muitas das técnicas de vendas que se parecem com jogos apresentadas nos livros e treinamentos se baseiam em estudos psicológicos sobre a persuasão. Costumam ter nomes pequenos, como técnica da "Porta na Cara". Essa se baseia na pesquisa do psicólogo Robert Cialdini, mas já foi usada de muitas maneiras antes das descobertas dele. A tática essencial é assim: se um vendedor faz um pedido que é considerado excessivo pelo prospecto e este o recusa (literal ou figurativamente) ao bater a porta na cara do vendedor, ele então faz um pedido menor, e é mais provável que o prospecto concorde em ir adiante. Digamos que o primeiro pedido exigia que pagassem US$2 mil para participar de um jantar de angariação de fundos promovido por um político, pelo qual, além de um jantar cinco estrelas, receberão taças de vinho comemorativas. O segundo pedido pedirá que doem US$200, pelo qual receberão as taças e um assento reservado em um comício futuro. As pessoas aceitarão o segundo pedido com muito mais facilidade do que se o fundador o tivesse feito desde o princípio. Por que essa tática funciona? Cialdini argumentou que isso se deve à forte ética de reciprocidade que discutimos no Capítulo 5. Como parece que o vendedor fez uma concessão, o prospecto sente obrigação de fazer um favor em retorno.

Outra técnica de jogos popular é a tática "se eu pudesse, você faria?". Imagine que o vendedor releva os preços, e o prospecto não vê valor suficiente para justificar o custo, então rejeita. O vendedor então diz: "Eu não tenho certeza se posso, mas *se* eu pudesse aprovar US$X, você *seguiria* adiante?" O vendedor na verdade sabe que pode oferecer o menor preço, mas *finge* como se não tivesse o poder de aprovação. Não só não quer oferecer antes que o prospecto se comprometa, como também deseja passar a impressão de ter brigado pelo cliente. Age como se tivesse feito um malabarismo pelo cliente, quando na verdade o manipulou melhor do que Jimi Hendrix faz um solo de guitarra.

Essas táticas, e tantas outras que podem virar armas nas mãos de vendedores sem escrúpulos, geralmente exploram vieses cognitivos irracionais em nosso cérebro. No Capítulo 4, falamos sobre como e por que somos programados para processarmos emoções negativas melhor do que as positivas. Um efeito colateral disso é o viés da aversão à perda, que a autoridade das vendas Zig Ziglar descreveu quando escreveu: "O medo da perda é maior do que o desejo pelo ganho". Muitos estudos provaram isso, como um de 2016 conduzido por Simon Schindler e Stefan Pfattheicher, que concluiu que as pessoas estão mais dispostas a arriscar (ou se comportar desonestamente) para evitar uma perda do que obter um ganho.

Outras táticas de vitória desenfreada emergiram com a evolução da tecnologia. As empresas pagam muito por ferramentas que fazem parecer que o vendedor liga da mesma área em que o telefone está, na esperança de enganar os prospectos para que atendam. Alguns vendedores presumivelmente enviam convites para a agenda dos prospectos com o objetivo de que respondam a algo que nunca concordaram. A automação faz *parecer* que e-mails e mensagens das redes sociais são personalizados (até você receber um que começa com "Oi, [NOME]...").

Esses métodos obviamente perpetuam o estereótipo de vendedores manipuladores e, apesar de às vezes serem eficazes a curto prazo, demandam muito da psique dos vendedores (e dos clientes) ao longo do tempo. Muitas pessoas com as quais trabalhamos expressaram descontentamento com relação a essas práticas, que contribuem para explicar o porquê de muitos não se sentirem orgulhosos de estarem nas vendas. Essa vergonha, é claro, também é um gatilho para a ameaça do estereótipo e suas várias consequências negativas.

Além dessas punições psicológicas, as táticas "ganhar por manipulação" são quase sempre um tiro pela culatra. Um estudo descobriu que pitches de marketing e vendas arquitetados para persuadir (em vez de informar) podem levar a um declínio significativo na resposta desejada pelos prospectos. Ao avaliar os resultados de uma campanha do *Centers for Disease Control* para incentivar as pessoas a se vacinarem contra a gripe, o estudo descobriu que os pitches mais persuasivos levavam a uma queda de 39% na intenção expressa de ser vacinado entre aqueles que tinham medo da vacina. Acredita-se que a resposta negativa para os esforços de persuasão deva-se em parte a uma "reatância psicológica", isto é, a tendência de as pessoas reagirem negativamente às tentativas de ações que pensam prejudicar sua agência e liberdade de escolha.

Quem tem um Mindset às Avessas não é contraditório em relação às vendas. Não procura encontrar um ponto fraco nas defesas do oponente para que possa explorar. Conversa com um *mindset de mesmo time*, em que vê a si mesmo alinhado aos prospectos, ao trabalharem juntos por um mesmo objetivo. O trabalho é apoiá-los, estar ali por eles e fazer o que é certo. Não vê as vendas como um jogo de soma zero. Se alguma coisa não for boa para um prospecto, então não é boa para ele também.

Para deixar claro, não queremos atirar pedras em quem aplica as táticas de vendas que descrevemos neste capítulo (ou em outro lugar do livro). Nós entendemos. Já estivemos neste lugar, e nem sempre é fácil evitar o caminho de menor resistência quando tudo dá certo e não parece prejudicar ninguém no processo. Sabemos que a psicologia da influência gera comportamento, e não é fácil ignorar isso. Também entendemos como é não só saber que a empresa depende de nós, mas também nossa família, nosso time e a família deles. Não escrevemos este livro para julgar as zonas de conforto éticas das pessoas, mas porque, com base em nossas pesquisas, os motivos *reais* pelos quais alguém é bem-sucedido e feliz (ou não) nas vendas não estão relacionados a táticas como as que acabamos de descrever, e esperamos que concorde. Se sabemos que temos uma escolha, *por que não* escolher algo diferente quando isso beneficia a nós e às pessoas a quem vendemos?

Como escreveu Simon Sinek em seu best-seller *Comece Pelo Porquê*, "há apenas duas maneiras de influenciar o comportamento humano. Ao manipular ou ao inspirar". Se estiver no mesmo time que seu prospecto, não há incentivo ou benefício na manipulação, então a inspiração é sua única opção.

Por que "Nós" Dá Certo

Ao entrevistarmos vendedores bem-sucedidos (e felizes), vimos que o mindset de mesmo time tinha se tornado natural para muitos deles. Está na base dos hábitos de trabalho, e colhem as recompensas disso diariamente. É perceptível na maneira como conversam com as pessoas, pois transparecem um desejo genuíno de ajudar, e reagem aos desafios ou objeções sem ficarem na defensiva ou decepcionados.

Um grande vendedor de um dispositivo cardiotorácico nos disse que uma vez conheceu um médico que amava os filmes do *Poderoso Chefão*. "Não só se referia a eles com frequência, mas também dava para saber boa parte de quem ele era, como enxergava o mundo, e até mesmo como tomava decisões", nos contou o vendedor. Mas não era essa a questão; ele genuinamente gostava de trabalhar com aquele médico. Haviam construído um relacionamento, e ele queria entender melhor o médico, não porque o ajudaria a vender mais produtos, mas porque se importava de verdade com seu "colega de equipe". Não conseguia entender o apreço do médico pelos filmes porque nunca tinha assistido. Decidiu, então, assistir e *amou* também. Por causa disso, não só os assistiu, mas leu comentários em blogs e fóruns, fez uma coletânea das melhores falas ("Um homem que não passa um tempo com a família nunca será um homem de verdade"), e tinha um monte de perguntas! Da próxima vez que se encontrou com o médico, disse: "Doutor, finalmente assisti à trilogia... Entendi! Falaremos disso em breve." Foram almoçar pouco tempo depois, e a família Corleone foi o principal assunto. Daquele dia em diante, estavam no mesmo time, não porque o vendedor assistiu aos filmes, mas porque desejou genuinamente entender algo tão importante para alguém que considerava estar no mesmo time.

Uma empresa com a qual trabalhamos intencionalmente colocava os times de vendas como ponto de contato para questões de suporte. Ainda que a empresa tivesse um time de apoio ao consumidor que saberia lidar com quaisquer problemas que não seriam resolvidos imediatamente, os clientes sempre se comunicavam com o representante de vendas primeiro. Muitos negócios considerariam isso uma distração indesejada, que tiraria um tempo precioso dos vendedores de atividades que geravam renda, mas grande parte dos negócios dessa empresa era a renovação de contratos, e se comunicar com cada cliente antes do fim do contrato era essencial. Ao colocar os representantes de vendas para auxiliar no suporte ao consumidor, a empresa garantia que o representante e o cliente estivessem em uma comunicação constante e igualitária, com representantes posicionados como advogados, que lutariam em nome dos clientes sempre que pedissem recursos para resolver um problema.

Tratar os prospectos como membros do time, com quem você trabalha para avançar em direção a um objetivo em comum, é eficaz e recompensa o psicológico por muitos motivos. Por um lado, quebra a parede invisível que a maioria dos prospectos constrói sempre que percebe que alguém tenta lhe vender algo. Fazer perguntas com a intenção de entender como se unir à causa deles, em vez de meramente tentar reunir informações suficientes para vender, cria uma dinâmica completamente nova. Vender com um mindset de mesmo time faz com que cada passo do processo de vendas seja uma colaboração, não uma competição. O trabalho do vendedor muda de convencer e persuadir para ensinar e empoderar. Quando se está no mesmo time, uma decisão não é ideia *sua*, mas *do outro*. Ou, melhor ainda, *nossa*.

O Impacto Natural da Colaboração

Outro motivo para o mindset de mesmo time dar certo é porque satisfaz nosso desejo inato de trabalharmos juntos, de reunir nossos talentos complementares para o bem maior. Muitos argumentam que humanos são naturalmente combativos, mas os biólogos e antropólogos que se debruçaram nas raízes do comportamento humano enfatizaram que nossa inclinação natural para tentarmos nos dar bem, colaborar, ajudar uns aos outros e até fazer alguns sacrifícios em prol de outras pessoas, é no mínimo poderosa.

As sociedades modernas são consideradas uma representação das primeiras formas de civilização humana e exemplos primários do nosso mais natural estilo de vida. Um bom trabalho em equipe parece ter um valor central para eles. Em vários desses grupos, como o povo Hadza na Tanzânia e o Agta nas Filipinas, pesquisas descobriram uma forte ética de combinação de forças no trabalho de forrageamento e caça. Os melhores caçadores não saem sozinhos e mantêm a presa para si mesmos, lideram as caçadas e os grupos se reúnem para dividir a refeição entre as famílias. Membros do grupo também trabalham em equipes quando fazem o forrageamento em busca de frutas, nozes e grãos, e os cuidadores são responsáveis por todas as crianças do povo.

Psicólogos que estudam crianças pequenas também encontraram evidências de um desejo inato de ajudar outras pessoas e entrar em equipes. Um estudo descobriu que uma criança de 19 meses estava disposta a compartilhar um pedaço de fruta com um estranho, mesmo que os pais soubessem que a criança *ama* doce de qualquer jeito, mesmo em frutas. As crianças foram colocadas em uma mesa com morangos dispostos em um prato diante delas. Então, um homem que nunca tinham visto entrava na sala, se sentava próximo e pegava um morango, que derrubava, aparentemente por acidente, fora de seu alcance. Quando as crianças viam que ele tinha dificuldades para pegar o morango, entregavam um ao homem. E faziam isso mesmo quando estavam com muita fome.

Mais evidências surgem de um estudo sobre como crianças escolhem brincar. Aos três ou quatro anos, começam a brincar espontaneamente em grupos umas com as outras, e envolvem-se em uma "brincadeira associativa", na qual compartilham brinquedos e colaboram com frequência ao inventarem jogos, mesmo com crianças que acabaram de conhecer. Elas aprenderam lições que os estresses da vida de trabalho e a pressão para competir nos fazem esquecer: trabalhar em conjunto para um fim comum é muito mais divertido — e recompensador — do que sozinho.

Redefinição de Empatia

Quando ensinamos times sobre os benefícios do mindset de mesmo time, alguém costuma sugerir que o motivo de ser tão eficaz é que força os vendedores a terem empatia pelas pessoas a quem vendem.

Não é nenhuma surpresa que isso passe pela cabeça deles; nos treinamentos tradicionais de vendas, a palavra "empatia" é jogada no ar profusamente. A internet também está lotada de comentários sobre isso. Na verdade, na época em que escrevemos isso, se procurar no Google "empatia nas vendas", haverá quase 37 mil resultados! Quase universalmente, quando as pessoas escrevem sobre esse assunto, falam sobre colocar-se no lugar do cliente, tentar ter uma noção de sua dor e frustração, e buscar entender a perspectiva deles. Isso é ótimo, aparentemente. Mas há um problema na forma como ser empático costuma ser apresentado — é apenas outra maneira de manipulação.

Dar uma lida nos artigos que falam de empatia nas vendas pode ser um exercício esquisito. "A empatia é como um superpoder nas vendas", proclama uma manchete, *"use-a do jeito certo* [ênfase nossa] e conseguirá que os compradores retornem, terá insights de seus negócios e eliminará a concorrência." A implicação é que a empatia pode virar uma arma. Um artigo na *Harvard Business Review* intitulado "O Que o Torna um Bom Vendedor" comparou ter empatia pelos prospectos ao poder de precisão dos mísseis de busca de calor, que permitiria que os vendedores "pontuassem e atingissem seu objetivo".

Usar a consciência do sentimento de outra pessoa para fazê-la concordar com uma compra ou dar a certeza que você quer não é nada simpático. Ao se sentir estressado ou chateado, espera que um vendedor se aproxime e tire vantagem disso? Claro que não. Então um vendedor que percebe que alguém está frustrado, preocupado, solitário etc., e conscientemente pensa em como usar essa percepção para fechar uma venda não sente o que a pessoa está sentindo. É bom deixar claro que sentir uma empatia genuína é muito mais complicado do que a torrencial quantidade de artigos sugere. Alguém já disse a você "sei como você se sente", e você sabe muito bem que não é verdade? Lembre-se de nossa discussão sobre autenticidade e como as pessoas podem detectar mentiras.

Isso significa que não deveria tentar ser empático? De jeito nenhum. A chave é seu mindset sobre o que ser empático significa e como tentar desenvolvê-lo. Apesar de todos provavelmente possuírem uma noção geral sobre o que a empatia acarreta, a ciência demonstrou que não é só sentir o mesmo que outra pessoa. Em *A Mentira da Racionalidade*, Tim Ash resume uma vasta quantidade de pesquisas sobre a empatia, e apresenta a descoberta de que "ser empático requer a união de três processos distintos":

- Leitura da mente — espelhar e mentalizar para entender aquilo que o outro pensa.
- Combinação do afeto — sincronizar seu estado mental e ações externas e gestos com os da pessoa.
- Motivação empática — proativamente querer ajudar a pessoa sem se importar com a própria necessidade.

Ash destaca que "se isso se interrompe em algum momento, *o comportamento empático* não acontece" (ênfase nossa). Em outras palavras, se não nos sentimos motivados a agir e ajudar outra pessoa, não sentimos empatia de verdade.

É por isso que não ensinamos as pessoas a *ter* empatia, as ensinamos a *dar* empatia. *Ter* empatia por alguém se trata de você. É a mudança da maneira que *você* pensa e sente com relação a uma pessoa e sua situação para entendê-la melhor. Esse é só o primeiro passo, e não lhe dá o direito de estar no mesmo time. *Dar* empatia se trata inteiramente da outra pessoa. Trata-se de fazê-la *se sentir compreendida* e trabalhar com ela para se certificar de que realmente entendeu como ela se sente e como poderá ajudá-la. O que nos traz ao porquê do mindset de mesmo time nos ajudar a cultivar a verdadeira empatia pelos prospectos; ele volta o nosso foco a ajudar os prospectos em vez de apenas lidar com eles.

Portanto, se pensar que fazem parte do mesmo time dá certo mas nem sempre é natural em situações de vendas, como cultivar esse mindset e então o comunicar às pessoas a quem vendemos?

Aja Como um Membro da Equipe, Não um Coach

Vimos inúmeros esforços de vendas fracassarem porque o vendedor dominou e controlou toda a conversa, na qual agia mais como um coach do que um membro da equipe. Sabemos que talvez isso seja confuso, uma vez que ser um "coach" pode ter conotações positivas, principalmente no mundo das vendas. E certamente há momentos para isso, para ensinar ao prospecto o que você sabe, salvá-los de vieses e deficiências, e conduzi-los ao melhor resultado.

Mas muito melhor do que ter um coach do seu lado é ter um colega. Como um coach, um colega também quer o que é melhor para você, mas, em vez de lhe falar o que fazer, está *com* você. O colega aprende conforme você aprende e tudo se torna mais pessoal. A lenda Yankee (e citação humana) Yogi Berra certa vez disse: "Quando se é parte de um time, age em prol dele. É leal. Está ao lado dele nos bons e maus momentos, porque faria o mesmo por você." Os vendedores com um mindset de mesmo time se sentem assim, e isso muda o jeito como interagem com quem está no "time deles".

Podemos desenvolver esse mindset ao rotular e reconhecer quando agimos como um coach, em seu melhor contexto, ou quando somos combativos, egoístas ou manipuladores. Com intenção, é fácil fazer isso no momento ou em retrospecto ao revisar ligações ou conversas anteriores. É possível identificar em suas conversas quando sente a necessidade de estar "certo", como se tivesse todas as respostas e a pessoa com quem fala, não? Geralmente, é mais fácil perceber isso quando uma objeção surge. Talvez você interrompa os outros ou apenas espere para falar em vez de escutar de verdade. Então, você recita uma refutação que, apesar de estar tecnicamente correta, não serve para a preocupação atual.

Se isso parece com algo que você faz, tente dar um passo atrás sempre que um cliente expressar uma preocupação e faça perguntas diferentes, para as quais realmente deseja saber a resposta, que o levará a entender. O que disseram realmente é o problema, ou há mais alguma coisa envolvida? Talvez o cliente tenha dito que não precisa da solução no momento, quando, na verdade, gostaria de comprar, mas não tem o orçamento. Talvez veja todo o valor do mundo no que você vende, mas teme que comprar o deixaria em maus lençóis. Que perguntas precisa fazer, *quer* fazer, e o que necessita para entender e agir como um membro do time que auxilia na resolução ajudando com um problema em vez de um vendedor que tenta ganhar um acordo?

O conselho é fazer perguntas esclarecedoras face às objeções que surgem desde que o primeiro vendedor das cavernas tentou vender ao seu vizinho rodas de pedra "premium", mas, ao mudar seu mindset para fazer perguntas a partir do mindset de mesmo time, e genuinamente procura maneiras para vencerem juntos, o tom e a profundidade das conversas mudarão completamente. Com o tempo, perceberá que passou de alguém que ouve para tentar ganhar inadvertidamente para alguém que se mostra naturalmente parte do time. Ao encontrar pessoas assim, ficará grato porque o tratam como igual. São gentis, não desonestas, então pode contar com elas para serem reais com você, fazerem a coisa certa e o apoiarem.

Equilibre Jogo

Quando pensa em pessoas que ganham a vida com vendas, é provável que médicos não sejam as pessoas que surgem na sua cabeça, mas, na verdade, muitos médicos vendem aos pacientes decisões de vida ou morte todos os dias ao trabalharem com opções de tratamento ou fazerem mudanças de estilo de vida que podem durar a vida inteira. O Dr. David Agus é um oncologista mundialmente renomado que tratou todo mundo, desde cantores (Neil Young o chama de "meu mecânico") a celebridades (Howard Stern jura que ele salvou a vida de Robin Quivers) a titãs dos negócios (o CEO da Salesforce.com, Mark Benioff, o chamou de "profeta") a políticos (já tratou Al Gore e Ted Kennedy). Até recebeu o crédito de adicionar sete anos de vida ao amigo Steve Jobs. Quando falamos com o Dr. Agus, ele contou muito sobre seu mindset de mesmo time. "Não há um jeito certo de tratar um paciente", disse. "Meu trabalho é educar, e, junto com o paciente, fazer a decisão correta. Não falo para o paciente o que devem fazer. Há um erro comum que diz que você precisa buscar a opinião de um médico. O que fazemos, na verdade, é dar todos os dados para que tomem a decisão correta sozinhos. Então é uma decisão conjunta."

Para deixar seus pacientes confortáveis e transmitir a eles que estão no mesmo time, que trabalharão *juntos* em um tratamento, Dr. Agus evita tudo o que poderia criar a percepção de hierarquia ou status. "Não uso um jaleco branco e não estabeleço uma divisão entre mim e meus pacientes. No meu consultório e na minha clínica, não me sento atrás de uma escrivaninha. Em vez disso, tenho uma mesa, porque quero que sejamos iguais."

Essa arquitetura na clínica não foi por acidente. "Steve Jobs uma vez me falou que, se eu entrar na sala com um paciente e ficar em pé em vez de sentado, eles ouvirão apenas metade do tempo ao que é dito. Se você se sentar, terão uma conversa muito mais profunda com você."

O CEO da MindMedium, Jon Dahan, também cuidou do cenário de suas reuniões com os prospectos para impactar seu mindset. Sempre que faz uma reunião de vendas importante, leva comida e serve às pessoas. Ele nos disse que pensa nos clientes como sua família, e comer juntos é a forma de sua família demonstrar amor e conexão. Disse também que servir comida o tira do "modo de vendas", então sente-se mais livre para ser quem é, e seus clientes respondem com gentileza.

Outra forma de criar uma relação de mesmo time é com "reuniões durante uma caminhada", uma prática que nós dois emprestamos de Steve Jobs, porque isso muda a dinâmica de nossas conversas. Em vez de nos sentarmos em uma sala de conferências ou escritório, vamos para fora e fazemos uma caminhada. Reuniões assim quebram hierarquias entre as pessoas, e descobrimos que preferimos a conexão que surge ao caminhar lado a lado em vez de sentados a uma mesa. Ambos os lados estão, literalmente, em pé de igualdade e não sujeitos à dinâmica de poder que surge ao sentar-se em uma cadeira ou atrás de uma escrivaninha chique ou em seu "território doméstico". Outro benefício é que as reuniões durante caminhadas inspiram uma discussão mais criativa. E, veja, mesmo que a reunião não seja boa, pelo menos teve a chance de queimar as calorias daquela pizza de pepperoni com cogumelo que comeu no almoço! (Ou talvez só nós façamos isso.)

Da próxima vez que tiver uma reunião de negócios em pessoa, tente encontrar um lugar para caminhar em vez de um lugar físico. Talvez não aceitem a oferta, mas pelo menos gostarão de você ter tentado, pois será uma surpresa agradável e ficarão gratos pela oportunidade de sair um pouco da tela. O esforço por si só falará mais de sua exclusividade como vendedor do que qualquer pitch.

Não Há um "Eu" em Vendas

Quando encontramos nossa agente literária, essencial na publicação deste livro, era nossa última reunião no fim de dois longos mas entusiasmantes dias de reunião com agentes em potencial. Com carinho, pensávamos que já havíamos decidido trabalhar com outra pessoa por causa de uma reunião incrível que tivemos, mas tudo mudou quando conhecemos Lisa DiMona. A conversa toda foi especial, mas depois, quando as pessoas nos perguntaram como tinha sido a reunião, íamos direto para o fim: "Demos um abraço de despedida." Quem dá abraços? A família. Amigos. Colegas de equipe. Pessoas que acabamos de conhecer em uma reunião de equipe não costumam nos abraçar. Lisa não fez isso para que trabalhássemos com ela e seu time da Writers House. Foi o oposto, pois disse que tínhamos muito trabalho antes que isso fosse possível. Foi o que ela disse logo depois do abraço no fim da reunião que fez com que fosse natural. Ela disse que, se quiséssemos trabalhar, nos ajudaria chegar onde precisávamos estar. Deixamos aquela reunião com o sentimento de que tínhamos um novo membro na nossa equipe.

Não hesite ao explicitar seu desejo de trabalhar com um prospecto e demonstrar apoio. Vimos várias e várias vezes como as expressões dessa intenção transformam as interações de vendas em colaborações. Um grande vendedor que conhecemos tinha um prospecto que não confiava nele. Não importava o que dizia, o prospecto questionaria a veracidade do fato. Então, um dia, quando o vendedor estava cansado disso, calmamente perguntou o que pensava: "Como posso fazer você *entender* que quero apoiá-lo?" A pergunta abriu uma bela conversa sobre estabelecer marcadores de sucesso nas vendas e a importância de defender alguém, mesmo que não saibam que isso ocorre.

Então, simplesmente ser inclusivo na linguagem já pode ser incrivelmente poderoso. A palavra "nós" sempre aparece em conversas de vendedores com um Mindset às Avessas com seus prospectos. A diferença no efeito entre *"você vai..."* e *"nós vamos..."* é palpável no tom e na linguagem corporal quando observamos interações de vendas; podemos sentir a remoção das barreiras, a aproximação entre as pessoas e a iniciativa efetiva para trabalharem juntas. Ambos os lados sentem o impacto da mudança, em parte porque a palavra "nós" envia um sinal importante de que a pessoa que vende fez uma mudança mental de tentar ganhar para estar do lado da pessoa.

Encontre Coisas em Comum

Em *Pense de Novo*, Adam Grant aponta que os melhores negociadores passam mais tempo de preparação em buscas de oportunidades para concordar com sua contraparte e identificar concessões que podem fazer para montarem os argumentos sobre o porquê de estarem certos. Da mesma forma, em vez de focar em construir um caso contra quaisquer possíveis objeções ou receios de um cliente em potencial, os vendedores com um Mindset às Avessas voltam sua atenção a procurarem *algo em comum*.

Descobrimos que, ao preparar-se para as situações de vendas, as pessoas costumam ficar obcecadas com o que pode dar errado. Ao pesquisar seus prospectos, querem identificar o máximo de barreiras possíveis. Já trabalham com um concorrente? Terão problemas com nossos preços? Há outros tomadores de decisão que precisam ser incluídos? Fazer essas perguntas e se preparar para discuti-las é uma parte importante, claro. Mas, para cada minuto que se planeja para essas preocupações, procure, por três minutos, o que *já* concordam.

Uma vendedora com o qual trabalhamos usava uma maneira simples, mas eficaz de se manter focada nisso. Mantinha anotações de todas as ligações em um caderno amarelo e, antes de cada uma, desenhava uma linha vertical em cerca de um terço da página. As anotações normais da ligação iam para o lado direito da linha, mas o esquerdo estava reservado para o que chamava de "apertos de mão" — coisas com as quais ela e o cliente concordavam. Algumas claramente relacionadas às vendas. Ela escrevia: *construir essa solução interna seria custosa, mas é uma opção,* ou *garantir 99% de produtividade durante o expediente não é negociável.* Outras coisas em sua lista mostravam que estava engajada com uma conversa bem ampla e descobria diferentes tipos de coisas em comum, como *o dia de eleição deveria ser feriado,* por exemplo, ou *cachorro-quente é um sanduíche.* Ela se condicionava a procurar todas as maneiras como *já* estava no time do cliente dela, e não só fechava uma alta porcentagem de seus prospectos se comparado com seus colegas, como também recebia mais indicações de clientes do que qualquer outra pessoa em seu time.

Aposte Tudo, e Mais um Pouco

Pense em exemplos de quando perguntou para um garçom o que era bom no menu e ele sugeriu as opções mais caras. Então pense quando sugeriu a opção barata, bem gordurosa e deliciosa e falou que é o que acabou de almoçar antes de começar o dia e que amou. Em qual conselho confia? Quando um garçom sugere que o *fish and chips* de US$14 é melhor do que o *lobster roll* de US$34, sabe muito bem que você pagaria uma conta mais alta ao receber a recomendação da lagosta, mas decide sacrificar um pouco da gorjeta para ajudá-lo a ter uma refeição satisfatória.

Quando os clientes se sentem apoiados, e sabem que você fez um sacrifício genuíno, não importa o tamanho, a favor deles, toda a dinâmica do relacionamento muda. A maioria das pessoas já ouviu falar de corretores de imóveis que abrem mão de parte da comissão para fechar um acordo, mas também já vimos os que investem *o próprio dinheiro* em projetos nos quais trabalham com seus clientes. Shahin Yazdi, sócio da George Smith and Partners, um grupo imobiliário prestigioso de Los Angeles, reinveste uma parcela de suas comissões nos projetos de seus clientes. "Cria o tipo de equilíbrio que procuro em relações profissionais", nos contou. "O sucesso deles é o meu sucesso, e vice-versa." Essa também é uma premissa fundamental dos acordos em capital de risco; os fundadores estão dispostos a dar um lugar à mesa no conselho de seus empreendimentos amados, no qual as decisões-chave são tomadas porque capitalistas de risco colocaram uma quantia substancial de dinheiro na fundação.

Quando Will Smith fez a transição de rapper e estrela da TV para ator de cinema, falou para seu gerente, James Lassiter, conhecido como "JL", que queria ser a "maior estrela de cinema do mundo todo". Com esse objetivo em mente, JL começou a ler todo roteiro a que tivesse acesso. Um dia, apareceu na casa de Will com uma ótima notícia. "Certo, presta atenção — há um estúdio que quer que você estrele um filme de gângster chamado *Cabeças Vão Rolar*. Eles estão abertos a pagar US$10 milhões." Will achou que era uma alucinação. Era mais dinheiro do que já havia ganhado a vida toda, mesmo como um músico de sucesso. Mas JL ainda não havia terminado. "E eu vim aconselhar para que *não* aceite", disse. "Não é certo."

Will não conseguia acreditar. Como seu gerente, JL ganhava uma comissão de 15% — US$1,5 milhão — para *ele* (que ainda morava no quarto de infância na casa da mãe). Mas disse para que não aceitasse o trabalho. "Tom Cruise não aceitaria esse papel", disse. Como gerente, Will era o cliente, e JL sabia que, para estarem verdadeiramente no mesmo time, precisava apoiá-lo, acreditar na mesma visão, e assumir riscos *com* ele. Will disse não aos $10 milhões e aceitou um papel no filme *Seis Graus de Separação* por $300 mil. Ele mais do que garantiu seu espaço entre um elenco de profissionais vencedores de prêmios, e deu o primeiro passo em direção ao objetivo de se tornar a maior estrela do cinema do mundo.

Não queremos dizer que você precisa investir o próprio dinheiro ou ignorar uma proposta de sete dígitos para se colocar no mindset de mesmo time. Há muitas maneiras não monetárias de apostar tudo. Talvez simplesmente resistir à urgência de vender a alguém mais do que essa pessoa precisa, discordar de um prospecto que corre o risco de decepcioná-lo porque sabe que é do melhor interesse dele, permitir que um cliente tome uma decisão no próprio tempo sem pressão, ou se comprometer a passar um tempo a mais para ajudá-lo mesmo após a venda para garantir o sucesso dele. Para quem não é da área de vendas, é provável que tenha ainda mais oportunidades de alinhar-se criativamente, e garantir que você só vença quando a pessoa a quem vende também vença. Os benefícios a longo prazo ao encontrar maneiras de apostar tudo facilita esses sacrifícios a curto prazo; mais clientes, mais referências e, o que é mais importante, os benefícios psicológicos que surgem ao agir com integridade e fazer o oposto do que o vendedor que odeia seu trabalho faria.

Parceiros, Não Clientes

Uma das primeiras coisas que aconselhamos às startups iniciantes quando precisam otimizar a receita, é para que definam *parceiros* ideais. Um parceiro ideal é diferente de um *cliente* ideal. Um cliente perfeito pode ser uma empresa com certo tamanho e certo orçamento. Um parceiro perfeito, por outro lado, é alguém que entrou logo no início e está disposto a lidar com atualizações de produto frequentes e oferecer um feedback gentil. É um investidor-anjo com uma grande rede de parceiros em potencial. É uma grande empresa, cujo logo no site oferece o mesmo valor de um contrato. Pensar nas pessoas a quem vendemos como parceiros em vez de clientes, acreditar nisso, e tratá-los assim, é um meio poderoso de lidar com o mindset de mesmo time e manifestar uma dinâmica verdadeira de colegas de trabalho.

Os representantes de vendas da empresa de um de nossos clientes lidam com cada ligação de prospecto como se montassem um time de super-heróis, como Nick Fury ao recrutar os Vingadores. Ele sabia que ter os parceiros certos ao seu lado em cada uma das linhas às quais tentava vender sinalizava ao mercado que sua empresa crescia, que os baluartes da indústria confiavam nela e que tinha a habilidade de lidar com os desafios específicos daquela estrutura. Sim, esses parceiros ajudariam a acelerar o crescimento de sua empresa muito mais do que a exibição de um monte de logos em um site, como muitas empresas de serviços fazem, mas também mudaria o jeito como fazem negócios. Ele sabia que podia estar aberto a essa estratégia com seus parceiros escolhidos. Contou a esses parceiros uma coisa que o CEO havia dito: "Queremos criar uma indústria, e acreditamos que isso começa com a escolha dos parceiros certos, representantes de todo o ramo, que definem inovação no espaço, que sabem como liderar e que querem um lugar à mesa."

Como havia mudado o mindset para procurar por parceiros em vez de clientes, a forma como falava com seus prospectos mudou. E não só falava. Em vez de entregar seus clientes para o time de gerenciamento da conta e não falar nunca mais com eles, como muitos representantes de vendas fazem, criou um fórum trimestral em que os reunia para discutir não só o produto e o *roadmap* futuro, mas desafios gerais que enfrentavam na indústria. Ele entregava o que prometia às parcerias ao fornecer a elas um lugar para serem ouvidas, e apresentava umas às outras a colegas em outras empresas para que pudessem compartilhar anotações e construíssem sua própria rede de contatos. Ele também oferecia atualizações regulares sobre como seu feedback era implementado.

Procure por maneiras de oferecer aos clientes um lugar à mesa, pois, assim, eles poderão ajudá-lo com sua visão e o sucesso da sua empresa. Crie seu próprio "grupo de conselheiros", uma coalizão de parceiros que podem oferecer um feedback carinhoso regularmente para ajudá-lo a melhorar sua estratégia, produto ou suporte. Encontre maneiras de fazer com que seus parceiros celebrem seu sucesso. Sabíamos de uma startup que organizava eventos com os clientes para celebrarem juntos sempre que um marco no crescimento da empresa era conquistado. Outra deixou a tradição de lado e mencionava os parceiros pelo nome em comunicados à imprensa em grandes acontecimentos, assim os parceiros se beneficiavam das vitórias da empresa na forma de publicidade gratuita.

Não procure os clientes apenas para que assinem contratos, pagarem a nota fiscal e então seguir adiante. Dedique tempo durante seu expediente semanal para conversar com antigos clientes, e transforme relacionamentos superficiais em parcerias autênticas. Isso melhorará seus relacionamentos e trará resultados incríveis.

Escolha de Times

O ex-agente de esportes e atual fundador da Sports 1 Marketing, palestrante motivacional e filantropo David Meltzer nos contou que se tornou mais bem-sucedido e feliz nas vendas ao perceber que deveria gastar sua energia apenas ao trabalhar com pessoas abertas e dispostas a estarem em um mesmo time. Depois dessa epifania, nos contou: "Me recusei a falar com pessoa de mente fechada". Se os prospectos têm uma reação negativa a sua tentativa de se aproximar, sem escutar ou compartilhar alguma informação que poderia ajudar a auxiliá-los, siga em frente em vez de tentar persuadi-los. Ninguém quer ser persuadido, e normalmente, ocuparão um tempo precioso que você poderia usar para encontrar parceiros de verdade.

Entendemos que deixar um prospecto para trás não é fácil quando sua compensação depende de vender para o máximo de clientes que conseguir. Mas, ao vender com um Mindset às Avessas, as pessoas sabem que a seletividade se paga a longo prazo. Veja o caso do conselheiro de investimento Dan Conway. No começo de sua carreira, trabalhou na gigante financeira Shearson Lehman Brothers. Ele descreve o ambiente como altamente competitivo, sem tentativa de esconder a importância de assinar com o máximo de clientes possível, independente das consequências. Todo dia, devia chegar cedo, fazer centenas de ligações para pessoas ricas e donos de negócios enquanto lia um roteiro, e assinar com o máximo possível deles, pois poderiam ser clientes. Para Dan, isso era o contrário do que queria ser enquanto vendedor. "Queria fazer de um jeito diferente", disse. "Sentia que meus clientes queriam um nível diferente de serviço. Eu também queria escolher as pessoas com quem trabalhar, assim como me escolhiam, porque ótimos relacionamentos de aconselhamento duram décadas, às vezes por gerações, para os filhos e netos dos clientes. Então, respondia a uma pergunta enquanto falava com os prospectos: é alguém com quem eu gostaria de estar em uma ilha deserta? Se a resposta for 'não', não trabalhava com ela." Ele diz que, quando criou esse limite, nunca mais teve que fazer ligações frias, porque muitos de seus clientes o indicavam a outros. Quando decidiu sair e abrir a própria empresa, quase todos os clientes foram embora com ele.

Outras pessoas compartilharam padrões parecidos de seleção de clientes: *eu tomaria uma cerveja depois do trabalho com essa pessoa? Essa pessoa me dá ou me tira energia? Eu a contrataria se soubesse que trabalharia com ela todos os dias?* Criar uma referência pode ser um exercício valioso, especialmente se muitos clientes drenam seu tempo e energia. Muitas pessoas não acreditam que possuem o luxo de serem seletivas com relação às pessoas com quem trabalham, mas uma evidente semelhança entre quem tem um Mindset às Avessas é que sabem que podem fazer isso.

Levar uma surra dos prospectos não deveria ser um requerimento ao vender, e essa é outra razão pela qual lidar com as vendas com um mindset de mesmo time é tão eficaz. Na nossa experiência, todo prospecto que você se conecta e que se torna um colega é muito mais valioso para o seu sucesso do que o prospecto relutante que finalmente convence a fechar um acordo. Os prospectos que estão no mesmo time oferecem melhores insights sobre o futuro; tendem a ajudá-lo a encontrar outros prospectos e espalham a notícia, além de permitirem uma interação muito mais divertida e oferecem muito mais camaradagem para muitos vendedores que sentem que estão em um time solitário.

✦ ✦ ✦

Em seu livro *Wanting* [sem publicação no Brasil], Luke Burgis diz: "Os líderes transcendentes não insistem na primazia de seus próprios desejos. Não se fazem o centro do mundo. Em vez disso, mudam o centro da gravidade para longe de si, em direção a um objeto transcendental, para ficarem ao lado de outras pessoas." Da mesma forma que os líderes que Burgis descreve como os que "mudam o centro da gravidade" de si para um objetivo maior, os vendedores com um Mindset às Avessas tiram o foco de si, de sua empresa, ou de seu produto, e mudam em direção ao melhor resultado para o cliente.

Estar no mesmo time e condicionar a si mesmo a se manter nesse mindset com consistência quase certamente exigirá prática. O condicionamento cultural de tratar vendas como um jogo, prospectos como adversários que devemos combater, está programado na maioria de nós, mesmo que de forma subconsciente. Mas, ao lembrar que estão no mesmo time, não porque precisa, mas porque gosta das interações que resultam disso, essa estratégia se torna um hábito. Você começará a ver todos os tipos de oportunidades de conectar-se com clientes em potencial e maneiras inesperadas de trabalhar juntos em prol de objetivos em comum. Eles também retribuirão. O mais importante é que o ato de vender mudará de uma série infindável de batalhas para uma coleção de conexões significativas, que transformam todo o processo em algo mais significativo.

∎

CAPÍTULO SETE
Transforme, Não Transacione

Hoje em dia, é comum encontrar, nas cidades pelo mundo, chefs empreendedores que abrem as janelas de food trucks e vendem comidas típicas de praticamente qualquer país da Terra para longas filas de clientes famintos. Food trucks estão *em todo lugar,* e é difícil lembrar que nem sempre foi assim. Em meados dos anos 2000, a maioria do mundo não tinha fácil acesso a uma diversidade razoavelmente barata de comidas proporcionada pela revolução dos food trucks. O chef Roy Choi foi uma força motriz no início dessa revolução ao trazer seu Kogi BBQ para as ruas de Los Angeles em 2008.

Ao servir comida coreana/mexicana gourmet pelo valor de qualquer comida de rua, os trucks Kogi eram diferentes de tudo o que a indústria alimentícia já vira. Choi cultivava um relacionamento próximo com seus clientes ao postar em seu Twitter onde os trucks estariam todos os dias e oferecer a sensação de que eram todos parte de um grupo especial de seguidores e devotos da missão de tornar a cozinha inventiva mais acessível. A ascensão como líder do movimento era improvável. Choi se formou na prestigiosa Culinary Institute of America, de Nova York, e tinha trabalhado em restaurantes de quatro e cinco estrelas, como o elegante Beverly Hilton, mas, quando ficou desempregado durante recessão de 2008, propôs a um amigo do Hilton a ideia de vender tacos em um caminhão. Parecia um enorme regresso, mas ele estava inspirado pela visão de que poderia ajudar a transformar o mundo culinário.

"Era como o que Virgil [Abloh] fez com a alta costura", nos contou Choi. "No começo, casas como Louis Vuitton, Chanel e Christian Dior rejeitavam o *streetwear*, mas, por fim, tiveram que sucumbir à mudança cultural [...] Quanto mais chefs eu conseguisse convencer a adotar as redes sociais e a inclusão e a diminuírem o preço, melhor seria o mundo, para mim *e* para eles." Para fazer isso, teve que vender seu conceito e, a princípio, não foi fácil.

Ao descrever sua jornada, ficamos chocados com a quantidade de vendas que precisou fazer, especialmente porque ele nunca tinha pensado em si mesmo como vendedor. Primeiro, precisava vender aos clientes a ideia de que comida de rua podia ser especial e que não precisavam se confinar em um restaurante para terem uma experiência culinária memorável. Em seguida, para tirar a ideia do papel, precisou prometer aos investidores que teriam um bom retorno de um modelo de negócios não tão convencional. Por último, sabia que, para que o conceito fosse bem-sucedido, precisava que outros chefs treinados se unissem ao movimento e, assim, precisou vender a ideia a eles também.

"No começo, os chefs mais velhos estavam tipo 'ah, saia daqui'", recorda. "Muitos deles pensaram que seríamos só fogo de palha, só uma moda. Eu constantemente dizia que o mundo não parava de mudar. Não era uma venda no sentido de convencer, fechar o acordo e seguir adiante. Era uma mudança cultural. Era fazer com que ele, mesmo sendo crítico de quem somos, entendesse que isso era real, e que me importo, e mostrar como torná-lo parte disso." Choi não vendia apenas um conceito de refeição, mas a transformação em larga escala de uma indústria.

As lições que aprendeu quando começou a revolução de food trucks serviram de sustentação para um de seus últimos restaurantes, Best Friend, em Las Vegas. Ele recusa o roteiro do modelo tradicional de Vegas, repleto de chefs famosos, seguranças, listas de vinhos e coquetéis caríssimos, e menus com bifes de Wagyu por US$175 e sushi de caviar por US$240. Em vez disso, inspira-se na atmosfera casual das taquerias mexicanas e barraquinhas de dim sum coreanos, avivados pela energia de L.A., e celebra, segundo Choi, "a cultura das ruas, dos imigrantes, do hip-hop, do 'moletom'". O menu apresenta seus famosos tacos e outras especialidades de food truck a um preço acessível às famílias. Ele queria que os residentes de Las Vegas frequentassem os restaurantes, não só os turistas espalhafatosos. "É uma venda difícil para um lugar como Las Vegas", nos contou, "mas mudou toda a trajetória do que os futuros donos de restaurante e criadores de entretenimento fazem por lá."

As vendas não são tradicionalmente vistas como um incentivo para grandes mudanças nas crenças, circunstâncias ou cultura, mas grandes vendedores não deixam que isso os impeçam de ver o potencial nesse tipo de mudança. Procuram oportunidades para irem além dos limites do que é esperado e do que a sabedoria convencional diz que deveriam oferecer aos seus prospectos ou compradores. Pensam além da noção típica de vendas como uma transação ligada à equação de valor em que "eu ofereço isso e você me compensa com aquilo". Na verdade, não pensam transacionalmente. Eles pensam *transformativamente*.

A Armadilha do Olho por Olho

Ninguém seria culpado por ter o mindset puramente transacional de "isso por aquilo" nas vendas. Afinal de contas, a essência delas é uma transação literal de algum tipo — ofereço algo de valor e, se concordar que há certo valor naquilo, estará disposto a me oferecer algo em retorno. O valor de retorno pode ser dinheiro, mas também podem ser: tempo, apoio em uma ideia, apresentação a um contato, conselho ou qualquer outra coisa. O problema é que aprendemos a pensar que, em qualquer troca de vendas, deveríamos receber, pelo menos, o mesmo valor de retorno do que damos, caso contrário pensamos que nos tiraram vantagem.

Esse pensamento surge em parte de como percebemos a troca de valor mais comum de nosso dia a dia: nosso emprego. De certa forma, qualquer emprego é uma proposta básica de vendas. Fazemos nosso trabalho em troca de compensação, e, nessa transação, esperamos receber de nossos empregadores uma quantia proporcional ao que oferecemos. Mas, quando se trata de vender para clientes, consumidores e colegas, encontraremos mais realização no nosso trabalho se *não* contarmos com o que receberemos de volta e focarmos no impacto que poderemos causar e nas transformações que proporcionaremos.

Isso é um desafio porque, na grande maioria dos empregos, as empresas nos encorajam de várias maneiras a focarmos intensamente no valor em dinheiro da nossa produção. Dizem para mantermos o padrão baseado no tempo que dedicamos aos clientes a cada transação, ou para focarmos nosso tempo e esforços em clientes de "alto custo". Recebemos metas monetárias e nosso desempenho é quantificado. Em suma, somos levados a nos sentirmos como caixas registradoras humanas. A implicação disso é que nosso trabalho não é fazer o melhor, mas sim, coletar dinheiro.

Quando Garrett era sócio de uma empresa de advocacia, devia registrar e cobrar pelo tempo que trabalhava para os clientes em décimos de uma hora. Isso significava que literalmente contava cada porção de seis minutos de seu dia! Isso é que é se sentir uma engrenagem em uma máquina que engole dinheiro! Ele também era julgado pelos parceiros da empresa, em grande parte com base nas horas que tinha trabalhado, não na qualidade do serviço que oferecia aos clientes. Por exemplo, Garrett tinha recebido a tarefa de rascunhar uma carta de desistência para um cliente, um formulário bem padrão, e demorou trinta minutos nisso. Quando apresentou o valor para o projeto, foi chamado ao escritório da gerência do parceiro.

"Por que só listou que levou meia hora para escrever essa carta?", perguntou o parceiro.

"Porque foi exatamente o tempo que levei", respondeu Garrett.

"Uma carta assim deveria ter demorado duas horas", retrucou o parceiro. "Você precisa ter mais cuidado com o seu trabalho e não apressar as coisas." Mas a qualidade do trabalho dele não era o problema. Na verdade, a carta tinha sido enviada para o cliente quase sem nenhuma alteração da versão dele. A mensagem clara era: *nós vendemos tempo. Certifique-se de que o cliente não receba mais valor do que paga.*

Dentro de alguns meses, Garrett largou a profissão e nunca mais olhou para trás.

Trabalhamos por muito mais coisas do que só um pagamento. Queremos nos orgulhar de nossas conquistas; esperamos que nosso emprego nos ofereça uma oportunidade de relacionamentos recompensadores com colegas e clientes; amaríamos ter a chance de aprendermos e expressarmos nossa criatividade; queremos subir na hierarquia e conquistar status e impacto em nossas indústrias; e queremos acreditar que temos uma oportunidade de fazer uma contribuição significativa para a vida das pessoas. É por isso que ressentimos quando as empresas nos fazem sentir como se nosso trabalho se tratasse de extrair valor (dinheiro) de clientes e redistribuí-lo para a empresa e para nós mesmos.

Manipulação do Valor

Em alguns tipos de trabalho, o incentivo a pensar em termos de troca é especialmente perceptível, e nas vendas tradicionais é incutido quase constantemente em nossa consciência. Na verdade, é muito referido em um dos pivôs do treinamento tradicional de vendas, a Equação do Valor Percebido:

> Valor Percebido = Benefício Esperado pelo Cliente - Custo Percebido pelo Cliente

A ideia é que, se um cliente não compra, é simplesmente porque não percebeu valor suficiente naquilo que foi ofertado. Seu trabalho como vendedor, dizem, é mudar essa percepção. Assim que o benefício esperado pelo cliente supera o custo percebido, ele comprará. *É isso!*, dirão, como se a arte de vendas pudesse ser reduzida a três simples variáveis.

Isso levou vendedores a manufaturarem muitas maneiras de diminuírem os custos *percebidos* e aumentarem os benefícios *esperados* para inflar o valor *percebido*, em vez de *realmente* aumentar a qualidade. Essas táticas incluem infinitos tipos que evoluem de ofertas especiais como saldões, descontos enormes ou termos favoráveis; adicionar recursos como "suporte premium ao consumidor" (em oposição ao quê? Suporte medíocre?); *onboarding* hiperpersonalizada (também conhecido por *onboarding* "comum", só que mais caro); ou até aumento de preço, para criar uma percepção de luxo ou necessidade.

Quando essas táticas são empregadas somente pelo propósito de aumentar artificialmente o valor percebido, é questão de tempo até que os clientes percebam e que a confiança seja irreparavelmente danificada. Mesmo quando *add-ons* auxiliares são oferecidos altruisticamente, há um risco. Descontos levarão a uma percepção de barateamento daquilo que é oferecido, ou um influxo de clientes "caçadores de barganha", que drenam os recursos e não são bons para a saúde de longo prazo do negócio. Ofertas especiais ligadas a alegações de escassez — *Oferta apenas válida para os primeiros 20 clientes. Compre agora!* — afasta clientes que sabem do desconto, mas não se qualificam. "Melhorias" especiais a um produto costumam ser percebidas como truques de vendas, em vez de adições genuínas — quantas vezes algo pode ser "novo e melhorado"? — e causam um impacto negativo na forma como os produtos de uma empresa são vistos. É como o comercial de fast food que divulga um novo sanduíche de frango "sem hormônio". Apesar de o objetivo ser fazer os clientes pensarem, *legal, um lanche mais saudável!*, muitos pensam: "*Espera, então todos os outros lanches de frango têm hormônios?!*"

Outro problema é que a expectativa dos clientes sempre aumentará. Quando alguém compra um carro, *espera* que o vendedor procure seu gerente e consiga uma entrada mais baixa. Quando compra um software, *espera* que os custos de *onboarding* sejam dispensados. E agora que é muito fácil fazer comparações online, os clientes descobrem a qualidade de uma oferta instantaneamente. É ofensivo quando alguém age como se fizesse um favor, mas apenas fez o próprio trabalho.

Vimos isso de perto em um time de vendas com que trabalhamos na indústria de gestão de pessoas. O grande time de vendas recebeu permissão de oferecer aos clientes em potencial até 20% de desconto nas primeiras interações, "em casos extremos, em que for necessário para convencê-los". Os vendedores não precisavam de aprovação para o desconto, então o que você acha que aconteceu? *Todo* vendedor deu o desconto máximo em *todos* os novos acordos que fechou. Os novos clientes esperavam o desconto, clientes antigos souberam e exigiram que os contratos *deles* fossem reajustados aos menores preços, e todo mundo com quem o time conversou sabia que o desconto era apenas uma tática de vendas.

Mesmo quando as táticas arquitetadas para influenciar a equação do valor percebido produzem resultados, quem se orgulha de recorrer a elas? Isso é reforçar o estereótipo de vendas "a todo custo". As pessoas com um Mindset às Avessas não recorrerem à manipulação do valor percebido; elas mudam seu pensamento e procuram maneiras de oferecer valor substancial e qualitativo que tem a oportunidade de ser *transformador* e ir além da transação em mãos. Não pensam em termos de trocas. Veem o trabalho como valioso e sempre procuram maneiras de oferecer esse valor, mesmo (principalmente!) quando fazer isso não é parte da equação esperada. Encontrar maneiras de *ser valioso* para os clientes é parte do entusiasmo, e também altamente satisfatório.

O Dom de Doar

Em *Dar e Receber: Uma abordagem revolucionária sobre sucesso, generosidade e influência,* Adam Grant escreve: "Sempre que interagimos com outra pessoa no trabalho, devemos fazer uma escolha: tentar exigir o máximo de valor que podemos ou contribuir com o valor sem nos preocupar muito com o que recebemos em troca?" Ele fala sobre os "doadores" que, em vez de pensar em termos de reciprocidade, focam em ajudar as pessoas *ao distribuírem valor*. Com um Mindset às Avessas, dar se torna parte do processo.

Um exemplo é Jason Wallace, CEO da ADS, a empresa de distribuição de produtos militares que mencionamos no Capítulo 5. Os produtos podem fazer a diferença entre um membro em serviço voltar para casa de um destacamento ou não. Wallace fala para seu time de vendas que ser genuinamente valioso para seus clientes é a principal responsabilidade. Todas as decisões que tomam no serviço ao consumidor devem estar alinhadas a essa responsabilidade. E ele cumpre o que fala.

Wallace nos contou de uma vez em que trabalhou com o CEO de uma grande distribuidora. No meio do processo de vendas, percebeu que o modelo de negócio da distribuidora não se encaixava bem com a ADS, e foi forçado a contar para o CEO que não poderiam seguir em frente com o acordo. Em vez disso, apresentou o CEO a uma concorrência da ADS, que tinha um modelo de negócios levemente diferente, *perfeito* para a distribuidora. Elas fecharam o acordo, e Jason não recebeu nenhum benefício direto imediato que não fosse a recompensa intrínseca de fazer o que era o certo pelo cliente em potencial com quem tinha criado uma amizade verdadeira.

Como demonstrou Daniel Pink em seu best-seller *Motivação 3.0*, pesquisas provaram que somos mais fortemente motivados por recompensas intrínsecas, e nos sentimos muito mais realizados por elas do que pelas extrínsecas. Outra pesquisa descobriu que se doar livremente para outras pessoas é uma das melhores fontes para recebê-las. Inúmeros estudos provam que doar, seja tempo, dinheiro, atenção, conselhos ou até um pouco de reconhecimento, contribui enormemente para nosso próprio bem-estar. Por exemplo, um time da Harvard Business School, liderado por Michael Norton, conduziu um experimento no qual entregavam envelopes cheios de dinheiro (fosse US$5 ou US$20) a estudantes do campus. A eles, diziam que precisavam gastar o dinheiro até o fim do dia, fosse consigo mesmos ou com outros, como um presente ou uma doação. Por meio de um questionário, pediram para os sujeitos ranquearem seus níveis de felicidade no momento em que receberam o dinheiro, e novamente depois que o dinheiro havia sido gasto. "Descobrimos que as pessoas que gastaram o dinheiro consigo mesmas não estavam mais felizes no fim do dia", disse Norton, "mas as que gastaram com outras pessoas estavam. A quantia de dinheiro, fosse US$5 ou US$20, não era relevante. Foi com o gastaram que as deixou mais felizes."

Em outro experimento, cientistas do Instituto Nacional da Saúde fizeram uma ressonância magnética do cérebro de dezenove sujeitos ao elegerem causas importantes para as quais fariam doações. Puderam detectar mudanças físicas no cérebro nas regiões associadas ao prazer, confiança e conexão social. Quando contrastados com os resultados da ressonância de sujeitos que fizeram escolhas menos altruístas, demonstraram claramente que o impacto positivo era muito maior quando os sujeitos faziam coisas para os outros, não para si mesmos. Esse sentimento positivo que se origina de doar para outras pessoas foi chamado de *"helper's high"*, ou êxtase em ajudar.

Como sempre, somos hiperconscientes do fato de que todos nós que trabalhamos de alguma maneira com vendas precisamos caminhar num limite entre fazer algo que nos beneficiará intrinsecamente e algo que manterá um teto sobre a nossa cabeça. Precisamos fechar acordos, fazer nossas ideias serem aceitas, conseguir financiamento para nossa startup ou fazer o necessário para conquistar o que queremos em nossa vida e carreira. Mas não temos que "estar sempre fechando vendas", como o mantra esquisito dita, e não temos que manter um registro de pagamentos, monetários ou não, que recebemos pelo valor que doamos.

Podemos nos assegurar de que receberemos o suficiente se formos valiosos — mais alegria no trabalho, a recompensa de viver de acordo com nossos valores; relacionamentos de alta qualidade; sentimentos de confiança ou significância; e, sim, mais recompensas financeiras. Quando paramos de somar constantemente, jogamos um belo jogo: viver uma vida mais significativa. Com o tempo, quem tem um Mindset às Avessas receberá desproporcionalmente mais qualidade de experiências do que se estivesse preso no mindset transacional, e com frequência percebe que os presentes voltam de formas que jamais antecipou.

Foi exatamente o que aconteceu com Jason, CEO da ADS. Manteve contato com o CEO da distribuidora que apresentou para uma concorrência, e com o tempo a amizade cresceu e tornaram-se conselheiros um do outro. Anos depois, o CEO se mudou para uma empresa enorme, com um nome doméstico que era um parceiro ideal para a ADS. Desde então, os dois fizeram milhões de dólares em negócios. Às vezes, as recompensas de doar sem preocupação com o que receberá em troca excederá muito qualquer compensação calculada que receberia.

Descobrimos isso à medida que aumentamos nossa empresa. Logo no começo, dizíamos *sim* a qualquer palestra que aparecesse. A maioria delas (honestamente, *todas* elas) não eram pagas na época, mas não nos importávamos. Amávamos a experiência de falar com audiências, e era recompensador ajudar o máximo de pessoas que podíamos a mudarem como se sentiam em relação às vendas. Acabamos palestrando em alguns lugares, digamos, "interessantes", com diversos tipos de público. Nossa favorita foi um evento que concordamos em fazer para uma organização empreendedora do campus em uma pequena universidade. Disseram que eram um grupo muito popular e que esperavam uma multidão de jovens fundadores entusiasmados. Quando chegamos, o evento era em uma sala de descanso suja do campus e fomos cumprimentados por cinco alunos que nos olhavam de um jeito estranho, com a boca cheia de donuts. *Estavam ali só por causa da comida de graça?*, nos questionamos. Não importava! Demos a eles tudo o que tínhamos a oferecer. No fim, alguém da pequena audiência conhecia outra pessoa com uma empresa que precisava de ajuda para montar um time de vendas e nos apresentou. Esse novo cliente nos indicou para outro. Fechamos negócios com essas empresas porque escolhemos não quantificar o valor do tempo que colocaríamos em nossas palestras, mas dá-las a quem sabíamos que precisavam. E, num momento bem legal de sincronicidade, as pessoas nos indicaram a quem *elas* conheciam e fizeram isso porque, por sua vez, pensavam que podiam ser valiosas também.

Pense Além das Obrigações

Ao pensar além do confinamento de "dar isso para receber aquilo", também podemos descobrir maneiras de oferecer valor que nós e as pessoas a quem vendemos nunca consideraram. Em vez de simplesmente assegurar o nosso pão, podemos distribuir um pão maior e melhor, que beneficiará todos os envolvidos.

Um ramo em que os vendedores são enxergados estereotipicamente como insistentes e implacáveis é o imobiliário. (Pense em Alec Baldwin e as facas em *O Sucesso a Qualquer Preço*.) Mas, de acordo com um artigo da *Business Insider*, há um novo tipo de corretores que decidiram mudar as regras do jogo. Entendem que "o setor imobiliário não se trata só de dinheiro [...] e algumas de nossas estrelas em ascensão começaram a consertar o que está de errado com o sistema". Uma delas, Christine Wendell, trabalhou no desenvolvimento do mercado imobiliário durante anos e se interessa profundamente por imóveis acessíveis. Ela percebeu que quem queria se mudar para esses imóveis costumava enfrentar uma quantidade assustadora de papelada como parte do processo de inscrição. Esse e outros fatores levavam a longas demoras na ocupação das unidades. Wendell é a cofundadora de uma empresa, a Pronto Housing, que oferece um meio simples de completar o processo através de um programa de computador parecido com os usados para declarar impostos. Ele ajuda pessoas que precisam de imóveis melhores a consegui-los com rapidez e facilidade. Por meio da Pronto, Christine ainda está no ramo de vendas de imóveis, mas tenta realizar melhorias na maneira como ele é feito para beneficiar clientes e toda a indústria.

Outro negócio que pode ser altamente competitivo é o de gravadoras. Jeff Ayeroff, o executivo que apresentamos no Capítulo 4, é outro exemplo de uma pessoa que ignora as regras do setor para tentar ser transformador de maneiras inesperadas. Em 1990, Jeff se frustrou com o cenário político e, mais especificamente, com a apatia que percebia que os jovens sentiam em relação a esse assunto. Ele queria fazer alguma coisa a respeito. "As pessoas dizem que a MTV desligou uma geração inteira [...] Eu queria plugá-la novamente", nos contou. Para isso, cofundou a Rock the Vote, uma organização que desejava aumentar o número de votantes entre 18 e 24 anos. Seu objetivo era empoderar uma geração que exercita seus direitos e representa seus interesses, a fim de gerar uma mudança significativa. Para que funcionasse de verdade, precisava que a concorrência cedesse artistas para a causa. Também precisava que os artistas aceitassem participar, e que a MTV entrasse na onda e fosse a plataforma que a causa precisava. Todos os stakeholders contribuiriam com tempo, dinheiro e recursos para uma causa que não traria o resultado final. Além disso, nem sabiam se o esforço traria resultados.

Alerta de spoiler: deu resultados. Ao criar a Rock the Vote, colocou em movimento um mecanismo poderoso, responsável por registrar mais de 12 milhões de jovens votantes, muito além do objetivo inicial. A Rock the Vote encabeçou e deu suporte para inúmeras iniciativas importantíssimas para jovens e gerou consciência sobre questões como aquecimento global e violência por armas de fogo. Enquanto isso, a participação de artistas de renome, como Madonna, R.E.M. e Aerosmith, ajudou muitos outros artistas menos estabelecidos a terem mais exposição, e Jeff aumentou seu status na indústria, além de sua gravadora ter conquistado um novo nível de credibilidade entre artistas e parceiros.

Percebemos que, por mais inspiradoras que essas histórias de vendas transformadoras possam ser, a noção de perseguir tais oportunidades tão ousadas e com um quebra de paradigma é intimidadora. A depender do que vende, pode parecer ridículo pensar em termos tão audaciosos. A boa notícia é que podemos dar passos muito menores em nossas vendas e ainda assim termos um impacto transformador em nossos clientes.

Torne Pessoal

Shirley, vendedora em uma empresa de e-commerce de robótica, nos contou sobre a vez que percebeu que conseguia se livrar das vendas puramente transacionais. Ela trabalhava com um executivo de alta patente na Ikea e tentava vender uma solução de entrega sob demanda, além de ter um ótimo relacionamento com ele. Mas já esperava há muito tempo que ele fornecesse informações específicas que ela precisava para seguir com o acordo. Não queria se tornar uma vendedora importunadora, mas também não queria perder o acordo, então voltou a tomar as rédeas da situação e percebeu algo. Em todas as interações recentes, tentou *conseguir* algo dele. Pedia tempo, respostas, atualizações e, é claro, as informações que precisava. Longe de adicionar algum valor, apenas seguiu as regras tradicionais de vendas — termos de pagamento favoráveis, recursos atraentes e um calendário flexível. Por causa de tudo isso, convenceu a si mesma de que não havia problema se extraísse o valor que queria. Tinha feito sua parte e era hora de que ele fizesse a dele.

Ao perceber que tinha caído nesse pensamento transacional, decidiu dar uma pausa na pressão pelas informações que buscava. Em vez disso, se lembrou de uma conversa que tiveram na qual ele compartilhou a frustração de ter grandes férias em família planejadas, mas precisava de um teste de covid para isso. Todos fariam testes caseiros rápidos, mas na época, era mais fácil achar uma agulha no palheiro. Os testes estavam esgotados em todos os lugares e o tempo passava rapidamente. Um dos clientes de Shirley era uma gigante farmacêutica com lojas por todo o país, então, antes de ligar para o executivo da Ikea, entrou em contato com o representante da farmácia para perguntar quando o próximo lote de testes rápidos chegariam nas lojas perto dele. Quando finalmente falou com o executivo, contou, quase no último minuto, quando os kits estariam disponíveis, para que ele os encomendasse e chegasse ainda no mesmo dia. O executivo depois mandou um print de seu pedido para Shirley e relatou que, uma hora depois, os kits estavam na porta de casa. Também perguntou se a tecnologia da empresa dela estava por trás do preenchimento e da entrega de seu pedido. Sim, para ambas, foi a resposta. Shirley não tinha feito isso como uma tática. Ao perceber que entrou num mindset transacional, conscientemente mudou para um mindset de doação. Ela se sentiu bem por ajudar um cliente com aquilo que era importante para ele, e também por trabalhar em uma empresa que ofertava um serviço que poderia ser muito significativo.

Pense na pessoa a quem você vende e considere como ser mais valioso para ela, *sem esperar nada específico em troca*. Pense nos desafios que ela enfrenta e em como ajudá-la a superá-los. Considere como ajudá-la a melhorar não só no que engloba a descrição do cargo dela, ou na sua oferta a ela, mas no sentido mais puro da palavra. Ajude-a a tornar-se uma melhor profissional, pai/mãe, parceira, empregada ou ser humano. Pense no que sabe sobre a vida dela, os interesses, a vida familiar, as dificuldades que enfrenta, seja cuidar de um pai idoso ou lidar com o estresse de cuidar dos filhos e dar conta do trabalho. Que outros desafios essa pessoa enfrenta em seu trabalho? Que informações você pode oferecer e ter a oportunidade de ser útil, mesmo que não esteja relacionado com o que tenta vender?

Greg, um vendedor com quem conversamos depois de um evento no qual palestramos, fazia isso maravilhosamente. Vendia um software de gerenciamento de escritório que ajudava empresas de entretenimento a manterem um registro dos turnos dos empregados, planejamento de viagens e gerenciamento de inventário. Ele tinha dificuldades para fazer com que um de seus prospectos atendesse ao telefone porque o cara estava afundado em planejamento estratégico e previsão financeira para a empresa. Tinha expressado sua frustração com o processo, e Greg entendia perfeitamente, pois odiava as sessões de planejamento trimestral das quais era forçado a participar nas empresas anteriores. Como já tinha sentido essa dor, compilou uma biblioteca de *templates* que poderiam ser usados para o processo de planejamento e os compartilhou com o cliente. O presente foi tão bem recebido que Greg incluiu mais *templates* e os compartilhou com *todos* os prospectos e clientes. Esses documentos de planejamento não estavam relacionados ao software de gerenciamento de escritório que vendia — organizou tudo isso porque sabia quantos de seus prospectos enfrentavam desafios parecidos e sentia-se bem ao apoiá-los. Não só se sentiu intrinsecamente recompensado ao criar os *templates*, uma das razões pela qual os criou, mas gostou que os clientes e prospectos passaram a enxergá-lo como mais do que "o cara que vende um software para mim". Gostou que começaram a enxergá-lo por inteiro, uma pessoa com talentos que iam além da expertise em softwares e venda de um produto, para um colega com pressões e experiências parecidas.

Uma corretora imobiliária compartilhou outro ótimo exemplo. Trabalhava com um casal que estava preparado para comprar uma casa no bairro onde a esposa tinha crescido. Ela se lembrava do raro senso de comunidade que sentia ali, como os vizinhos conheciam-se e passavam tempo juntos, e queria isso para os filhos. O problema era que as pessoas dificilmente vendiam as casas do bairro porque nunca queriam ir embora. A corretora proativamente escreveu uma bela carta em nome de seus clientes e expressou o desejo de mudar para o bairro, na esperança de encontrar o dono de uma casa disposto a vendê-la *se* soubesse que a família que a compraria estava disposta a criar um lar cheio de memórias, como a que provavelmente o dono criou durante a vida. Como a corretora passou muito tempo se apaixonando por seus clientes, conseguiu incluir histórias sobre a razão pela qual o bairro era especial para a família, o que faziam para se divertir, e até acrescentou uma foto do corgi da família, Booger. Ela compartilhou a carta com os clientes e pediu permissão para entregá-la para os donos de propriedades do bairro, na esperança de conseguir a casa dos sonhos deles. Então, entregou pessoalmente uma cópia para cada casa do bairro, e bateu de porta em porta para falar com os proprietários sempre que possível, e realizou o sonho dos clientes, pois um dos proprietários planejava se mudar, mas ainda não havia anunciado a casa. O casal a comprou antes mesmo de chegar ao mercado. Muitos corretores escrevem cartas para seus clientes; poucos fazem isso com paixão pelas histórias pessoais e têm o comprometimento de entregar pessoalmente, porta a porta, para cada uma das casas do bairro.

O único jeito de entender alguém o suficiente para fazer algo pessoal para eles é conhecê-los de verdade. Como é o caso nas vendas, a melhor maneira de fazer isso, para descobrir oportunidades e para ser transformador em um nível pessoal, é fazer as perguntas certas.

Faça Perguntas de Impacto

A habilidade de fazer ótimas perguntas é uma das mais importantes nas vendas. Para os vendedores que pensam transacionalmente, as perguntas que fazem são arquitetadas para que consigam o que *eles* precisam para realizar a venda. *Qual é o seu orçamente? Para quando precisa de uma solução? Quem está envolvido na decisão? Como posso realizar a venda?* Essas perguntas são pensadas para extrair valor (informações) do cliente. E se, em vez de sempre tomar, fizesse perguntas que *dão alguma coisa* para quem a responde? Perguntas originais que fez não porque achou que não soubesse a resposta mas sabia, não porque queria parecer inteligente ou provar um argumento, nem porque precisava de informações para conquistar uma venda, mas porque genuinamente está *interessado* na perspectiva deles em relação a algo que não tinham considerado antes? Vendedores com um Mindset às Avessas fazem perguntas assim constantemente. Nós as chamamos de Perguntas de Impacto.

Perguntas de Impacto são sempre abertas, nunca direcionam e quase sempre levam a pessoa que as responde a ter insights valiosos ou novas ideias que não haviam cogitado antes. Elas nunca são usadas puramente como uma tática. Ao fazer uma dessas perguntas, deve genuinamente *querer* saber a resposta. Não busque um acordo rápido; nem procure o que *precisa* deles, como acontece com as perguntas tradicionais, como as que mostramos anteriormente. Ao fazer Perguntas de Impacto, dê a alguém o presente de idealizar *pela primeira vez, em tempo real*, e certifique-se de que ele sairá da interação sabendo mais sobre si mesmo do que sabia antes.

Mark Roberge, ex-CRO da HubSpot, atual diretor de gerenciamento da Stage 2 Capital e autor de *The Sales Acceleration Formula* [sem publicação no Brasil], diz que os melhores vendedores com os quais interagiu são mestres em fazer perguntas que levam os compradores a novas compreensões. "No final de uma ligação, talvez os compradores até digam 'sinto que estou na terapia!'", contou. "Tudo o que o terapeuta faz é perguntar um monte de coisas que reformulam o seu mundo. Ótimos vendedores fazem o mesmo."

As perguntas de impacto podem envolver reações honestas e vulneráveis em conversas que antes seriam veladas. Uma ótima maneira de fazer isso em um contexto de vendas é pedir para as pessoas focarem em um assunto no qual não costumam pensar muito. Um vendedor de extremo sucesso que conhecemos vendeu um produto para um CTO e tinha conversas diárias com ele. Sabia que o típico CTO está constantemente inundado em incontáveis problemas, projetos e emergências, e que muitos tinham dificuldade de priorização por causa disso. "Me fale um ou dois números que você mensura e foca e o porquê?", perguntava. Pode até parecer que é uma pergunta direta, mas, na realidade, a maioria não foca só em um ou dois números, eles têm um conjunto de dados imenso e acompanham dezenas de métricas ao mesmo tempo.

Quando fazia essa pergunta a um CTO, eles costumavam responder de duas maneiras: ou reconheciam que nunca conseguiram focar em um ou dois, ou portavam-se como se tivessem a resposta à mão e falavam de algumas métricas. Nos dois casos, a pessoa que respondia tinha o presente de se escutar e pensar: *não consigo responder a essa pergunta com facilidade, e eu deveria conseguir. Se conseguisse, me ajudaria a saber como priorizar.* Nos casos em que inventavam uma resposta, o vendedor respondia: "Uau! Converso com CTOs todos os dias e nunca ouvi essa resposta!" Em grande parte das vezes, os que respondiam assim perguntavam: "Bem... o que você escuta dos outros?" Simplesmente ao fazer uma Pergunta de Impacto, o comprador conseguia identificar uma possível área de crescimento, e o vendedor tornava-se um líder, não porque se intitulava assim, mas porque, no segundo em que seu prospecto lhe perguntava o que os outros CTOs faziam, *tornava-se* um líder.

Em nosso trabalho com os times de vendas e nossas entrevistas com os que têm um Mindset às Avessas, colecionamos algumas de nossas Perguntas de Impacto preferidas. As que são especialmente apropriadas para você variam de acordo com aquilo que vende, sua indústria e, talvez o mais importante, com o que o deixa confortável. Lembre-se: temos que nos permitir um espaço para sermos autênticos e também precisamos confiar em nossos instintos para saber quando parecemos alguém que não queremos ser. Espero que algumas funcionem para você, mas, mesmo que não dê certo, permita que inspirem seu pensamento sobre outras perguntas que *pode* fazer.

- O que os seus clientes *contam* sobre a sua empresa e o que *gostaria* que contassem?
- Como acha que seu time fala de você quando não está presente?

+ Como deseja ser lembrado enquanto líder?
+ Se precisasse focar mais recursos em um único problema que sua empresa enfrenta, qual seria?
+ Qual é a menor ação que pode tomar hoje que teria o maior impacto?
+ Como é o fracasso para você?
+ O que caracteriza o melhor parceiro que já teve? O que fazem de diferente?
+ Reflita sobre um momento específico quando sentiu ser a pessoa que "nasceu para ser". Como repetir esse comportamento hoje?
+ Que regras deveríamos quebrar?
+ O que as pessoas (ou você) pensam, mas têm medo de expressar?

Ao fazer uma Pergunta de Impacto, será uma forma de se entregar. Perguntar para uma pessoa sobre o tipo de líder que ela quer ser, por exemplo, pode ajudá-la a se comprometer com o desenvolvimento de um aspecto específico da liderança no qual quer trabalhar e que não teria cogitado antes. Perguntar sobre um momento em que agiu ao sentir que havia nascido para ser daquela maneira pode fazer com que ela volte a praticar uma atividade que amava antes de deixar a agenda cheia ocupar a vida. E, principalmente, fazer essas perguntas sobre as pessoas é uma forma de carinho, de ajudá-las a se sentirem vistas e merecedoras de atenção.

Em um contexto de vendas, as Perguntas de Impacto podem servir a muitos propósitos. Podem levar um cliente a se abrir para novas possibilidades ou ajudá-lo a pensar sobre a situação em que se encontra a partir de outra perspectiva. Podem oferecer uma nova visão sobre por que fazer determinada compra é a decisão certa. Podem reformular desafios, revelar pontos cegos ou gerar urgência. Às vezes, a pergunta certa no momento certo simplesmente serve para fortalecer a conexão entre um comprador e um vendedor. Em qualquer caso, elas dão autonomia à pessoa que as responde porque qualquer insight gerado não veio de alguém que lhes disse o que fazer, foi a própria pessoa que chegou a um consenso sozinha.

Lembre-se que, se uma Pergunta de Impacto não surge de um lugar de curiosidade genuína, não gerará nada além de chateação. Como já discutimos, não cruze a fronteira ao ser intrometido. Desde que seja intencional e atencioso ao fazer perguntas para as quais quer genuinamente saber as respostas, poderá desbloquear ótimas realizações, para eles e para você.

Avalie seu Valor

Outra maneira ótima de encontrar oportunidades para ser mais transformativo nas situações de vendas é o nosso Exercício de Avaliação do Valor. Nós o desenvolvemos ao trabalharmos com um time de vendas que nos contratou para entender por que tinham uma porcentagem de fechamentos tão baixa com prospectos de qualidade que pareciam "perfeitos". Logo identificamos um padrão nas interações com os clientes: constantemente pediam coisas, extraíam valor, e não ofereciam nada de significativo em troca.

Pedimos para o time fazer um exercício para chamar a atenção para quantas de suas interações se tratavam de dar e quantas de receber. Funciona assim:

Imprima quaisquer comunicações que usa com regularidade com os clientes — *templates* de e-mails, roteiro, cadências de acompanhamento, transcrições de ligações — e as pendure na parede. Abaixo de cada documento, pendure um papel em branco dividido em duas colunas. Em uma delas, escreva tudo o que queria *extrair* com aquele comunicado (como mais tempo, dinheiro ou informação). Na outra, liste qualquer valor que você *adicionou* e os ranqueie em uma escala de 1 a 10, de acordo com o significado ou o impacto causado. Por exemplo, recomendar um artigo relevante a um cliente pode ser um 2, e apresentá-lo a um contato que pode ajudar com seu negócio, um 6.

No time de vendas com o qual fizemos isso pela primeira vez, o exercício produziu um retrato que mostrava que extraíam mais do que adicionavam. O time trabalhou junto para encontrar maneiras de inverter a situação e dar substancialmente mais do que pediam em troca. Contrataram um recurso terceirizado para procurar na internet conteúdo que seus clientes poderiam usar em seus negócios e criaram uma série de eventos online que chamaram de "Perguntas e Respostas sobre a Indústria" com especialistas, assim, seus clientes poderiam aprender e interagir com eles. Voltaram a avaliar os "pedidos" e certificaram-se de que tudo o que pediam seria crítico para seguir com o processo de vendas, e só o faziam depois que um bom valor fosse adicionado primeiro. Dentro de dois meses, a taxa de fechamento aumentou drasticamente.

Esse exercício pode ajudá-lo a começar a pensar imediatamente de forma mais transformativa ao revelar oportunidades em que pequenas e simples mudanças em suas interações causam um impacto desproporcional. E, falando em impacto desproporcional, há uma última prática que recomendamos para nos certificarmos de dar mais do que recebemos.

A Regra 100/20

Por mais que nos treinemos a não pensarmos em termos transacionais, a mensagem cultural para fazer isso é muito forte, e fomos expostos por tanto tempo que podemos facilmente voltar a esse mindset. Uma forma de evitar isso é seguir a Regra 100/20, que David Meltzer, o líder de esportes que se tornou palestrante motivacional, autor e filantropo e que apresentamos brevemente no Capítulo 6, compartilhou conosco. Foi o ingresso que usou para apaixonar-se pelas vendas e transformar a vida dele e de muitas outras pessoas.

Seu conceito original para a Regra 100/20 era que, em toda interação de vendas, procurasse oferecer US$100 a cada US$20 que pedia em troca. Não precisava ser um valor literal. Ele só queria certificar-se de que tudo o que desse na interação — produtos ou serviços, tempo, informações, conhecimento, apresentações, entretenimento, experiência, e assim por diante — parecesse, para o cliente, que valia cinco vezes do que o que oferecia. Não importava se o valor era literal ou não, desde que *ele* acreditasse que havia oferecido algo valioso. Funcionou, e deu a ele um senso profundo de realização, que o fez adotar a regra para *todas* as interações dele com pessoas, não só a quem vendia.

Inicialmente, ele comprometeu-se depois de uma percepção profunda de que o jeito que vendia havia o levado a se tornar uma pessoa que não queria ser. Contou que começou a carreira como a encarnação do vendedor estereotipado. "Eu era um camaleão", disse. "Vendia além do que precisava, fazia vendas casadas, mentia, manipulava e enganava. Tinha a atitude de um vendedor de carros." Assim como já discutimos, essa visão limitada das vendas serviu David por um tempo. Tornou-se um milionário apenas 9 meses depois de se graduar na faculdade de direito e aceitar um emprego em vendas, e multimilionário aos 32 anos. Possuía dezenas de propriedades, que incluíam casas, um campo de golfe e uma montanha de ski. Mas logo se viu enrolado em um processo, e nos contou que deixou seu ego o levar a gastar rios de dinheiro para se defender simplesmente para "provar que estava certo". Esses gastos levaram a faltas de pagamentos para os bancos que, dentro de dois anos, o forçaram a declarar falência. A experiência crucial o levou a avaliar a si mesmo e a vida que levava. No processo, percebeu que, para viver uma vida significativa e encontrar um tipo duradouro e realmente recompensador de sucesso, precisaria pensar em dar valor às outras pessoas, não só receber. "Precisei repensar se [o jeito que fazia as coisas] era benéfico", admitiu. "E percebi: e se elevar outras pessoas me elevasse? E se, a cada acordo que eu quisesse fechar, fosse capaz de articular o valor real com honestidade?"

Adotou uma nova filosofia de vida baseada em ajudar outras pessoas, e diz que agora acorda todas as manhãs com o objetivo de encontrar oportunidades para ajudar dez pessoas por dia. Isso se provou transformador, tanto para quem ajudou quanto para ele. Essa nova filosofia levou um amigo a procurá-lo: "Você é um ótimo negociador. Pode me ajudar a negociar um acordo?" Ele ajudou, e o advogado do outro lado da negociação era Leigh Steinberg, o lendário agente esportivo que serviu de inspiração para o filme *Jerry Maguire*. David impressionou Steinberg, e foi contratado como COO da agência Leigh

Steinberg Sports & Entertainment, uma das mais bem-sucedidas no mundo. Seis meses depois, tornou-se CEO.

Hoje em dia, David é um empresário de muito sucesso (cofundou a Sports 1 Marketing com a lenda da NFL Warren Moon), tem uma vasta experiência como palestrante e autor, e é um filantropo e humanitarista respeitado que usa sua plataforma para tentar completar uma missão transformadora: conseguir que *um bilhão de pessoas sejam felizes*.

✦ ✦ ✦

A palavra hebraica *mitzvah* significa "boa ação". E nós, dois caras criados por incríveis mães judias, escutamos muito a palavra *mitzvah* quando éramos crianças, mas só foi quando um aluno nosso nos enviou um post escrito pelo rabino Alexander Seinfeld, que percebemos como essa palavra descreve bem a doação transformadora do Mindset às Avessas e os efeitos positivos que costumam se seguir. "Uma *mitzvah*", escreveu o rabino, "é um certo tipo de conexão transcendental que é criada ao fazer algumas ações (como caridade) *com o pensamento certo*" (ênfase nossa). O pensamento certo a que se refere é escolher conscientemente fazer algo para alguém, não porque sente que precisa ou porque se beneficiará disso, mas puramente com a intenção de fazer o bem. Cada *mitzvah* oferecido a alguém, ele diz, "é uma oportunidade única de dar um significado transcendental a sua vida".

Pensamos imediatamente em como um Mindset às Avessas ajuda a transcender os limites do pensamento transacional e das "conexões transcendentes" que permitem que os vendedores façam com as pessoas às quais vendem. Ao ir além do que é esperado em vez de procurar um incentivo para a transformação, grande ou pequena, não só criamos acordos melhores, como *nos* tornamos melhores. No processo, também crescemos ao enriquecermos nossas vidas por meio das relações construídas e do impacto causado nas pessoas que encontramos pelo caminho.

■

CAPÍTULO OITO
Venda Criativa

Nossa primeira aula de Mindset de Vendas para Empresários do semestre havia terminado e vários alunos fizeram uma fila para se apresentar para nós e fazer perguntas. Percebemos que um dos alunos deu o lugar dele para outras pessoas, como se tivesse um segredo para compartilhar conosco e não quisesse que mais ninguém ouvisse. Quando todas as outras pessoas foram embora, timidamente se apresentou com as mãos nos bolsos e olhos no chão. "Oi, sou o Chris. Hum, eu não sei bem por que eu deveria fazer essa aula. Amo startups e o empresariado e quero aprender o máximo possível, mas sou extremamente introvertido e talvez não tenha o perfil ideal para uma aula sobre vendas."

Olhamos um para o outro e sorrimos. Em todas as aulas, há sempre pelo menos um aluno que nos procura com dúvidas parecidas. Uma das coisas que mais gostamos no magistério é ver esses alunos que temem não ter a personalidade certa para as vendas perceberem que, o que veem como fraqueza, é, na verdade, um ponto forte, e que possuem o potencial de serem os melhores vendedores em qualquer lugar, não só na nossa sala de aula.

Chris não nos decepcionou. Apesar de não falar tanto em aula quanto seus colegas mais extrovertidos, quando o fazia, sempre tinha algo a acrescentar na conversa. Ele também sempre tinha as notas mais altas nas tarefas escritas. Mas o que mais nos impressionou foi a forma como usou um de seus pontos fortes — a criatividade — para adaptar um e-mail de vendas que tínhamos apresentado para que se encaixasse na vida dele.

No meio do semestre, Chris decidiu candidatar-se a estágios em startups de tecnologia, e estava especialmente empolgado com uma empresa de e-sports chamada 100 Thieves. Por ser um grande admirador de um de seus cofundadores, Jackson Dahl, Chris o seguia nas redes sociais. Havia entrado em contato com Dahl algumas vezes e pedido uma entrevista, mas não tinha recebido uma resposta. Então usou a criatividade. Como sabíamos que Dahl, que era de Los Angeles, era fã dos Lakers, Chris enviou uma versão de um e-mail que havíamos debatido em aula:

> Assunto: Aposta
> Oi, Jackson.
> É óbvio que está ocupado. Parece que amanhã à noite o Lakers joga contra o Nets.
> Se os Lakers vencerem, enviarei uma pizza para o 100 Thieves e nunca mais entro em contato de novo, mas, se os Nets vencerem, adoraria falar com você por 10 minutos sobre as estratégias de carreira que mais contribuíram para o seu sucesso. De acordo?

Dahl ficou tão impressionado que não só respondeu imediatamente para marcar uma reunião, mas printou a mensagem e publicou no Twitter depois do jogo, com um link para uma manchete que dizia que os Nets tinham vencido os Lakers por 104–102. "Recebi esse e-mail de um estudante universitário na segunda, antes do jogo de ontem à noite", postou Dahl. "Me lembra da fala do [investidor bilionário e ocasional tubarão do *Shark Tank*, Chris] Sacca que eu mais gosto: 'Pode ser sorte, mas não é um acidente.'" É claro, Chris nem precisou da sorte da vitória para conseguir a reunião, assim como a maioria das pessoas que usam a "aposta da pizza". (Contamos nos dedos de uma mão quantas pizzas pagamos ao longo desses anos). Os prospectos costumam responder como Dahl, pois recompensam a criatividade.

O tweet de Dahl foi compartilhado dezenas de vezes (inclusive pelo próprio Sacca), e inspirou mais de mil likes e vários comentários impressionados, como: "Uau! Quanto mais você trabalha, mais sorte tem!" Chris conseguiu a reunião com Dahl *e* uma oferta de emprego pela 100 Thieves, uma das muitas que recebeu naquele semestre. Uma dessas ofertas vieram de nós, e Chris graciosamente trabalhou como nosso assistente por três semestres.

Quando pedimos para as pessoas nomearem as principais características de um ótimo vendedor, a criatividade raramente aparece, se é que aparece. Mas, para os vendedores com um Mindset às Avessas, ela é uma parte-chave do trabalho. Eles perceberam que pode ter benefícios incríveis, tanto em resultados quanto na qualidade de vida. Permitir-se ser criativo faz com que o trabalho seja mais envolvente e um desafio mais cativante a ser enfrentado todos os dias. Descobrimos que apreciam algo na criatividade que costuma ser mal compreendida: *todos nós* temos a capacidade de sermos incrivelmente criativos.

Os Três Mitos da Criatividade

Um mito sobre o trabalho criativo é que é reservado para, bem, os "criativos" — artistas, dançarinos, inventores e talvez profissionais de publicidade e marketing, que escrevem textos maravilhosos e criam anúncios que nos fazem rir. Talvez alguns até incluiriam engenheiros de software e designers de produtos, que sonham com coisas futurísticas que nem sabíamos que precisávamos. Quando se trata de vendas, é geralmente vista como absorver o que *outras pessoas* criaram e persuadir as pessoas de seu valor.

Com essa visão, a maior parte da ênfase no treinamento de vendas é nas técnicas de "como fazer", como roteiros de ligações que servem para diminuir as chances de o cliente desligar na sua cara. *Faça exatamente o que dizemos*, é a mensagem. *Funcionou para outras pessoas, então funcionará com você também.* Só que isso muitas vezes não é verdade. Um estudo descobriu que ligações frias têm uma taxa de sucesso de 2,5%. Em nossa experiência, é evidente que remover a criatividade não é a resposta, pois alguns dos telefonistas de maior sucesso são aqueles que deixam o roteiro de lado e são criativos.

As pessoas amam rotular vendas como científicas e baseadas em dados, nas quais apontam estatísticas e fórmulas para explicar o sucesso e o estrelato no LinkedIn. Você deve fazer 50 ligações por dia, de acordo com um post, e procurar passar em média 9,6 minutos em cada ligação. Isso é terrivelmente preciso! Um absurdo. Chamar conselhos como esse de científico é um insulto à ciência, que é uma das empreitadas mais criativas que se pode seguir. A ciência requer a experimentação com aquilo que nunca foi tentado antes; testar novas ideias, mesmo que pareçam malucas; rejeitar a sabedoria convencional e se perguntar *E se?* e *Por que não?* Einstein disse: "Os melhores cientistas também são artistas."

Como na ciência, ótimos vendedores prosperam ao testarem abordagens que nunca foram testadas, ao flexionar os músculos da criatividade sempre que pensam em novas maneiras de fazer isso. Amam o desafio de sonhar com um conteúdo original, criar experiências inesperadas e repensar as regras das vendas feitas para serem quebradas. Sentem prazer em colocar a personalidade deles em suas interações com outras pessoas, e falam em suas vozes distintas. Isso os mantêm engajados, faz com que as vendas sejam divertidas, *e* gera resultados. Pesquisas mostraram que vendedores avaliados como mais criativos excederam em muito o desempenho dos colegas com um ranking mais baixo na expressão da criatividade.

O segundo mito sobre a criatividade é que algumas pessoas são mais criativas que outras porque funcionam com o "lado direito do cérebro". A noção popular de que a criatividade é um produto de um dos lados, e que o pensamento lógico e analítico vem do lado esquerdo, caiu por terra. De acordo com o principal pesquisador sobre criatividade e cientista cognitivo Scott Barry Kaufman, "o processo criativo ocorre em todo o cérebro". A neurociência revelou que, ao nos envolvermos em empreendimentos criativos, uma rede intrincada de conexões entre um vasto número de regiões cerebrais é ativada. Na verdade, a ciência demonstrou que *todos nós* temos a capacidade para uma vasta criatividade; o impulso de criar está enraizado no tecido genético de nossa natureza humana mais básica. De acordo com a psicóloga Peggy Orenstein: "Em vez de um dom raro, [a criatividade é] mais parecida com a gentileza e a compaixão — um traço inato aos humanos". Além disso, quanto mais frequentemente nos envolvemos em pensamentos criativos, mais prontamente conseguimos "ligar" a rede criativa. Quanto mais expressamos nossa criatividade, em outras palavras, mais natural fica.

É claro, como quem já ouviu Colin cantar rap ou Garrett tocar violão pode atestar, algumas pessoas simplesmente não são tão talentosas em sua criatividade quanto outras. Há muita reflexão sobre o porquê disso. Produzir um trabalho criativo da mais alta qualidade pode acrescentar um grau a mais na habilidade inata, mas especialistas em criatividade e muitos dos artistas mais estimados do mundo — escritores, pintores, compositores, dançarinos, inventores ou designers — concordam que um esforço consciente e desafiar incansavelmente o próprio talento foi a chave para o sucesso. Talvez seja porque, com o tempo, as redes de criatividade de seu cérebro fossem ativadas com muita frequência. O que fala a respeito do terceiro grande mito sobre a criatividade.

O último mito é que ser criativo é sinônimo de ser artístico e deve resultar em uma forma de arte tradicional, como uma pintura ou romance. Isso não é verdade. Tudo o que fazemos pode ser feito com criatividade, e nossa vida diária oferece uma abundância de oportunidades para a expressão criativa. A psicóloga Ruth Richards, uma das pesquisadoras mais influentes sobre a criatividade, foi pioneira do conceito de "criatividade cotidiana". Ela a descreve como nosso incrível potencial escondido, e enfatiza que "podemos ser criativos ao longo do dia ao escrever um relatório, dar uma aula, cortar a grama, consertar um carro". Apesar de pensarmos que é mais fácil falar do que ser, Richards demonstrou que é mais fácil praticar a criatividade do que discursar sobre ela. É uma tendência natural criada em nossa evolução e, como escreve ela, se trata de resolver problemas, não de fazer arte. "Nossa criatividade nos ajuda a lidar com a vida e sobreviver, e também a descobrir para que nos mantemos vivos." Ser criativo até mesmo nas menores coisas que fazemos todos os dias oferece mais significado, tanto para nós quanto para as outras pessoas, e nos torna muito mais alegres.

Impulsos de Criatividade

Pesquisas mostram que se envolver na criatividade cotidiana ajuda as pessoas a se sentirem melhor a respeito de si mesmas, trabalharem mais e levarem vidas com mais propósito. Um estudo pediu que indivíduos registrassem durante 30 dias todas as tentativas de criatividade, não importava se parecessem inconsequentes. Centenas de participantes classificaram o nível de criatividade todos os dias, e também, simultaneamente, o humor geral do dia. "Um padrão claro emergiu nos diários", escreveram os pesquisadores. "Logo após os dias em que os participantes eram mais criativos, diziam sentir-se mais entusiasmados e energizados." Ainda melhor, os pesquisadores descobriram que expressar nossa criatividade com frequência leva a uma elevação de emoções positivas, bem-estar psicológico e sentimentos de "florescimento" na vida, definido como, em geral, um "senso de significado, propósito, engajamento e conexão social". Também melhora nossa saúde, e muitos estudos demonstram que diminui a depressão, o estresse e a ansiedade, além de aumentar o poder do sistema imunológico.

Por que, pode ser que se pergunte, os atos diários de criatividade são tão bons para nós? O especialista em felicidade Mihaly Csikszentmihalyi (pronunciado tchik·sen·mi·rrai) argumenta que nossa alegria faz completo sentido de um ponto de vista evolucionário, porque a criatividade foi crítica para planejarmos maneiras de lutar contra ameaças, melhorar as condições de vida e garantir que nossos ancestrais tivessem a melhor chance de sobrevivência. A hipótese é que a evolução foi programada para que nos "sentíssemos bem sempre que algo novo fosse descoberto, sem importar a utilidade no momento". E, realmente, sempre que experienciamos alguma novidade, nosso cérebro libera as amadas drogas "da felicidade", dopamina e serotonina. Não é de se espantar, como escreve um pesquisador, "que as pessoas foram feitas para desejar o inesperado".

Isso também aponta para a razão pela qual outras pessoas sentem alegria em nossas expressões de criatividade também. Na verdade, nos sentimos literalmente atraídos por isso. Um estudo descobriu que as pessoas avaliam a criatividade como uma das qualidades mais desejáveis em um parceiro, e outro mostrou que indivíduos criativos em várias profissões relatam ter mais parceiros sexuais (ah, *agora* temos a sua atenção!). Essa atração inata à criatividade é o motivo de compradores responderem tão bem a vendedores que usam um mindset criativo no processo.

Então, por que, se até mesmo a simples criatividade cotidiana nos dá esse impulso tão grande na vida, tantos de nós nos convencemos de que precisamos nos confinar aos limites do que é esperado de nós?

Nossa Criatividade Foi Enjaulada

Muitos de nós tivemos a alegria da busca pela criatividade detonadas em nossa experiência escolar. Se quiser ver uma criatividade desenfreada em ação, passe um tempinho com uma criança alegre de 4 ou 5 anos; você terá uma aula magna sobre imaginação e inovação. Já vimos nossos filhos criarem mundos fantásticos inteiros a partir de uma caixa de papelão vazia e palitos de dente! Mas, como lamenta o psicólogo Sir Ken Robinson no TED Talk mais visto de todos os tempos, "As Escolas Matam a Criatividade?", a alegria inata de ser criativo das crianças costuma ser calada pelo sentimento de pressão de receber uma nota e reprimidas por não seguirem as regras. O especialista em educação Ron Beghetto chamou isso de "mortificação criativa", a morte do espírito criativo de uma pessoa.

Colin passou por isso em um momento que ficou para sempre na psiquê dele. Ele possui deficiência da visão de cores, comumente chamada de daltonismo, o que o faz misturar verdes com marrons e azuis com roxos (o que explica a coleção de moletons lilás!). Na aula de artes no segundo ano, recebeu a tarefa de desenhar um sol no céu, e a professora o repreendeu: "Por que o céu está roxo? Precisa ser azul." Hoje em dia, Colin diz que é ele quem vê as cores certas e todo mundo está errado, então, felizmente, conseguiu um pouco dessa criatividade roubada de volta.

A mortificação não para no ensino fundamental. A fundadora do Spanx, Sara Blakely, disse que nunca tinha contado a ninguém sobre sua ideia porque temia que as pessoas a diminuíssem e reduzissem seu entusiasmo. Temia comentários como *Não é só uma meia-calça com os pés cortados?* ou *Você nunca concorrerá com a L'eggs*. Graças a Deus, ela se protegeu dessas críticas que minam a criatividade e desenvolveu um produto que permitiu que tantas mulheres se sentissem empoderadas pelo que vestiam.

A abordagem de recompensas e punições que muitas empresas adotam na esperança de motivar as pessoas com bônus ou comissões, que é endêmica em empregos de vendas, também pode minar nossas faíscas de criatividade. Teresa Amabile, especialista da Harvard em criatividade no ambiente de trabalho, destaca: "As pessoas serão mais criativas quando se sentirem motivadas pelo interesse, pela satisfação e pelo desafio do trabalho em si". Csikszentmihalyi a apoia, e escreve: "Pessoas criativas são diferentes umas das outras de muitas maneiras, mas são unânimes em um aspecto. Todas amam o que fazem. Não é a esperança de conseguir a fama ou fazer dinheiro que as impulsiona, mas a oportunidade de fazerem o trabalho que amam."

Reviva Sua Criatividade

Então a pergunta é: como acender nossa criatividade inerente e a utilizar em nossas vendas? Afirmamos que não é preciso ser um hipster que usa Birkenstock ou um artista torturado com uma tatuagem no rosto (para deixar claro, amamos os dois), e certamente não é preciso pintar ou compor uma obra-prima. Em nosso trabalho e em muitas das nossas conversas com vendedores com um Mindset às Avessas, descobrimos uma riqueza de maneiras simples, mas poderosas, de ser mais criativo com os elementos de vendas.

Inove o que Já Foi Testado e Aprovado

Para ser criativo, não é necessário ser completamente original. Quando Slash toca o solo de guitarra para "Sweet Child O'Mine" pela milionésima vez em um show, ainda encontra uma maneira de deixá-lo novo. Pintores de sucesso costumam se ater a um estilo de trabalho, que depois replicam muitas vezes com certa variação. Chris, nosso aluno que enviou o e-mail "Aposta da Pizza" para a 100 Thieves, não criou o modelo do e-mail, mas colocou a marca dele. Aprendemos que muitos vendedores às avessas encontram maneiras de fazer usos mais criativos das ferramentas que eles, e outros, têm à disposição.

Veja o LinkedIn, por exemplo. É uma das ferramentas mais utilizadas para prospectar leads, já há algum tempo, mas *ainda* descobrimos pessoas que o usam de maneiras novas e criativas que outras nunca pensaram antes. Um vendedor com quem trabalhamos certa vez nos impressionou com uma novidade. Ele usou o software de gerenciamento de relacionamento com o cliente (CRM) da empresa, mas, em vez de só rastrear seu pipeline de vendas, como deveria ser, criou um relatório que listava todos os tomadores de decisões que autorizavam a compra do produto de sua empresa para clientes *existentes*. Talvez a maioria das pessoas pense: *por que gastar tempo com clientes existentes? Eles já compraram. Não há mais nenhuma oportunidade ali.* Mas é aí que entra a criatividade. Ao pegar a lista de compradores, fez uma referência cruzada de todos (havia centenas) no LinkedIn para ver se algum deles havia mudado de empresa desde que fizeram a compra. E, sem dúvida alguma, muitos tinham. Agora, tinha uma lista de indivíduos que *sabia* que gostavam de seu produto o suficiente para tê-lo comprado antes e que estavam em novas empresas que ainda não eram clientes. Ligou para todos eles, e começou a conversa com uma voz confiável e familiar em vez de um começo distante, e conseguiu converter vários deles de novo.

Crie por meio de Novas Tecnologias

Com a eclosão de novas tecnologias, que é praticamente *sempre* nos dias de hoje, vendedores realmente criativos experimentarão e pensarão em maneiras de as usar para as vendas. Um vendedor, Justin, nos abordou depois de uma palestra que demos e nos contou como usou o Cameo, um site que permite que compre mensagens em vídeo personalizadas de celebridades, para obter a atenção de um prospecto. Justin estava convencido que esse prospecto era o perfil de cliente ideal, então fez várias tentativas de se conectar, mas nenhuma delas deu certo. Então lembrou que, na pesquisa, tinha descoberto que o prospecto era um *grande* fã do futebol americano do Texas. Ele procurou a Cameo e encontrou um ex-*wide receiver* dos Longhorns que vendia mensagens customizadas por US$30. "Justin sabe que você ama futebol texano", disse a voz, "então me pediu para dizer 'oi' e ver se consegue 10 minutos do seu tempo para discutir se pode ajudá-lo. *Hook 'em*!"

Justin conseguiu uma resposta? Pode apostar que sim, e sem gastar muito tempo ou dinheiro. A empresa teria autorizado muito mais do que os US$30 para usar maneiras tradicionais de se colocar diante de um prospecto.

É claro, quando alguém encontra uma nova maneira de usar a tecnologia, outros se aproveitam, e logo a dopamina entregue diminui. Mas, como com o vendedor que inventou a virada CRM/LinkedIn, não subestime as novas maneiras de pensar no uso e combinar tecnologia; velho com novo; analógico com digital; Garrett com Colin. Lembre-se de que Sergey e Larry, os fundadores da Google, não tinham a menor ideia, quando lançaram a versão deles de um mecanismo de busca, que construiriam uma das maiores empresas na história da humanidade, que gera renda de dezenas de produtos e foi muito além do escopo da ideia original. Qualquer uso da tecnologia requer evolução, e o desafio de "inovar" é parte da diversão.

Com muita frequência nas vendas, as pessoas simplesmente seguem as regras de engajamento impostas. Provisões contratuais, termos de pagamentos, calendário de entregas e muitos outros aspectos de um acordo em potencial parecem prescritos. Mas pode ser que encontre oportunidade de quebrar essas restrições.

Jon Dahan, CEO da agência de criação MindMedium, contou uma história de um caso grande em que fez isso. Um cliente de bebidas alcoólicas, que costumava pagar todas as contas em dia, tinha parado de pagar há três meses. "Eram notas enormes, de seis dígitos e, quando liguei, me disseram que não tinham intenção de pagar." O primeiro instinto de Jon foi ligar para o advogado para exigir o dinheiro de um jeito forçado. Mas discutiu o assunto com seu time e decidiu que a opção não se alinhava com o etos da empresa, nem com sua ética pessoal — Jon e a MindMedium enxergam os clientes como uma família. Não buscam ameaçar processá-los.

Não demorou muito e ele recebeu uma ligação de uma empresa de aquisição. "Pedimos desculpa, mas a empresa pediu falência e não poderá pagar toda a conta. Nosso time assumirá os ativos remanescentes." A maioria das pessoas teria assumido o mindset de vítima aqui (lembra do Capítulo 3?), mas Jon é um criador nato. *Como posso aproveitar algo dessa situação?*, se perguntou. Decidiu escutar a empresa de aquisição.

"Ninguém vai receber o valor total da nota", disse o representante da empresa quando conversaram. "Vamos pagar 10 centavos por dólar para todos os vendedores, não importa quem sejam ou qual *era* seu relacionamento. Temos apenas essa proposta."

"Espera um pouco. Esqueça o dinheiro por um segundo. Deixe para lá o trabalho de marketing que já fizemos para o antigo regime. O que quer fazer com a marca *daqui em diante*?", perguntou.

O representante contou as ideias deles. "Não vai dar certo", falou Jon com jeitinho. "A empresa anterior já tentou isso." Mais do que só falar, *mostrou* a ele. Esboçou por que o plano anterior não deu certo, deu ao representante da empresa conselhos extremamente valiosos sobre o que funcionaria e disse: "Por que não começamos de novo? Vamos construir a empresa juntos. Vamos olhar o logo, a garrafa, o marketing, olhar tudo e descobrir se há algo que vale a pena reconstruir."

"Queria que soubessem que eu estava lá para ajudar, porque genuinamente queria ajudá-los", disse Jon. Para mostrar isso, ligava para eles com frequência, dava ideias, fazia apresentações e servia como recurso. Por fim, Jon soube que a nova empresa tinha um orçamento que, de acordo com eles, "não era para o passado, mas para o futuro. Faremos X, Y e Z."

Jon teve uma ideia. "Certo, isso faz sentido, e podemos ajudar. X e Y não custarão nada, faremos isso porque queremos que a marca tenha sucesso. É em Z que faremos todo o trabalho, e nós o realizaremos também, mas acertaremos o pagamento para que o trabalho que fizermos pelos próximos seis meses equalize a quantia que a empresa nos devia antes."

Surpreso, o representante disse: "Você basicamente trabalhará de graça nos próximos seis meses, e nós só precisamos pagar o débito? Nós aceitamos!" Jon criativamente mudou o mindset da nova empresa, que via o dinheiro devido como um débito do antigo regime, para pagamento para o futuro. Com o tempo, Jon e a nova empresa reconstruíram a marca juntos, e a MindMedium coletou mais recebíveis do que a quantia original que quase não conseguiram.

Amamos a história de Jon, porque combina com muitos dos tópicos que discutimos antes. Ele usou um mindset de crescimento, otimista e de mesmo time. Mas o mais relevante aqui é que *criou* uma maneira de seguir em frente quando aparentemente não havia como. Quantas outras empresas receberam a mesma ligação e aceitaram o pagamento de 10%? Provavelmente a maioria, se não todas elas. Mas, como Jon era criativo, não só conseguiu o dinheiro que lhe deviam, como também um parceiro a longo prazo.

Pensar com criatividade assim gerará impacto, não importa qual seja a indústria ou as circunstâncias. Uma editora literária que leu nosso manuscrito nos contou sobre quando conseguiu que uma antiga editora acadêmica para a qual trabalhava há anos, que estava presa nos mesmos métodos, concordasse em assinar novos termos com os autores. Quando falamos antiga, queremos dizer centenas de anos; a empresa oferecia os mesmos termos há décadas. Ela era uma editora jovem, sem reputação, e achava muito difícil assinar com acadêmicos de renome. Em parte porque a empresa cobrava muito mais pelos livros do que a concorrência.

Então teve uma ideia. Os livros sempre eram publicados primeiro em capa dura, com uma brochura em seguida, cerca de dois anos depois. Quase todas as capas duras eram compradas por bibliotecas, porque eram tão caras que as pessoas esperavam a brochura mais barata. Os autores odiavam isso; queriam que o máximo de pessoas lessem seus livros o mais rápido possível. A estratégia que queria vender fazia sentido: se a empresa publicasse as brochuras ao mesmo tempo que as capas duras, faria muito mais dinheiro mais rápido, porque a maioria das bibliotecas ainda compraria as capas que durariam mais tempo. A empresa poderia vender simultaneamente para ambos os mercados. Ela vendeu a ideia, usou projeções de rendas e um pedido sincero para a empresa quebrar as próprias regras para beneficiar os autores. E ficou chocada quando a gerência concordou, mas menos surpresa quando autores de prestígio começaram a rodeá-la. Um modelo novo de geração de renda, que mudou a trajetória de crescimento da empresa por décadas, tinha nascido de um pensamento criativo a respeito de uma "regra".

Pode ser que existam possibilidades incríveis de reescrever regras e encontrar novos caminhos fora de suas amarras, que talvez só fiquem claras ao dedicar certo tempo para experimentar de maneira criativa. Quando dizemos "experimentar", não nos referimos ao que você fez na faculdade, mas se permitir ser criativo sem expectativas, usar sua criatividade e ver o que acontece. Pode ser que se surpreenda.

Há também a criatividade de trabalhar *dentro* das suas amarras. Uma das descobertas empoderadoras de Teresa Amabile se trata de como operar dentro dos limites impostos pode na verdade *ativar* a criatividade. Ela destaca que, às vezes, uma falta de amarras pode esmagar nossa criatividade, porque ficamos paralisados pela análise. Por exemplo, ao receber um pedaço de papel em branco e serem pedidos para que desenhem algo, muitas pessoas sentem uma dificuldade extrema de criar. Mas, ao receberem um papel com uma linha irregular desenhada e serem pedidos para que desenhem algo que a incorpore, muitos desenham prontamente.

Até mesmo impedimentos aparentemente ameaçadores podem ser um combustível para nossa criatividade. O consultor de negócios Michael E. May escreve sobre um estudo no qual as pessoas jogaram um jogo de computador que requeria que encontrassem o final de um labirinto. Algumas jogaram uma versão com um obstáculo enorme no meio de uma das melhores rotas, enquanto outras, uma versão sem esse desafio extra. Quem precisou lidar com o obstáculo pontuou 40% mais em um teste de criatividade. Ele explica que "obstáculos difíceis incentivam as pessoas a abrirem a mente, olhar para 'o todo', e fazer conexões entre coisas que não estão obviamente conectadas... uma marca da criatividade".

Quem nunca sentiu, pelo menos alguma vez, que a empresa o colocou em um labirinto, cheio de obstáculos que impedem o trabalho de ser bem-feito, seja uma papelada bagunçada ou burocracia, desvantagens se comparado com a concorrência, ou a amplamente conhecida falta de recursos básicos e orçamento. Infelizmente, com muita frequência, não temos muita habilidade para lidar com essas interferências. Mas costumamos encontrar maneiras criativas de trabalhar mesmo assim. Pense na popularidade dos TED Talks. Os palestrantes têm um tempo limite e recebem um guia bem elaborado de como escrever e oferecer sua palestra, e mesmo assim, produziram uma quantidade impressionante de resultados que mudaram nossos pensamentos. Pessoas bem-sucedidas adotam um Mindset às Avessas que aceita os limites que os desafiam.

Traga Seu Hobby para o Trabalho

Quase todo mundo faz algo criativo fora do trabalho, seja escrever, fazer carpintaria, *scrapbooks* ou tricô, pintar, tocar música ou ser influencer (nós sabemos). Quaisquer que sejam suas atividades, procure maneiras de trazê-las ao processo de vendas.

Escutamos uma história ótima sobre uma vendedora que fazia isso do Gabriel Moncayo, CEO do AlwaysHired Sales Bootcamp, uma empresa que treina representantes em desenvolvimento de vendas e os ajuda a conseguir empregos em grandes empresas, como Salesforce. com e Yelp. As pessoas com quem trabalham precisam ligar para prospectos, o que pode ser uma das tarefas mais desafiadoras para quem trabalha com vendas. Ele nos contou sobre uma vendedora, Kate, que decidiu diminuir a carga de trabalho ao agregar seu amor pela composição.

Fora do trabalho, ela era compositora e guitarrista amadora. Um dia, em um impulso, escreveu uma música sobre por que os clientes deveriam marcar uma reunião com ela, a gravou e começou a enviá-la por e-mails para os prospectos. De imediato, marcou mais reuniões. Muitas. Quando, depois, publicou a música no LinkedIn, viralizou. O sucesso desse simples ato criativo que fez para incorporar seu hobby (e personalidade) no processo de vendas a levou a uma nova carreira, na qual ajudava outros vendedores a gerarem leads com criatividade.

Um velho ditado diz o seguinte: "Encontre três hobbies que ama: um para ganhar dinheiro, um para mantê-lo em forma e um para ser criativo." Por que não encontrar maneiras de combiná-los? Muitas das pessoas que vendem com um Mindset às Avessas encontraram um jeito de borrar os limites entre os hobbies que geram dinheiro e os que praticam puramente por prazer. Alguns transformaram a paixão pela escrita em um hobby, aplicaram essas habilidades e lançaram blogs de sucesso. Outros aplicaram a paixão por conhecer novas pessoas que desenvolveram com as vendas e a usaram para a criação de podcasts. Nós mesmos já vimos os benefícios. Assim que começamos a palestrar sobre o Mindset às Avessas diante de audiências, éramos somente um canal de criação. Não tínhamos ideia de que montaríamos uma aula, uma palestra e uma empresa de consultoria, e então, este livro.

Encontre Colaboradores Criativos

Várias e várias pesquisas sobre a criatividade demonstraram o quanto pode ser poderoso combinar as perspectivas e os talentos de múltiplas pessoas. A colaboração diminui a pressão, nos liberta se estamos sem ideia alguma, nos ajuda a pensarmos nas coisas através de uma nova visão, e, francamente, é muito mais divertido. Nenhum de nós teria escrito um livro como este sozinho. Se Colin tivesse tentado, você estaria lendo uma diatribe emotiva que referenciaria Jay-Z como a única fonte de pesquisa em todo o livro, e, se fosse Garrett, cairia no sono, pois seria repleto de jargões neurológicos que referenciam todas as revistas científicas conhecidas pela humanidade. Ao trabalharmos juntos, pudemos apresentar nossas diferentes perspectivas e evitar os excessos um do outro, pedir ideias constantemente para o outro e tirar sarro quando não eram boas. Também houve muitos momentos em que nos ajudamos a ver onde uma ideia de que não tínhamos certeza apresentava o potencial de se transformar em algo significativo. Curtimos todos os momentos de escrita colaborativa, desde procurar inspirações, conduzir entrevistas e criar juntos.

Nos times que lideramos, construímos essa criatividade colaborativa no processo de vendas na forma de "enxurradas de acordos", parecido com o conceito popularizado por Tim Sanders em seu livro de 2016, *Dealstorming* [sem publicação no Brasil]. Essas são algumas das reuniões mais populares para as empresas com as quais trabalhamos. Todo mês, membros de um time de vendas trazem seus principais acordos prospectivos para uma reunião para identificarmos desafios e oportunidades que talvez não enxergaram ao trabalharem sozinhos, na qual procuramos por pontos cegos. O que torna essas reuniões especiais é que o time de vendas não é o único público. Convidamos quem não é vendedor para escutar e ponderar a respeito dos acordos. Pessoas do time de engenharia, de produtos, de contabilidade, do RH, de marketing, e outros, todos se sentam juntos e oferecem insights a partir de suas perspectivas. Além do mais, tentamos incluir pessoas de todos os níveis na organização, de executivos a estagiários. Quanto mais diversidade, melhor. Damos o pontapé inicial com o vendedor, que fala sobre seus acordos, descreve o que vai bem, mas, o que é mais importante, explicando os desafios que enfrenta. Então, o grupo tenta oferecer, coletivamente, ideias para seguir adiante e achar questões no acordo nas quais o vendedor talvez não tenha pensado.

Vimos muitos vendedores frustrados que trouxeram um acordo para a "enxurrada" e um indivíduo da engenharia, ultralógico, ou um diretor de marketing criativo, remover um obstáculo ao trazer uma nova ideia à mesa. Um vendedor trouxe uma enorme oportunidade na qual trabalhava há mais de um ano para a reunião. O comprador prospectivo tinha concordado com o preço para uma infraestrutura de

TI, mas recusou de última hora, ao alegar que, ao pesquisar, insistiu que conseguiria pela metade do preço combinado. Disse que abriria uma licitação. O vendedor já tinha dado muitos descontos e não havia mais como diminuir o preço. O novo valor do comprador parecia fora de cogitação.

Na enxurrada de acordos, os colegas do time de vendas diziam para convencer o cliente a honrar o acordo com base nos compromissos que já haviam fechado. Então, do fundo da sala, um engenheiro estrutural levantou a mão e disse: "Os preços de mão de obra estão mais altos agora do que quando ofereceu o acordo, e provavelmente subirão ainda mais." O vendedor ficou perplexo. "Como isso me ajudaria?" Alguém do time de finanças interveio: "Porque você ofereceu um ótimo acordo, quer ele perceba ou não. Sabemos os preços da nossa concorrência, e sabemos que serão ainda mais altos com os cortes de pessoal na indústria." O engenheiro voltou a falar: "Diga a verdade para o prospecto; fale que, com o custo da matéria-prima e o aumento da mão de obra, é improvável que alguma empresa da concorrência conseguirá bater nosso valor, e que, se estender muito o processo, há uma chance muito real de termos que reavaliarmos nosso preço também." Depois da reunião, o vendedor ligou para o prospecto e apresentou a informação. Quando o comprador analisou a oferta a partir dos novos fatos, logo aceitou o acordo.

As vendas ficam bem melhores ao serem feitas em equipe.

Permita que Sua Mente Divague

Uma das descobertas mais importantes da neurociência nos últimos anos foi que deixar nossa mente divagar pode ser uma ótima fonte de inspiração criativa. Quando pensamos em sonhar acordados, ou "divagação da mente", como é chamada, há certa conotação negativa — de modo implícito, somos irresponsáveis ao deixar nossa mente fugir da tarefa. Acontece que há um método para a loucura da divagação mental. Ela é tão boa para nós que, se deixada por si só, descobriu-se que é ativada em 47% das horas que estamos acordados. É o padrão de preferência do nosso cérebro, e é por isso que a rede neural responsável por ela foi chamada de rede de modo padrão. A atividade constante dessa rede é responsável pelo fenômeno de insights repentinos quando nos envolvemos em atividades que não requerem muita concentração, como tomar banho, dirigir e caminhar. Scott Barry Kaufman chama o modo padrão de "Rede de Imaginação", e recomenda encontrar um tempo regular e permitir a divagação mental, como um intervalo de cinco minutos a cada hora de trabalho. Ruth Richards também recomenda a prática, e sugere que "exercitemos um controle deliberado e 'solto' para deixá-la [nossa mente] 'divagar' por um tempo".

Primeiro, desafie sua mente a pensar em um problema que enfrenta e então, pare de focar nisso e permita que seus pensamentos sigam o próprio curso. Há um bônus se der uma volta de carro, calçar seu tênis para uma corrida ou encher uma banheira para se refrescar. Uma escritora que entrevistamos disse que encara a parede durante meia hora todas as manhãs, para que sua mente divague enquanto toma café da manhã, e jura que é o segredo para todas as melhores ideias criativas para começar os capítulos e tecer histórias inesperadas com fatos incríveis que avivavam seu livro.

Vista Seis Chapéus

Uma última maneira de fomentar o mindset criativo é usar a técnica dos "seis chapéus", como apresentada pelo Dr. Edwin de Bono em seu livro *Os Seis Chapéus do Pensamento*. O exercício requer que considere um problema a partir de seis perspectivas diferentes. A premissa é simples: para toda situação que requer uma solução (por exemplo, como me conectar com mais clientes?), vista seis chapéus diferentes (metaforicamente, a menos que tenha uma tonelada de chapéus coloridos em seu armário, e, nesse caso, você, os filhos de 5 anos de Garrett e de Colin têm algo em comum!) para olhar a partir de perspectivas que normalmente não olharia. Ao fazer isso, muitas pessoas conseguem chegar a muito mais ideias do que ao olhar para a situação por meio de um ou dois pontos de vista. Empresas gigantes, como Prudential Insurance, IBM, FedEx e DuPont, usaram esta técnica para fomentarem a criatividade e gerarem ideias que as levaram a grandes retornos de investimento.

Os "chapéus" são:

Chapéu Azul: pense amplamente. Qual é a melhor solução geral?
Chapéu Branco: pense objetivamente. Quais são os fatos?
Chapéu Vermelho: pense emocionalmente. O que seus sentimentos dizem?
Chapéu Preto: pense negativamente. Quais elementos da solução não darão certo?
Chapéu Amarelo: pense positivamente. Quais elementos da solução darão certo?
Chapéu Verde: pense criativamente. Há ideias alternativas?

Pensar no seu próprio processo de vendas ou desafios a partir de todos esses ângulos diferentes desbloqueará uma criatividade que normalmente não teria caso limitasse si mesmo ao seu padrão de pensamento típico, e dará vida a ótimas ideias.

✦ ✦ ✦

Costuma-se dizer que vendas são em parte ciência, em parte arte. Permitir-nos exercitar a nossa criatividade quando vendemos garante que não negligenciemos a metade final da equação. Ser criativo é ótimo para os resultados e torna as vendas *muito* mais divertidas, principalmente para quem tem uma aversão natural a ela.

Expressar nossa criatividade também nos ajuda a completarmos nosso trabalho com mais significado, e permite que ofereçamos mais de nós mesmos ao nos apresentarmos como pessoas mais profundas e inteiras. Ruth Richards aponta que ser criativo nos leva a sentirmos mais significado em nossa vida: "Nossa criatividade nos ajuda [...] a descobrir *pelo que* sobrevivemos." O que nos leva à última característica da abordagem às vendas com um Mindset às Avessas: ser motivado por um senso de propósito.

CAPÍTULO NOVE
Estabeleça Metas Propositais

Uma das perguntas que mais gostamos de fazer quando conversamos com um grupo de vendedores é: "Quantos de vocês têm objetivos?" Praticamente todas as mãos se levantam. Então dizemos: "Continuem com a mão erguida se esses objetivos estão escritos e os revisam com frequência." Mais de metade delas são abaixadas (em um público honesto). Então, continuamos: "Agora a mantenham apenas se o seu *propósito* está definido e escrito." Nesse momento, apenas uma pequena quantidade de mãos continua erguida. Por último, oferecemos um colete salva-vidas. "Certo, pode erguer a mão novamente se o seu propósito está definido, mesmo que não esteja escrito." As pessoas se mexem desconfortáveis ao perceberem como pouquíssimas delas definiram seu propósito, o motivo de fazerem o que fazem. Das mãos que *continuam* erguidas, as pessoas no público que definiram seu propósito, são quase sempre as que têm o melhor desempenho. Não é uma coincidência.

Um dos melhores exemplos para ilustrar esse argumento é a Oprah Winfrey. Se que é Às Avessas tivessem um Mount Rushmore, Oprah quase certamente seria um dos rostos gigantes do lado da montanha. Ainda que não trabalhe como vendedora, ela conseguiu vender mais produtos, aumentou o crescimento de mais empresas e ajudou a criar mais milionários do que quase qualquer outra pessoa no planeta.

Medir toda a extensão do impacto econômico seria impossível, mas sem dúvida está nas dezenas de bilhões de dólares.

Seu toque de Midas é tão conhecido que até tem um nome: o Efeito Oprah, maneira como os investidores começaram a chamar o inevitável aumento nas vendas que um endosso de Oprah causaria, seja ao "vender" o talento das pessoas cujo trabalho apresentou (como Rachel Ray, Dr. Phil e Nate Berus), seja transformar produtos desconhecidos em "sucessos repentinos" ao apresentá-los como algo favorito, ou levar os livros escolhidos para o seu clube do livro a serem best-sellers, em que 22 deles alcançaram a marca de primeira posição nas vendas, geralmente horas depois de serem anunciados. Quando, em 2015, disseram que ela assumiria 10% das ações na empresa de perda de peso Vigilantes do Peso (agora chamada WW International), as ações subiram 105% em um único dia.

Poderíamos dizer que a Oprah é uma das melhores vendedoras que já existiu, e, ainda assim, quase ninguém diria que ela "vende". A questão é: como conseguiu vender tanto, com tamanho impacto, sem ser rotulada de vendedora pegajosa e egoísta? É vista como autêntica e reverenciada pelo fervor com que faz as vendas, e não é rotulada como manipuladora nem é marcada por estereótipos. Ao nos debruçarmos nas entrevistas e outras histórias sobre a vida dela, percebemos que, como outras pessoas com um Mindset às Avessas, um grande motivo para essa conquista é porque suas vendas são feitas a serviço de um propósito específico, definido e significativo que a guia, inspira sua comunicação e impulsiona suas motivações.

A Oprah já disse que percebeu quando era bem nova seu propósito, o que acreditava que precisava fazer na vida, que era "ser professora [...] inspirar meus alunos a serem mais do que acreditavam que podiam ser." Ao olharmos tudo o que ela fez — criar um programa de televisão, pessoalmente fazer a curadoria de produtos que acredita que levarão alegria às pessoas e melhorarão suas vidas, ampliar as mensagens de crescimento, positividade e desenvolvimento pessoal — é notável que se manteve fiel a essa missão. Ela constantemente instruiu seu público e o inspirou a acreditar em si mesmo e perseguir o *próprio* objetivo, e mostrou por exemplo como constantemente forçava a si mesma a dominar novos desafios: tornar-se atriz — nominada ao Oscar de Melhor Atriz Coadjuvante em seu primeiro papel, em *A Cor Púrpura* — produzir filmes, lançar uma revista e um canal de TV e abrir uma escola para meninas na África do Sul. Os objetivos dela parecem perfeitamente alinhados ao propósito dela, o que reforça sua autenticidade, cria uma credibilidade poderosa e constrói uma confiança duradoura entre seus fãs. Promove a criação de objetivos ambiciosos, mas apenas aqueles que se mantêm relacionados a um propósito de vida maior, o que julga ser o motivo do próprio sucesso.

Pode parecer que a Oprah tem a habilidade natural de vender para seu público desde que começou o canal na TV, mas não escalou direto para fama. Na verdade, foi demitida de um de seus primeiros empregos de televisão, quando era âncora de um jornal em Baltimore. Foi só aos 30, conforme relatou em um discurso de formatura do Smith College, que teve uma epifania quando entrevistava os skinheads supremacistas brancos para o seu programa em Chicago. Ela pensava que trazê-los para o programa exporia como suas crenças eram pavorosas, mas, quando percebeu que davam sorrisinhos uns para os outros enquanto os questionava, entendeu que usou o programa como um veículo para promover uma ideologia abominável. Naquele dia, determinou que "não seria mais usada pela televisão; descobriria como a televisão poderia ser usada por mim, para se transformar em uma plataforma de serviço", e relembrou: "Disse aos meus produtores, só farei programas que estejam alinhados com a minha verdade... *Não fingirei nada.*"

Como agora sabemos, todos os elementos do Mindset às Avessas circundam o poder da autenticidade. É ótimo voltar a esse assunto aqui, no final, porque saber o propósito que nos move quando vendemos, ter clareza sobre o impacto que tentamos causar, é uma força motriz para sermos nosso verdadeiro eu, em todos os aspectos da vida.

Uma das coisas mais difíceis a respeito das vendas é que muitos de nossos objetivos são demarcados por outras pessoas, geralmente na forma de cotas ou metas de renda. Para muitos vendedores, esses objetivos financeiros são o ultimato que os resumem, o verdadeiro propósito, sem se importar com o serviço que alguns fazem para construir relacionamentos ou estar a serviço de outras pessoas.

Os objetivos financeiros são uma presença ameaçadora para quem não é vendedor também. No marketing, todas as campanhas estão relacionadas à renda. Fundadores de startups que vendem suas ideias o fazem para obter financiamento, seja de investidores, seja de clientes, mesmo quando vendem a própria história durante as reuniões do conselho. Engenheiros devem justificar o impacto nos negócios dos produtos que criam. Ao nos vendermos em entrevistas, também mostramos que somos qualificados para fazer um ótimo trabalho para uma empresa, que merecemos certo salário ou cachê. As vendas no trabalho de caridade trata-se de caçar doações. Até certo ponto, quase sempre se trata de dinheiro.

Para ficar bem claro, não há nada inerentemente errado com a busca por objetivos financeiros, *de forma alguma*. Sem as vendas, contas não são pagas e as pessoas não ficam empregadas. Os melhores vendedores em muitas organizações estão entre os funcionários mais bem pagos, e é assim que deve ser. A Oprah ganhou bilhões com as vendas. Muitos de quem entrevistamos também ganharam quantias que mudaram suas vidas. O problema é quando os objetivos financeiros são tão grandes que sobrecarregam nosso verdadeiro propósito para as vendas ao nos deixar atados e ansiosos, e faz com que nos comportemos como o vendedor que não queremos ser.

Mais e mais, ótimos vendedores nos disseram que objetivos financeiros, apesar de importantes, não são o que os movem. Em vez disso, enxergam as vendas como um incentivo para conquistar objetivos em que veem propósito e que são vitais para os clientes a que servem. Não costumam ficar fixados pelos objetivos de desempenho impostos, que são quase sempre relacionados a números — metas de renda, métricas de uso, horas a serem pagas, inscrições de novas contas, dólares investidos, e assim por diante. Focam o valor qualitativo de atingir objetivos para si mesmos e para outras pessoas, e focam objetivos inspirados e motivados por seu propósito exclusivo, o motivo de fazerem o que fazem.

Os chamamos *objetivos baseados em propósitos*, e trocar nossos objetivos tradicionais (financeiros ou coisa assim) por eles terá um impacto gigante no seu sucesso. Mudará a maneira com que interage com seus clientes, o inspirará a fazer coisas que outras pessoas não farão, e dará mais significado às suas vendas.

Quando Estabelecer Objetivos Dá Errado

Um dos problemas dos objetivos tradicionais de vendas é que são apresentados como "incentivos" para o desempenho, uma implicação não tão sutil de que não podemos nos motivar sozinhos sem eles. Apesar de os incentivos ligados à profusão de métricas a que somos atrelados certamente serem motivadores, e uma boa forma de garantir que quem tem os melhores desempenhos sejam reconhecidos e idealmente compensados apropriadamente por suas contribuições, são um tiro pela culatra para muitos vendedores, pois motiva-os pelo medo, não pela paixão. Isso porque os objetivos não costumam ser realistas, estabelecidos por uma hierarquia, sem nenhuma interferência das pessoas que precisam atingi-los. Às vezes, quem os instaura não tem conhecimento de quanto tempo levaria para fazer o trabalho para atingi-los, da natureza do trabalho requisitado, nem dos obstáculos que precisam ser superados. Com muita frequência, objetivos de vendas são calculados a partir de metas de empresas maiores, estabelecidos para satisfazer demandas de desempenho de investidores e analistas de mercado, e não de uma avaliação de baixo para cima de resultados realistas. Os autores de um artigo da *Harvard Business Review* sobre o que pode dar errado nos objetivos de vendas escreveram: "Vemos com frequência objetivos de vendas empresariais serem baseados em desejo em vez de realidades de mercado." Ironicamente, um efeito dessas metas irreais são resultados menores, como destacam os autores. Citam o caso de uma empresa de hardware de computador que deu à equipe de vendas um objetivo irreal para vender uma nova linha de servidores. O time de vendas, ao perceber que não conseguiria atingir a meta, nem se preocupou em tentar. Em vez disso, voltou sua atenção aos outros produtos, cuja meta sabia que *conseguiria* atingir.

Escolher ignorar o objetivo irreal é uma forma do chamado *viés de conclusão*, a tendência de focar na conclusão de tarefas relativamente fáceis em vez de dedicar o tempo que deveríamos para as mais difíceis e mais importantes, quando nos sentimos sobrecarregados. Isso aparece quando olhamos por muito tempo para a caixa de e-mails; escrevemos respostas rápidas para mensagens que não são urgentes; enviamos e-mails em lote em vez de personalizados; ou resolvemos questões pequenas em vez de fazer um trabalho que possui consequências reais. Quando se trata de atingir objetivos quantitativos, o viés de conclusão nos leva a focar mais em vitórias fáceis e negligenciar oportunidades de maior impacto.

Pesquisadores que estudaram esse problema exemplificam médicos que escolhem tratar pacientes com condições menos sérias, pois podem ser tratados mais fácil e rapidamente, o que faz com que pacientes com problemas mais complexos esperem mais. É uma ótima exemplificação de como as métricas de desempenho podem ser falsas. No papel, os médicos aumentaram a produtividade, trataram mais pacientes com sucesso, mas, na realidade, colocaram em risco quem possui condições mais sérias.

Os vendedores não nascem inescrupulosos. Quando a pressão para bater as metas é intensa, como costuma ser, o medo de perder as vendas toma conta e as pessoas recorrem a táticas insistentes e antiéticas. Como mostramos, essa reversão ao estereótipo pode engoli-las com vergonha e medo de serem descobertas, e causa danos tanto aos compradores quanto às empresas. Em um exemplo digno de nota, milhares (sim, milhares!) de empregados da Wells Fargo criaram milhões de cartões de crédito e débito falsos e cobraram taxas fictícias dos clientes em uma tentativa de "atingir objetivos de vendas irreais". Essa prática fez com que a Wells Fargo tivesse que pagar uma multa de US$3 bilhões. Todos esses empregados eram pessoas ruins, fraudadoras desonestas por natureza? Muito improvável. Uma investigação do Departamento de Justiça dos EUA concluiu que tinham sucumbido a uma pressão que vinha da gerência para abrirem novas contas, e muitos se convenceram de que fizeram algo que beneficiaria os clientes. Esse caso foi tão extremo que foi exposto, mas inúmeras pessoas sofrem com uma ansiedade intensa e debilitante para atingir as metas, internalizam a vergonha por não cumprir as metas de vendas e se culpam por não conseguir.

Quando se trata de vendas tradicionais, devido ao sistema de compensação de comissões, os objetivos costumam pesar na mente. Conhecemos alguns vendedores que amam a pressão e não trabalhariam de outro jeito, mas já vimos pessoas entrarem em crise quando há muita intensidade. Conquistar objetivos de comissão pode, na verdade, ser o aspecto mais psicologicamente desafiador das vendas.

Mesmo que as metas de desempenho sejam realistas, podem ter impactos negativos. Em um artigo intitulado "Objetivos que Saíram dos Trilhos", os autores alertaram que "o dano sistemático causado pelo estabelecimento de objetivos foi amplamente ignorado". Estudos demonstram que, para muitos, a mensagem que deveriam ser motivados por recompensas monetárias mina sua motivação. Seiva sua motivação intrínseca a respeito do trabalho, que, lembre-se, é mais poderosa e satisfatória do que a motivação externa, como os bônus. Uma amiga de Garrett ficou tão ofendida pelos objetivos de desempenho elaborados e bônus que recebeu no novo trabalho, que exclamou, em um jantar: "Acham que sou um rato de laboratório! Não preciso de um pedaço de queijo para me incentivar. Quero fazer o meu trabalho porque quero ser boa nele!"

Cuidado com a Esteira Hedônica

Como a psicologia positiva já demonstrou, o impulso para a satisfação de vida que acontece com ganhos materiais, acima de um nível de segurança de renda, foi muito exagerado. Colin aprendeu isso logo aos vinte anos, quando um objetivo principal dele, sua referência de sucesso, era conseguir comprar tênis Nike Air Force 1 sempre que um novo saísse. Naquela época, a epítome do sucesso na cultura hip-hop era ter dinheiro o suficiente para nunca ter que usar o mesmo par de Air Force 1 mais de uma vez. Assim que tivesse um grãozinho de sujeira nele, o tênis não estava mais "fresco" e deveria ser jogado fora. Então, o que fez quando começou a ter sucesso em vendas? Comprou dezenas de pares de Air Force 1 (e é por isso que Garrett é o responsável pelas finanças da empresa!).

O problema é que, quando Colin atingiu seu objetivo com os tênis, mal conseguiu curtir o feito antes de perceber que seus tênis novos seriam muito mais novos se tivesse um carro. Seu novo objetivo era comprar um Cadillac Escalade. (Agora é o primeiro a admitir que era um clichê ambulante!) Mas, no instante em que conquistou esse objetivo e levou o carro para casa, percebeu que o carro não é tão legal a menos que esteja estacionado em uma casa maneira. Ele estava atrás de recompensas materiais, o que, por não serem satisfatórias em si mesmas, o levou a focar cada vez mais em conseguir mais delas, até atingir seu objetivo de comprar a própria casa. A parte mais triste dessa compra é que, por ter sido criado em um apartamento, tudo o que queria era uma casa, então pensava que era tudo que precisava para ter satisfação para uma vida inteira. Mas nem uma semana depois que o contrato foi assinado, já estava estressado com a quantia que havia gastado, e como precisava economizar para a aposentadoria. Passou a vida atrás de algo, finalmente conseguiu, comemorou por menos de uma semana, e então, começou a pensar em um objetivo 30 anos à frente, isso se um dia ele se aposentar!

Há um paradoxo inerente nos objetivos de desempenho: você gasta muito tempo e energia para ir atrás deles, mas, como Colin, quando chega lá, pergunta a si mesmo: "É isso?" No documentário de 2020, *Miss Americana*, Taylor Swift mostrou que até mesmo estrelas do pop não estão imunes a esse sentimento. "Era isso", disse, sobre ganhar o Grammy para Álbum do Ano pela segunda vez. "Minha vida nunca tinha estado melhor. Era tudo o que eu queria. Estava completamente focada naquilo. Você chega ao topo da montanha, dá uma olhada e fica 'Meu Deus, e agora?'" Ela transmitiu um senso de vazio por não saber o que faria a seguir.

Na psicologia positiva, pesquisadores explicam que muito foco na busca por recompensas materiais nos aprisiona na *esteira hedônica*, que é uma "metáfora para a tendência humana de perseguir um prazer atrás do outro." A ideia é que, ainda que pensemos que ganhos materiais nos trarão uma felicidade duradoura, o impulso que ganhamos de qualquer prazer, seja grande ou pequeno, reverte-se em nosso nível padrão de felicidade. (Aliás, mesmo vale para experiências negativas.)

É por causa dessa tendência de reverter para a média que o hedonismo, a busca pelo prazer, é tão insatisfatório a longo prazo. Ao correr atrás do prazer continuamente (por exemplo, a descarga de dopamina que acontece ao atingir objetivos), pensa que trará felicidade, mas apenas correu sem sair do lugar, em vez de conquistar um bem-estar significativo.

Psicólogos demonstram que um jeito de sair dessa porta giratória é parar de focar no prazer efêmero de objetivos extrínsecos e materialistas e trabalhar para atingir objetivos intrinsecamente motivadores, com significados duradouros. Fazer isso é a melhor maneira de elevar o nível de felicidade de modo permanente. Se não acharmos satisfação no trabalho *em si*, a compensação material que receberemos por ele perde o poder de aumentar nosso bem-estar.

É importante dizer mais uma vez que não queremos sugerir que ser bem compensado por trabalhar bastante é um problema; na verdade, endossamos 100% disso. E não queremos dizer que todas as estruturas de comissão e bônus baseados em incentivos são inerentemente um fracasso — estabelecer objetivos realistas para a empresa e recompensar bem as pessoas por conquistá-los é o certo. A chave, como descobriu quem tem um Mindset às Avessas, é que não deveríamos correr atrás *somente* de metas quantitativas; a medida de nossas contribuições deve ser vinculada a algo maior.

Sentimos um bem-estar muito mais positivo quando estamos profundamente envolvidos em nosso trabalho e satisfeitos de uma forma muito mais profunda. Com frequência, a pressão de atingir resultados quantitativos nos distrai dos aspectos mais enriquecedores do nosso trabalho. Muitos deles são difíceis de medir, e, mesmo que pudessem ser medidos, as empresas ainda não formularam maneiras de o fazer. Quando nos lembramos constantemente que precisamos atingir nossos alvos de vendas ou não conseguiremos pagar o aluguel, sentimos que não temos tempo de curtir as conversas com os clientes e os prospectos, não temos tempo para desenvolver relacionamentos que podem não resultar em "benefícios" imediatos e quantificados em métricas de objetivos, não temos espaço para expressar nossa criatividade e não sentimos que temos permissão de focar em nosso propósito.

Por todos esses motivos, escrevem os autores de *Objetivos que Saíram dos Trilhos*, "o estabelecimento de objetivos deveria ser prescrito com seletividade, apresentado com um rótulo de alerta e monitorado de perto". Mas não são todos os tipos que precisam ser rotulados. Se estabelecermos *objetivos baseados em propósitos*, eles nos motivarão *e* oferecerão a satisfação que buscamos.

O Notável Poder do Propósito nas Vendas

Em nossas entrevistas, costumávamos escutar vendedores de elite nos dizerem que ficavam motivados por um propósito específico que os inspirava diariamente a buscar cada um de seus objetivos incrementais vinculados àquele propósito. Enfatizaram que essa era a principal razão de amarem as vendas — é um meio poderoso de conquistar o que realmente os importa. O que os separa de todos os outros nesse sentido, no entanto, é o fato de facilmente *articularem* seu propósito. Quando entrevistamos Robert Chatwani, diretor de marketing da Atlassian, uma gigante global da tecnologia com mais de 150 mil clientes, não perguntamos especificamente sobre o propósito dele, mas, dentro de 3 minutos de conversa, articulou o próprio propósito e a importância para o seu sucesso profissional. "Quando estou mais satisfeito e feliz, o trabalho que faço se alinha com o meu propósito. Há mais de duas décadas, tem sido trabalhar com equipes de alto rendimento para construir empresas significativas que criam esperança e oportunidade no mundo", disse. Todo objetivo que traça e toda tarefa que assume em sua carreira seguem seu propósito. "Eu poderia trabalhar em qualquer ramo, em qualquer tipo de empresa, em qualquer cargo — desde que se alinhasse a esse propósito, e me sentiria próspero."

Chatwani não foi a única pessoa bem-sucedida com quem conversamos que deixava o propósito direcionar a carreira. A lenda do marketing de influência, Jon Wexler, contou: "Sempre senti que uma clareza de propósito é essencial — define todos os seus movimentos e forma o contexto de cada decisão que toma." Essa clareza aparece de muitas maneiras nas entrevistas que conduzimos com as pessoas com um propósito definido. Amy Volas, a vendedora que se tornou empresária que conhecemos no Capítulo 5, disse que as pessoas com quem trabalha são sua motivação. Ela nos contou que seu propósito é "deixar o ecossistema de vendas melhor do que quando entrei por meio do que digo e passar adiante mais de 20 anos de lições aprendidas". O comediante J. B. Smoove disse: "Meu propósito é fazer as pessoas felizes, darem risada e proporcionar ótimas memórias." E o executivo de entretenimento Alex Avant disse que o seu é "criar uma atmosfera que permitirá que meu espírito se alinhe com os outros, para que a confiança seja o sentimento dominante. Seja ao falar com uma ou milhões de pessoas, meu propósito é promover uma conexão verdadeira".

E isso não serve só para as pessoas com quem conversamos. Um grande estudo sobre os vendedores com os melhores desempenhos feito por Lisa Earle McLeod, autora de *Selling with Noble Purpose* [sem publicação no Brasil], descobriu que esse tipo de foco e clareza sobre um propósito específico era uma característica marcante de 10% dos vendedores mais bem-sucedidos.

Ser conduzido pelo propósito em vez de simplesmente fechar acordos e atingir metas nos dá a oportunidade de ver as vendas como uma oportunidade de trazer o bem para o mundo ao elevar as vidas das pessoas a quem vendemos. Uma gerente de banco com quem conversamos disse que escolheu trabalhar para um banco relativamente pequeno, de uma comunidade, que focava empréstimos a pequenas empresas porque gosta de ajudar empresários locais e os bairros nos quais estão alocados. Podemos pensar nos bancos como a empresa que mais pensa em fazer dinheiro, mas ela vê o banco dela como um conduíte vital para dar apoio a donos de empresas que trazem valor às comunidades. Isso faz com que todo empréstimo que assina seja profundamente significativo, não só outra contribuição para seus números. A agente do nosso livro disse que seu propósito é ajudar a desenvolver e vender as propostas de livros de autores, criar uma plataforma e ajudar a trazer novas ideias e informações valiosas para o mundo. E amamos tanto dar aulas porque toda semana conseguimos ver o impacto que temos nos alunos, por meio das tarefas, das perguntas, das epifanias e das ofertas de emprego. Toda semana, levam nossa missão adiante.

Estabeleça Objetivos Baseados em Propósitos

Todos devemos estabelecer objetivos que nos motivem, mas devem ser vinculados ao alcance de nosso propósito. Assim como temos sistemas (como revisar nossos objetivos diariamente) para nos ajudar a conquistá-los, eles nos ajudam a alcançarmos nosso propósito. Até sugerimos escrevê-los, como fazem os especialistas em estabelecimento de objetivos. Para nós, isso funcionou de incontáveis maneiras. Há alguns anos, depois que decidimos nos unir em nossa missão de mudar a maneira como o mundo pensa sobre os vendedores, escrevemos uma lista de objetivos bastante específicos, que incluíam conseguir uma saída para a Bitium que nos possibilitasse fazer o que éramos mais apaixonados, como ensinar outras pessoas a encontrarem significado em um tipo de trabalho que sabemos ser muito recompensador, falar diante de audiências para compartilhar nossa missão com o máximo de pessoas possível, e escrever um livro para uma grande editora para que a mudança causasse impacto. É importante observar que todos estão envolvidos na venda de algo significativo para nós — a vantagem de uma empresa na qual acreditávamos, nossas ideias para uma aula, o conceito do livro e, em essência, nós mesmos.

Honestamente, pensávamos que tínhamos estabelecido alguns objetivos muito altos, mas, para nós, a mágica estava no processo de tentar atingi-los, porque estavam vinculados ao propósito. Quanto mais demorávamos para atingirmos um objetivo, mais tempo tínhamos para descobrir novas maneiras de seguir adiante. Tínhamos sentido uma necessidade de colocar um fim nos estereótipos ofensivos das vendas e dar às pessoas uma maneira prática e teórica de como vender com autenticidade poderia ser satisfatório e valioso. E isso valeu todo o esforço, todos os inícios falsos e tropeços. Nosso trabalho foi valioso a cada passo, e quase sempre nos divertimos. Agora, construímos uma carreira na qual tiramos sarro um do outro, espalhamos nossa mensagem e fazemos muito do que fazíamos de graça durante anos! Não esperávamos encontrar esse chamado, e tivemos sorte, porque tínhamos um ao outro para ajudar a reconhecer o quanto queríamos correr atrás disso.

Um dos motivos de articular objetivos baseados em propósitos ser tão poderoso é que é motivador, mesmo em tempos difíceis. Nos ajuda a curtir a jornada inteira em direção aos nossos objetivos, não só o destino. Descobrimos isso ao irmos atrás de nossas próprias metas. Se tivéssemos só objetivos de desempenho, fracassaríamos o tempo todo, até o momento em que não seguiríamos mais. Mas, como tínhamos os articulado baseados em propósitos, foi fácil celebrar o processo porque toda vitória e toda perda foram momentos de comemoração.

Muitas pessoas disseram que veem o propósito em todos os aspectos do trabalho: os acordos e as rejeições; os clientes incríveis e os babacas; do começo do processo de vendas à inevitável relação que criam com o cliente no final. O propósito remove o medo e a escassez da equação, porque os altos *e* os baixos tornam-se parte de um bem maior; se parece que acontecem *de propósito*, é porque acontecem. Áreas de tensão tornam-se momentos de validação porque a tensão é uma oportunidade de exercitar seu propósito; é o motivo de fazer o que faz.

Isso relaciona-se com um dos efeitos colaterais menos apreciados em articular objetivos baseados em propósitos: você se tornará mais produtivo. Será mais resiliente porque estará intrinsecamente mais motivado a continuar seu trabalho para atingir o que se propôs a fazer. Essa é outra descoberta da pesquisa sobre o propósito nos negócios. Como Lisa Earle McLeod também aponta, a professora de negócios Valerie Good conduziu um estudo sobre vendedores com uma alta pontuação na expressão de um senso de propósito no trabalho e descobriu que eram mais resilientes e esforçavam-se mais para atingirem os próprios objetivos. Quando o *objetivo* de um vendedor é fazer 50 ligações por dia, e foram rejeitados 41 vezes, quão motivados e entusiasmados estarão para fazer as 9 últimas ligações se genuinamente acreditarem que uma das pessoas que atender os aproximará de seu propósito? Sabemos por experiência que essas conversas são muito diferentes das que o vendedor simplesmente faz para atingir certo número porque são *obrigados*.

Quando os vendedores estabelecem objetivos baseados em propósitos, também fica mais fácil tomar decisões, porque qualquer escolha que não esteja alinhada ao seu propósito é um *não* automático. Não faz entrevistas para qualquer trabalho. Não aceita financiamento de qualquer pessoa. Não precisa nem considerar se usará uma tática de vendas inescrupulosa ou se fará algo que não se alinha com sua moral e ética. Se não está alinhado com o seu propósito, não aceita.

Certa vez, tivemos uma oportunidade para um projeto lucrativo de consultoria com uma grande empresa de software cujos números estavam estagnados. O diretor de receita queria que "consertássemos" seu time de vendas. Ao discutirmos a situação com ele, percebemos que o problema começou com o CEO, cujo estilo rígido e obsessão com um crescimento irreal colocou imensa pressão no CRO, que então pressionou o time de vendas. Pedimos para nos encontrar com o CEO para obter a perspectiva dele a respeito do problema, e logo ficou claro para nós que tinha orgulho da cultura de vendas baseada em medo que havia criado. Na verdade, queria que a reforçássemos! Fazer isso violaria *nosso* propósito, então foi fácil rejeitar respeitosamente a proposta.

Ter objetivos baseados em propósitos claros também ajuda a combater o problema do viés de conclusão. Um amigo de Garrett é CEO de uma empresa de tecnologia que expressa seu propósito na forma de pergunta: "O que posso fazer neste momento que é o melhor para mim e para os outros?" Ele se faz essa pergunta ao longo dos dias, e dá certo. Em vez de passar o tempo no Instagram, condiciona a si mesmo a assistir a um TED Talk educativo. Em vez de procrastinar ao responder e-mails sem sentido, entra em contato com parceiros e clientes que não se conecta há um tempo.

Um último benefício de articular seu propósito foi destacado por Simon Sinek em *Comece Pelo Porquê*, ao escrever sobre o que chama de "Teste do Aipo". Se vai ao mercado e coloca itens saudáveis, como aipo e leite de arroz, no mesmo carrinho que Oreos e M&Ms, ninguém sabe no que você acredita. Não há nenhum propósito discernível que o guie. Mas ao comprometer-se de verdade a um estilo de vida saudável como parte de seu propósito, no mercado, colocará no seu carrinho apenas itens alinhados com esse propósito. Sequer olhará um monte de itens que não se encaixam com o seu propósito, nem gastará dinheiro com algo que na verdade nem quer, nem precisa. Se as pessoas conseguem identificar o próprio propósito, você consegue comunicá-lo com eficácia, e é mais provável que tenha apoio de outras pessoas, porque claramente entenderão o que é importante para você. Como diz Sinek: "Só com aipo e leite de arroz, é óbvio para as pessoas que passam por você ver no que acredita [quando olham para o seu carrinho]." O mesmo serve para o Mindset às Avessas. Ao deixar claro o seu propósito, "milagrosamente" atrairá mais clientes, parceiros e referências do que todo mundo.

Isso aconteceu conosco enquanto esperávamos pelo nosso jantar em um restaurante. Uma mulher na mesa ao lado comentou o quanto tinha gostado dos tênis de Colin (se você ama tênis e quer saber, era um Nike SB "Hawaii" Dunks com a camurça escondida). Colin agradeceu e mencionou que, embora quisesse ganhar todo o crédito, nossos alunos da faculdade costumavam inspirar o que calçava. "O quê?! Vocês são professores?", perguntou ela com o melhor olhar de descrença da maioria das pessoas que percebem que não nos encaixamos no estereótipo de professores universitários. Na conversa que se seguiu, falamos sobre nossas aulas, nosso livro, nossa empresa e todo o resto. Enquanto falávamos sobre o que amamos fazer por meio do nosso propósito, ela exclamou: "Eu quero ajudar!" Então contou que, na linha de trabalho dela, a autenticidade nas vendas é tudo, e ficou inspirada para transmitir essa mensagem a outras pessoas.

A "linha de trabalho dela" era relações públicas, e Jessica Sciacchitano lidera uma divisão na gigante Rogers & Cowan PMK. Nas semanas e meses seguintes, ela nos apresentou para pessoas muito importantes nos esportes e entretenimento porque acreditava que eram exemplos perfeitos do Mindset às Avessas. Entramos em contato com ela recentemente, que disse: "Tenho que contar que, sempre que falo sobre seu livro com alguém, lembro de como seu propósito é importante. Quero ajudar mais, me deixem promovê-lo. Não precisam nem pagar!" Como sabíamos nosso propósito, conseguimos transmiti-lo a Jessica. Ela, por sua vez, viu o propósito *dela* no nosso, o que levou a uma colaboração que não teria acontecido caso contrário.

Saber Seu Propósito Não É Fácil

É o seguinte: não é possível estabelecer objetivos satisfatórios e motivados por um propósito sem um entendimento claro de seu próprio propósito. Há anos, especialistas divulgam a importância de um propósito em livros, shows, artigos, blogs e podcasts, e, ainda assim, quando pedimos para as pessoas descreverem, a maioria sente dificuldade. A questão é que articular um propósito em que acredita de verdade (em oposição a generalizações, como "meu propósito é servir pessoas") pode ser difícil. Isso se deve em parte a toda a mensagem cultural e inútil com a qual somos bombardeados sobre marcadores materialistas de sucesso. Em parte porque, ao longo de nossas vidas, nos *disseram* qual deveria ser nosso propósito: boas notas; uma família feliz; ganhar bem... Todos objetivos *admiráveis*. Mas não especificam qualquer aspecto particular de nossa vida, com uma motivação distinta dentro de nós, que queremos expressar e desenvolver.

Durante o que descreve como o último e transformador ano da faculdade, uma aluna nossa estabeleceu o objetivo de conseguir um emprego e presumiu que, ao conseguir, seria feliz. Mas, para sua surpresa, quando finalmente recebeu a proposta de um bom emprego, viu-se assustada, infeliz e confusa. Ela não conseguia aceitar que essa versão de "feliz" era o máximo que conseguiria. Logo percebeu que precisava de algo menos situacional e externo, mais interno e profundo, para atingir a felicidade verdadeira.

Perguntamos qual era o propósito dela, *por que* seguia tal caminho, e ela gaguejou ao tentar defini-lo. Fez, durante as próximas semanas, o trabalho interno necessário para identificar o próprio propósito, e observar essa transformação foi incrível. Passou de enxergar a si mesma como "somente" uma estudante do último ano com um emprego em marketing a, como descreve, "filha, amiga, artista, comediante, aluna, professora, influencer, coach, historiadora, empresária, chef e profissional de marketing". Percebeu o que muitos de nós notam em algum momento da vida: aquilo em que somos bons não necessariamente é o mesmo que devemos fazer. Ao fazer toda essa reflexão, criou um propósito claro e forte: *Usar a minha voz para falar pelas pessoas que não podem falar por si mesmas.* Reconheceu que seu propósito era perene — poderia usá-lo como motivação para sempre, ao atingir seus objetivos ou não. Começou a escrever uma newsletter online como um projeto à parte, que se tornou uma fonte de renda e, o que é mais importante, a conectou com pessoas que pensavam da mesma maneira e tinham os próprios propósitos. Ela continua a construir o próprio caminho através do marketing na área de justiça social.

Então, como primeiro definir um propósito e depois articular um conjunto significativo de objetivos baseados em propósitos? Descobrimos que os exercícios a seguir são eficazes, e os fazemos com quase todos os clientes e alunos.

O Terceiro Por Quê

Primeiro, pergunte o óbvio: *Qual é o meu propósito?* Quando tiver uma resposta, aja como se tivesse 5 anos e pergunte "por quê?" para essa resposta.* Quando a conseguir, volte para o modo criança pequena e pergunte "por quê?" mais uma vez, e então seja uma criança persistente que pergunte "por quê?" uma terceira vez. Quando responder o terceiro por quê, seu propósito real será muito mais claro. (Um rápido parênteses: talvez seja melhor que outra pessoa lhe faça as perguntas. Percebemos que uma perspectiva diferente leva a perguntas com mais objetivo, que você não conseguiria fazer a si mesmo.)

De nove das dez vezes que lideramos esse exercício, as pessoas respondem a primeira pergunta com um objetivo sem relação ao próprio propósito. Às vezes, dizem algo como "ser financeiramente independente" ou "ganhar seis dígitos esse ano". Outras respondem com algo mais pessoal, como "ganhar dinheiro o suficiente para comprar uma casa para a minha família" ou "ser promovido", mas ainda são

---

* Até onde sabemos, esse conceito se originou com Sakichi Toyoda no início dos anos 1900. Ele o chamou de "5 Por Quês". Sabemos quem é Às Avessas encontra um enorme valor nos três "por quês", mas sinta-se livre para se perguntar quantos "por quês" forem necessários!

objetivos extrínsecos, tangíveis, fáceis de medir. É preciso um segundo ou terceiro *por que* para revelar um propósito maior.

O exercício se desdobrou da seguinte maneira quando o fizemos com uma empresa em crescimento com um time de vendas de 18 pessoas. Era esperado que cada vendedor convertesse 10 novos clientes por mês, mas, quando chegamos, apenas 4 pessoas atingiam essa marca. Perguntamos a cada um deles: "Qual é o seu propósito?" e a maioria respondeu genericamente. Um disse: "Ajudar meus clientes a encontrarem um." (Ah, sério, é *isso* que o tira da cama todas as manhãs?)

Respondemos: "Por que isso é importante?"

"Porque, ao ajudar meus clientes a encontrarem uma solução, compram de mim e nós dois ganhamos." (Algo um pouco mais honesto, pelo menos.)

Então o segundo por quê: "Por que você precisa 'ganhar'?"

"Se eu ganhar, sou pago. Isso é importante pois preciso pagar a educação dos meus filhos e tirar férias em família. Ser pago me ajuda a focar nas coisas que quero fazer em vez do que *preciso* fazer. Em geral, desde que ganhe dinheiro, sou um homem feliz e, quanto mais me pagarem, mais feliz serei." (Quase lá...)

Então o terceiro por quê: "E por que acha que seria mais feliz?"

"Porque sou mais feliz quando sou um pai incrível para meus filhos e um bom marido para minha esposa. Se eu puder continuar assim, ficarei muito menos preocupado com o futuro. Posso só viver o presente." (Nossa, sim!!) Ter a motivação para fazer aquilo que é necessário para ser um ótimo vendedor é muito mais fácil quando se baseia em seu desejo de ser um pai mais presente e um bom marido, ao contrário de falar para si mesmo que "ajudar clientes" é uma forma de receber um pagamento.

Recomendamos fazer esse exercício para atestar seu próprio propósito, mas também por ser poderoso para o entendimento do propósito das pessoas às quais vende. Se decidir fazer esse exercício com um cliente, lembre-se de que é importante proceder com cautela, para que não seja visto como esquisito ou inapropriado ao fazer as perguntas erradas no momento errado. (Mais uma vez, se achar que parece brega, lembra?) Primeiro, precisa construir um relacionamento com alguém para ganhar a permissão (geralmente tácita) de perguntar *por quê*. Ao ter permissão, que geralmente ocorre depois de ser vulnerável e estabelecer um relacionamento autêntico e de confiança, isso terá um grande impacto nas suas conversas.

Por exemplo, ao trabalhar com uma empresa de veículo elétrico e de serviços de energia, Colin conversava com uma empresa com uma das maiores frotas de delivery do mundo. Seu contato estava em cima do muro. Ao conversarem, perguntou por que queriam adicionar veículos elétricos na frota (Por Quê n.º 1). O executivo explicou que a empresa precisava ser inovadora nesse espaço. Quando Colin perguntou por que isso era importante (Por Quê n.º 2), ele respondeu: "Porque é como mantemos a liderança no nosso ramo." Então, perguntou por que a empresa seguir na liderança era importante para ele, *pessoalmente* (Por Quê n.º 3), e foi quando o ouro apareceu: "Temos milhares de empregados. Esse projeto é *meu*; é minha marca pessoal que está comprometida, não só a da empresa. Projetos inovadores como esse me permitem não ser mais uma formiga em um formigueiro." Ao entender que o propósito do executivo não era só inovar, nem causar um impacto significativo em toda a indústria, mas ser um contribuinte significativo, Colin conseguiu se conectar de um jeito expressivo e o ajudou a entender exatamente como converter a frota para elétrica ajudaria com tudo isso.

Lembre-se de que seu trabalho como vendedor não é só atingir metas, mas ajudar seus clientes a atingirem as deles.

Crie uma Declaração de Propósito

Não existe um único jeito de criar uma declaração de propósito. Uma pessoa que conhecemos listou as memórias mais felizes da vida dela e depois identificou o que todas tinham em comum. Percebeu que era mais feliz quando cocriava algo com pessoas com habilidades complementárias às dela, o que a levou ao propósito: *rodear-se de pessoas interessantes e criar produtos que mudariam o mundo*. Um gerente de vendas que conhecemos fez várias perguntas profundas aos membros de seu time: "O que faria de graça?", "Se pudesse mudar algo no mundo, o que seria?" e "Se só tivesse um ano de vida, o que faria?" Então usou as respostas para encontrar temas em comum. Por meio dessas perguntas, identificou o próprio propósito: *viver de maneira a facilitar as coisas para as pessoas ao seu redor e para as gerações seguintes.*

Quando trabalhamos com times, amamos começar com um rápido exercício para que pensem no *porquê* de fazerem o que fazem, e o que traz de mais significado para o dia deles. Esse exercício o ajudará a desenvolver uma versão mais simples do seu propósito para começar a usá-lo imediatamente:

1. Primeiro, liste algumas de suas qualidades únicas. Exemplos: *entusiasmo* e *criatividade*. O ponto aqui é focar nos traços que o tornam "você" e colocá-los à frente do que faz todos os dias. É amigável, carismático ou inteligente? Exibe força, resiliência ou calma? Se tiver problema para decidir, pense nas vezes em que se sentiu bem-sucedido ou realizou algo de que se orgulhou. Pergunte aos amigos o que mais respeitam em você. Hipoteticamente, uma dupla de vendedores, conselheiros de mindset, professores de negócios, talvez escolheriam algo como *paixão* e *motivação*.
2. Agora liste uma ou duas maneiras como gosta de expressar essas qualidades e interagir com outras pessoas. Exemplos: *ombro amigo* e *inspirador*. Escreva em forma de substantivo. Você anseia por conversas profundas com pessoas que não conhece? Se sim, pode ser que seja *conector*. Ama ver seu nome brilhando? Uma das palavras pode ser *conquistador*. Preferiria interagir o dia todo com executivos que o inspiram? Escreva *aprendiz*. Os dois homens em nosso exemplo totalmente hipotético disseram *professores* e *inspiradores*.
3. Em seguida, pense em quando sentiu-se mais alegre, satisfeito e completo. Como se sente? Em nosso exemplo: *Nossas interações com as pessoas são autênticas, vulneráveis e significativas; aprendemos tanto com elas quanto elas*

conosco, e acreditam tanto em nossa missão que não veem a hora de vivê-la e ensiná-la a outras pessoas. O seu pode ser completamente diferente, e isso é ótimo! Tente pensar em detalhes sobre o que diz, onde está, com quem está, como se sente e quaisquer outros detalhes que vêm à mente até que consiga transformá-los em algo tangível.
4. Por último, combine os três em uma afirmação curta motivadora e inspiradora. Nos exemplos acima, esses homens hipotéticos com uma mindset de vendas e, quem sabe, simpáticos, escolheram: *Nosso propósito é usar nossa paixão e motivação para ensinar e inspirar as pessoas a terem interações autênticas, vulneráveis e significativas, e trazer mais autenticidade e boas ações para o mundo.*

Para desenvolver ainda mais sua declaração de propósito, recomendamos seguir as oito diretrizes que Mike Murphy lista em seu livro *The Creation Principle* [sem publicação no Brasil], em sua discussão chamada de Declarações de Intenção:

1. Escreva no presente.
2. Use linguagem positiva.
3. Faça com que seja emocionalmente poderosa e autêntica.
4. Expresse gratidão.
5. Realmente foque no que deseja de verdade.
6. Certifique-se de não ter julgamentos.
7. Pense nisso como se houvesse infinitas possibilidades.
8. Atualize seu propósito ao evoluir.

Fazer isso provavelmente fará que seu propósito ressoe e, assim, poderá internalizá-lo para conseguir o máximo da sua declaração.

Sabemos que o processo de criar uma declaração de propósito funciona porque já o fizemos com centenas de pessoas. Um jovem empreendedor, com uma empresa de vestuário voltada para estudantes da contracultura, tinha dificuldades para manter a empresa viva. Ele considerava desistir do negócio que construía sem descanso havia dois anos. Depois de fazer esse exercício, criou uma declaração que mudou o jeito que olhava para a vida e para o próprio negócio: *"Meu propósito é usar minha compaixão e paixão para empoderar, inspirar e dar voz aos excluídos que não se encaixam no modelo padrão universitário e advogar a favor de todos que conquistaram o direito de ter orgulho da universidade e de suas conquistas."* Digitou isso, colocou como papel de parede tanto no computador quanto no celular, e transformou completamente o jeito que olhava para o próprio negócio. Decidiu doar uma porcentagem da renda da empresa para causas de saúde mental importantes para ele, o que mudou o jeito como conversava com seus clientes. Não falava mais sobre vestimenta, mas sobre uma maneira de ter um impacto no mundo com o qual sempre sonhou. Depois de fazer essa mudança, triplicou a renda da empresa nos três meses seguintes! Suas ações e conversas começaram a ter um significado real em vez de fazer aquilo apenas porque sentia que deveria fazer.

Uma aluna da nossa turma estava com dificuldades para se vender nas entrevistas e conseguir o primeiro emprego. Não conseguia entender o que estava errado no processo. Depois de trabalhar na declaração de propósito, percebeu que era *usar minha proeza técnica e senso de humor para ensinar e guiar as pessoas a adotarem a tecnologia e não a temer, e trabalhar juntos para encontrar soluções complexas e deixá-las digeríveis para todos entenderem como a tecnologia pode ajudar uma empresa a mudar o mundo.* Com isso, concluiu que havia se candidatado aos tipos errados de trabalho — não era nenhuma surpresa que não funcionou. Logo conseguiu um emprego como vendedora técnica em uma das maiores empresas do mundo (rima com "shmamazon") e conseguiu compartilhar a história dela com outros alunos que se candidataram pelo programa de recrutamento de estudantes.

Uma última observação: ao refletir sobre seu propósito, pode ser útil conversar com família e amigos; eles costumam perceber coisas sobre nós, além daquilo que nos é importante, que talvez não tenhamos notado ainda. Tirar um tempo para identificar e articular seu propósito trará grandes dividendos; é um dos exercícios que mais abrirá seus olhos.

Crie Seus Objetivos Baseados em Propósitos

Para a maioria das pessoas com quem trabalhamos, após articularem uma declaração de propósito forte, criar os objetivos é fácil. Para cada objetivo que traçar, ou que for traçado para você, use uma palavra para conectá-lo com seu propósito. Essa palavra pode ser *porque*: "Meu objetivo é levantar US$100 milhões em capital para a minha startup *porque* criará mais empregos para as pessoas nas comunidades de baixa renda que não teriam acesso a essas oportunidades." Também pode ser *assim*: "Meu objetivo é ser contratado por uma empresa da Fortune 500, *assim* posso inspirar uma geração mais nova de candidatos diversos a saber que pertencem onde escolherem pertencer." Outras podem ser *para*, *por*, ou *então*.

Em quase todos os casos, mesmo o que não parece relacionado ao seu propósito poderá ser vinculado a ele de algum jeito. Uma aluna que supervisionamos no exercício da declaração de propósito veio até nós depois da aula e parecia muito preocupada. "Amei esse exercício, mas fiquei estressada", nos contou. "Fiz muitas entrevistas para o que achava que seria meu emprego dos sonhos como gerente de produtos, mas esse trabalho não tem relação alguma com o meu propósito."

Pedimos que o compartilhasse conosco, e ela recitou prontamente: "Meu propósito é ajudar outras pessoas a perceberem seu potencial ao ser atenciosa, cuidadosa e inspiradora e dar a elas espaço para serem o melhor que puderem." Um belo propósito. Agora ela tinha que conectá-lo a arquitetar produtos de tecnologia.

"Qual é o trabalho do gerente de produtos?", Garrett perguntou.

"Coletar informações dos clientes, desenvolvedores e outros stakeholders para ajudar direcionar o software que construímos."

"E o que acontece se fizer um bom trabalho?", Colin provocou.

Ela começou a enxergar. "Acho que poderíamos criar algo valioso e útil para quem usar. Entendo aonde querem chegar. Se eu ajudar a criar um ótimo produto, as pessoas que o utilizarem terão ajuda para criarem o melhor trabalho possível, o que permitirá que percebam seu potencial!"

Se não conseguir encontrar uma maneira de fazer um objetivo baseado em propósito, pense um pouquinho mais. Se ficar paralisado, talvez seja hora de estabelecer um novo objetivo.

✦ ✦ ✦

Desde o início da construção da Microsoft, Bill Gates foi guiado por um propósito. Imortalizado na declaração da missão da Microsoft, seu propósito é "empoderar todas as pessoas e organizações no planeta a conquistarem mais". Ao analisar tudo o que conquistou em sua carreira (e além dela), parece claro que seus objetivos eram todos baseados no propósito dele. O objetivo de ter "um computador em todas as mesas, em todas as casas" certamente é relevante para ajudar todos na Terra a "conquistarem mais". Assim como seus projetos atuais, que pretendem erradicar a pobreza, desastres preveníveis e a fome mundial. Até mesmo a Oprah ainda busca por mais. Em uma entrevista, disse que seu novo objetivo era entender "como fazer com que as pessoas vejam que somos mais parecidos do que diferentes". Com certeza é um objetivo audacioso e significativo, que não poderia estar mais alinhado com o propósito original de ser professora e inspirar pessoas.

Ao abordar a vida com um Mindset às Avessas, estabelecer e conquistar objetivos baseados em propósitos, você não está mais na esteira, mas sim escalando a montanha que *você* escolheu, ansioso para subir os próximos picos que verá lá de cima. Não se sentirá desencorajado pelo fato de que, assim que atingir um objetivo, pensará no próximo logo em seguida. *Desejará* continuar a testar seus limites, usar seus talentos, aprender do que é capaz. Sentirá o valor e o impacto dos seus esforços todos os dias, em você e nas outras pessoas. E, quando precisar vender, lembrará constantemente que, *para você*, fazer isso é muito mais do que fechar acordos e bater metas. Quando feito do jeito certo pelos motivos certos, vender é um dos instrumentos mais poderosos para fazer o bem no mundo.

■

CONCLUSÃO
A Melhor Parte do Filme

Quando começamos a compartilhar o Mindset às Avessas com outras pessoas, percebemos que até pequenas mudanças no pensamento tinham um enorme impacto em como abordavam a arte e a ciência das vendas. Elementos diferentes do mindset ressoavam com diferentes pessoas. Algumas se iluminam ao falarmos sobre simplesmente se permitir ser imperfeito ao dizer o que está na sua mente no momento ou *não* ter todas as respostas o tempo todo. Outras se apaixonaram, bem... se apaixonaram pela ideia de procurar pelo bem e encontrá-lo. Outras ainda compartilharam que não entendiam por que conquistar objetivos nem sempre era o mesmo que ser feliz até que entenderam a correlação entre objetivos e propósito.

Como dissemos no início, não existe um "jeito certo" de fazer algo, e isso inclui praticar o Mindset às Avessas. Use as ideias deste livro do *seu jeito*. Foque em como pensará em vez do que dirá. Seus pensamentos determinarão o que ser "às avessas" significa para você, mas só se estiver consciente deles. Com o tempo, esperamos que tente *todas* as mudanças de perspectiva que apresentamos. Elas se reforçam mutuamente, e quanto mais fomos capazes de habitar o Mindset às Avessas, mais nossas vidas mudaram por causa dele. Pegamo-nos mais engajados nas nossas interações, mais certos de que tudo daria certo a nosso favor, e mais dispostos a aprender. Começamos a fazer perguntas melhores e procuramos conscientemente maneiras de sermos a versão mais real de nós mesmos com nossos clientes, nosso público, nossos alunos e nossa família. Tomamos decisões baseadas em nosso propósito, e nos lembramos de celebrar o processo, principalmente quando não era fácil.

Dizer que aprender com tantas pessoas marcantes com um Mindset às Avessas nos impactou seria o eufemismo do século. A inspiração que ganhamos com as nossas interações nos encorajou a perseguirmos um objetivo que não tínhamos nos permitido admitir que tínhamos e nos lançamos em um dos ciclos de vendas mais improváveis e entusiasmantes da nossa vida. A percepção do quanto essa oportunidade era importante veio de uma das últimas entrevistas que conduzimos e uma Pergunta de Impacto que não esperávamos...

✦ ✦ ✦

DeeDee Gordon é uma das especialistas de branding mais bem-sucedidas no planeta. É seu trabalho ajudar as maiores empresas do mundo a entender os consumidores, mercados e cultura para que possam encontrar seus clientes nos lugares certos, com a mensagem certa, na hora certa. É tão boa no que faz que o famoso autor e colunista do *New Yorker*, Malcolm Gladwell certa vez a chamou de "caçadora gentil". Não resistimos, e pedimos conselhos.

"Como podemos criar o maior impacto possível com este livro?", perguntamos no fim da conversa.

Ela não hesitou. "Seu impacto será maior se os leitores acreditarem em *vocês*. O que significa que precisam *conhecê-los*. Como fazer com que o máximo de pessoas possível os conheçam, para que desejem comprar o livro e *então* se levantem e ajam?"

Uau, isso sim é uma Pergunta de Impacto! Como ela sabia que deveria perguntar isso?

DeeDee nos conhecia havia menos de uma hora e, ainda assim, de um jeito bem às avessas, sabia exatamente nosso propósito. Havia captado como era importante não só escrever este livro, mas influenciar uma mudança real. Ao nos forçar a pensarmos no nosso objetivo em um contexto que nunca havíamos considerado, tornou o que poderia ter sido uma interação transacional em transformacional. Ela sorriu ao nos despedirmos, como se já soubesse a nova jornada em que embarcaríamos.

Logo que a entrevista acabou, começamos a tentar responder à pergunta dela. Por um curto momento, dançamos ao redor do assunto até admitirmos para nós mesmos que o que acreditamos de verdade seria a melhor maneira de comunicar nossa abordagem às vendas para uma audiência. Deveríamos lançar um podcast? Um canal do YouTube? Uma campanha nas redes sociais? Todas ótimas opções, mas, assim que decidimos ser brutalmente honestos, percebemos que precisávamos fazer algo maior. Muito maior. Algo do qual nada sabíamos.

Criaríamos um programa de TV.

Somos loucos?, nos perguntamos. Talvez, mas, ao pensar nisso, percebemos que a ideia estava ali desde que começamos a trabalhar neste livro. Havia surgido em nossas conversas um com o outro e com os amigos quando discutíamos o que escrevíamos. Perguntamos para nossa agente literária, Lisa, sobre direitos de TV quando ponderamos qual editora escolher. Pensávamos como as entrevistas que conduzimos e gravamos para o livro seriam ótimas na TV e comentamos muitas vezes como era estranho não ter nenhum programa de TV voltado para as vendas. Afinal, havia programas sobre pesca de caranguejos, direção de caminhões no gelo, trabalho em um cruzeiro... Caramba! Até programas sobre assistir programas de TV existiam! Decidimos seguir em frente, e começamos a praticar a ignorância intencional.

Era tentador aprender tudo o que podíamos sobre o processo de criar um programa, mas sabíamos que outras pessoas eram especialistas nisso, e seria melhor permitir que fossem donas de seu *dharma*, enquanto cuidávamos do nosso. Com isso em mente, perguntamos para o nosso amigo, Josh Pearl, agente da Creative Artists Agency (CAA), uma das agências de talentos mais proeminentes do mundo, se podíamos almoçar juntos. Perguntamos se estávamos iludidos ao pensar que poderíamos fazer isso acontecer e, para a nossa surpresa, ele amou a ideia! "Vender é algo que todo mundo, literalmente, faz todos os dias", respondeu. "É engraçado que não há mais programas na televisão que mostre isso. Não será fácil, mas, com a ideia certa, *poderiam* fazer isso."

Passamos o resto da refeição como aprendizes, perguntamos o que nos deixava entusiasmados e pedimos conselhos. Bem à moda Às Avessas, ele foi incrivelmente generoso; não só adicionou valor, como também foi valioso para nós de uma maneira que fez com que a conversa fosse muito além de meramente transacional. Ensinou como criar ideias de programas, apresentou o processo para conseguir um acordo de produção, e nos contou quem eram os grandes nomes — até disse que nos apresentaria para algumas pessoas que poderiam ajudar quando estivéssemos prontos. Imagine! A primeira pessoa a quem contamos nossa ideia maluca não só não riu de nós, mas ofereceu ajuda.

Ao conversarmos sobre os próximos passos, nos comprometemos um com o outro que seríamos completamente "nós" nesse processo. Queríamos criar algo que fosse uma representação autêntica do Mindset às Avessas, e de nós dois. Juramos que não deixaríamos o conceito ser sequestrado e se transformar em algo que perpetuaria o estigma de que tentávamos nos livrar. O programa teria que redefinir o que significava vender e revelaria como as vendas podem ser ótimas quando as pessoas pensam nelas de um jeito diferente.

Em seguida, demos a nós mesmos uma liberdade criativa e não adulterada, na qual nos encontramos para comer batatinha e várias margaritas e para compartilhar ideias. Por fim, chegamos a ideias para quatro programas: uma comédia roteirizada sobre pessoas com diferentes empregos de vendas que moravam em Los Angeles (pensem em *Friends*, mas com personagens que trabalham com vendas); um programa sem roteiro com base nos maiores vendedores nas indústrias mais estereotipadas (carros usados, seguros, timeshares, etc.), que mostrariam como os estereótipos são infundados quando as pessoas têm um Mindset às Avessas; um programa de entrevistas com conversas como as que tínhamos com os vendedores incríveis; e nossa preferida: um reality show que ajudaria as pessoas desesperadas a aprenderem a vender com o Mindset às Avessas e mudariam de vida para sempre. Não tínhamos ideia se alguma delas seria atraente aos produtores. O que sabíamos com certeza era que *nós* assistiríamos qualquer um deles — como todo mundo que tem um Mindset às Avessas, acreditávamos no nosso produto.

Ao começar a esboçar as ideias, nos ancoramos no Mindset às Avessas, focamos no processo e nos desligamos do resultado. Fazer isso nos deixou motivados, mesmo quando parecia que não havia progresso algum, e nos divertimos muito ao tentar entender o que fazer. Tínhamos ideias, nos agarrávamos às boas, dispensávamos as medíocres e voltávamos a pensar nisso no dia seguinte. Intencionalmente ignoramos conselhos de livros ou blogs sobre como as pessoas "devem" desenvolver programas; estávamos fora dos limites do que conhecíamos, mas sabíamos que queríamos novidade. Se fôssemos praticar o que ensinamos, não poderíamos nos permitir sermos inibidos por preocupações sobre expectativas de reuniões, e não queríamos copiar o que os outros já haviam criado antes.

Com a pesquisa que tínhamos feito sobre a criatividade cotidiana em mente, usamos algumas das técnicas que aprendemos em entrevistas, como estar presente às ideias quando elas surgem, não as julgar logo de cara e nos lembrar que nossas ideias péssimas (tínhamos várias) eram essenciais para identificar as boas.

Quando estávamos prontos para tentar vender nossos conceitos, escolhemos conscientemente permanecer otimistas patológicos, e quando um de nós precisava escutar (e isso acontecia com frequência), nos lembrávamos que havia uma abundância de oportunidades em todos os lugares, nós só precisávamos procurar. A TV nunca ficou disponível em tantas plataformas. Também esperávamos que as pessoas desejariam ajudar quando entendessem nossa missão, então falamos para quem quisesse ouvir o que queríamos fazer. Pedimos os conselhos que pudessem dar, ou pessoas que pudessem nos apresentar, sem pensar se aceitariam ou não. O que acha que aconteceu? As pessoas queriam ajudar!

Uma dessas pessoas era Jason Ferguson, amigo, líder de vendas e palestrante que entrevistamos quando começamos a escrever este livro. Assim que apresentamos nossa ideia, seu olhar se iluminou. "Sei exatamente com quem deveriam conversar!" Uma hora depois, trocamos mensagens com um vice-presidente sênior de desenvolvimento para uma empresa de produção por trás de alguns dos maiores programas de TV sem roteiro do mundo. Marcamos uma ligação para o dia seguinte, então teríamos uma noite inteira para nos apaixonar. Acontece que só precisamos de alguns segundos. A primeira coisa que se destacou no perfil do LinkedIn foi sua alma mater: *Universidade do Sul da Califórnia, B.A., Cinema*! No dia seguinte, contamos sobre nós, nossas aulas e nosso livro. Ele imediatamente entendeu. "Vamos marcar uma reunião com o meu chefe", disse ele. "Não sei qual será o resultado, mas pelo menos poderão receber um feedback a respeito do que querem fazer." O chefe era o diretor de criação da empresa que encabeçou programas sem roteiro de muito sucesso. Quando o analisamos para fazer nosso Amor 3x3, percebemos que era o homem certo. Ele havia ganhado quatro Emmys!

Estávamos nervosos com essa reunião. Esperávamos que o time da empresa de produção nos esnobasse e que seríamos escrutinados quando apresentássemos nossas ideias, como os investidores fazem no *Shark Tank*. Mas isso não aconteceu. Em vez disso, nos cumprimentaram calorosamente e disseram que eram fãs do nosso conteúdo e que estavam animados para ouvirem nossas ideias. Isso nos ajudou a resistir à tentação de atuar. "Não temos muita certeza do que fazer", admitimos e mostramos nosso trabalho, "e não sabemos o que vocês ou as pessoas às quais vendem os programas procuram. Reunimos algumas ideias com as quais estamos muito entusiasmados e orgulhosos e adoraríamos saber o que pensam."

Em vez de nos fazer sentir como se fôssemos os vendedores e eles os compradores, com todo o poder e conhecimento, fizeram nos sentir como se estivéssemos no mesmo time desde o início. Realmente estavam interessados em saber mais sobre nós, nossas ideias e nossa missão, e sentimos que estávamos em uma sessão com o mesmo objetivo: sair da conversa com algo em que todos acreditassem. Também eram autênticos, e faziam sugestões que melhoravam nossas ideias e apontavam os desafios em que não tínhamos pensado por falta de experiência no meio. Nos deram muitos conselhos e pareciam genuinamente interessados em nós e nos programas.

Nas semanas que seguiram, nos encontramos em ambos os lados da mesa, e vendíamos e comprávamos todos os dias. Fomos apresentados a agentes, e rolou um vínculo com um na CAA (não o Josh), que nos convenceu a representarmos nossos interesses ao reafirmar nossa crença mais profunda: que éramos mais valiosos *porque* não corresponderíamos ao que a indústria do entretenimento queria que fôssemos. Decidimos trabalhar com ele, que arranjou reuniões com mais empresas de produção, as que pensava que tinham o potencial de ser encaixes perfeitos para um ou mais de nossos programas. Em nossas reuniões com essas empresas, vendemos nossas ideias e elas venderam seus valores. Quando uma empresa de produção sugeriu que considerássemos ser os anfitriões de um programa, tivemos que convencer nossas esposas da ideia de que talvez estaríamos diante das câmeras. (Essas são histórias para um outro livro!) A produtora com quem assinamos um termo nos vendeu a visão dela ao se preocupar com a nossa. Viram mais coisas boas na nossa ideia do que nós, e ficou óbvio que não só tinham a experiência de procurar algo bom, como sabiam onde encontrar. Nossas ideias soaram melhores ao sair dessas bocas do que das nossas, e trouxeram ideias para a mesa que nunca teríamos pensado.

Em todas essas interações, bem como descobrimos durante o processo de escrita deste livro, o Mindset às Avessas tornou a experiência incrivelmente empolgante e recompensadora. Nós nos mostramos exatamente como somos e nunca fingimos saber o que não sabíamos. Aprendemos com os nossos erros, nos apaixonamos por muitas pessoas que nem imaginávamos que conheceríamos, e sentimos que muitas delas estavam no nosso time. E outro estereótipo de vendas — gananciosos de Hollywood que só se preocupam consigo mesmos — se provou uma bobeira. Quando nos permitirmos ser criativos, recebemos uma injeção diária de alegria que permitiu que vivêssemos o nosso propósito de um jeito totalmente novo, além de ampliar nossa missão de nos livrarmos do estigma associado às vendas.

Ainda não sabemos como essa história terminará, mas não importa. Na verdade, essa é a questão. Não se trata de celebrar o fim, mas sim o processo. Aproveitaremos as vitórias *e* aprenderemos com os erros ao longo do caminho. Talvez a lição mais valiosa que aprendemos em toda a nossa jornada para entender o Mindset às Avessas é que *aqui, agora, hoje, é a melhor parte do filme*. Não gastamos US$72 em dois ingressos no cinema e pipoca para ver o final, quando o protagonista está no topo. Queremos ver tudo o que acontece durante. Os altos e baixos, as aventuras, erros, lições e risadas. Se pudermos nos lembrar disso, perceberemos que estamos *sempre* na melhor parte do filme. Quando nos lembramos dos nossos dias bons, os dias ruins, e todos os outros dias, *todos* são "os bons velhos tempos". Lembrarmos disso faz com que o drama das vendas (e da vida) seja muito mais satisfatório todos os dias.

Não devemos ter vergonha de vender. É uma oportunidade única de nos expressarmos, nos conectarmos com as pessoas, sermos criativos, aprendermos sobre nós mesmos (e muito mais) e crescermos com os desafios. O melhor de tudo é que isso permite que as pessoas ampliem seu propósito, seja ao ganhar apoio para as ideias, ajudar as pessoas a resolverem problemas em sua vida ou incentivarem uma mudança transformacional.

No começo deste livro, contamos que perguntamos a muitos vendedores de sucesso a mesma coisa: *Quem é o melhor vendedor que você conhece?* De todas as respostas que escutamos, dois nomes apareceram mais do que todos os outros: Steve Jobs e Dr. Martin Luther King Jr. Pense nisso. Dois personagens mais influentes dos últimos 200 anos são lembrados, pelo menos por alguns, por serem capazes de *vender*. Da próxima vez que sentir um desconforto com relação às vendas, lembre-se disso. Tenha orgulho de vender. Para alguns de vocês, as vendas mudarão sua vida. Para outros, mudarão a vida de outras pessoas. E, para alguns, talvez mude o mundo.

Com muito amor,
Colin & Garrett.

Agradecimentos

Colin e Garrett:

Dizem que a melhor maneira de aprender é ao ensinar, e este livro é uma prova disso. Ao longo dos anos, os alunos que assistiram às nossas aulas nos deram apoio, nos desafiaram e nos tornaram melhores de todas as maneiras. Ao entrarem no "mundo real", foi inspirador vê-los colocarem o Mindset às Avessas em suas carreiras *e* em suas vidas. Sem eles, este livro não existiria, e seremos gratos para sempre.

Uma lição que sempre tentamos transmitir aos nossos alunos é que a resposta é sempre *não* até que pergunte. Quando começamos a jornada da escrita deste livro, ficamos chocados com a quantidade de pessoas dispostas a nos ajudar quando pedimos, ainda que muitas delas não soubessem quem éramos, e certamente não receberiam nada óbvio em troca. Especificamente, devemos um agradecimento ENORME a todos que foram suficientemente generosos e se sentaram conosco para serem entrevistados para o livro. Foram todos brilhantes e é uma pena que não pudemos incluir todas as histórias e lições que aprendemos com vocês. Prometemos tentar encontrar outro meio de compartilhar suas vozes, para que outras pessoas possam se beneficiar dessa sabedoria, assim como nós.

Para as pessoas que nos ajudaram a assegurar tantas entrevistas, nada disso aconteceu sem vocês! Muito obrigado por nos apresentar a algumas das pessoas mais fascinantes e de difícil alcance do mundo. Não precisavam ser nossa voz, mas foram, e isso não é pouca coisa para nós.

Acreditamos que as pessoas de quem nos rodeamos têm tanto a ver com o sucesso quanto qualquer coisa que possamos fazer. De alguma forma, tivemos sorte e encontramos um grupo incrível de pessoas no time do nosso livro que não são apenas incríveis no que fazem, mas são ótimos seres humanos. Nossa agente literária, Lisa DiMona, nos pressionou por quase dois anos, nos desafiou quando precisávamos, ofereceu conselhos incríveis, nos incentivou e garantiu que nossas ideias fossem "vendíveis", além de se certificar que o que falávamos nas salas de aulas ou conferências fosse traduzido para as páginas. Nossa extraordinária editora de desenvolvimento, Emily Loose, teve o trabalho mais difícil de todos ao pegar duas vozes e dezenas de milhares de palavras (no mínimo!) e nos ajudar a colocar tudo no livro que acabou de ler. E Hollis Heimbouch, nossa líder na HarperCollins, que deu uma chance a dois autores inexperientes que só tinham uma missão, um plano e *muito* otimismo patológico. Muito obrigado a todos que acreditaram em nós. Vocês mudaram nossa vida.

Algumas pessoas só se uniram a nós em parte da jornada, mas ainda tiveram um grande impacto no resultado. Will Weisser e Nikki Katz, a influência que tiveram nas primeiras versões dos nossos conceitos ainda estão nessas páginas. Wendy Wong, sua carreira se desenvolveu merecidamente mais rápido do que o processo de escrita do livro, mas somos muito gratos por termos tido o benefício da sua perspectiva.

Por fim, muito obrigado por terem dado uma chance para nós e lido nosso livro. Esperamos que tenham se divertido muito, assim como nos divertimos ao escrever. Se, em algum momento, pudermos fazer algo para que seu propósito siga adiante, nos procure. É fácil de nos encontrar e, se pudermos ajudar, estaremos nessa!

Garrett:

Escrever um livro não é fácil. Mesmo quando não está sentado ao computador para escrever ou editar, o livro não sai da sua cabeça. Não existe um interruptor. Felizmente, minha esposa, Lauren, é super-humana, e consegue equilibrar família, trabalho e um milhão de outras coisas para que o navio continue sem afundar. Lo, obrigado por ser a melhor parceira que qualquer um poderia ter, e por me dar a oportunidade de perseguir meus sonhos malucos.

Meus filhos, Cooper e Brady, são *de longe* os melhores vendedores que conheço. É quase impossível falar não para eles e, se o fizer, encontrarão um jeito de mudar sua opinião! Tudo o que eu faço é por vocês, meninos. Amo vocês. Meus pais, Steve e Shelly Brown, são meus heróis. Tenho certeza de que qualquer psicólogo decente me diria que não é uma coincidência eu ter começado minha carreira como advogado (como meu pai) e agora me tornei professor (como minha mãe). Não poderia ter tido melhores modelos. Obrigado, mãe e pai.

Agradeço muito a toda a minha família e amigos. Sei que estão bravos por não ter agradecido por nome, mas culpem a Harper Business por nos dar um limite de páginas para nossos agradecimentos, e Colin por exigir que eu cedesse a parte dele.

E falando nele... Colin, obrigado por ver algo neste introvertido um tanto inseguro e muito analítico e decidir entrar nessa comigo. Duvido que muitas pessoas tenham sorte o suficiente para se encontrar diariamente com seu melhor amigo e chamar de "trabalho", mas eu tenho, e sou grato por isso. A aventura em que estamos desde que nos conhecemos é *insana*, e ela apenas começou!

Colin:

Margot, você é o amor da minha vida. Este livro não existiria sem você. Deu-me a coragem quando não era fácil me sentir corajoso. Quando eu viajava sem parar, nos palcos, hotéis, e escrevia na garagem até altas horas da madrugada, embrulhava almoço, trocava fraldas, fazia o jantar, colocava as crianças para dormir e segurava nossa família no lugar para que eu pudesse ir atrás dos meus sonhos... tudo isso junto com sua própria carreira com um grupo de pessoas que dependem inteiramente de você. É incrível, te amo, e estou muito orgulhoso de ser seu marido. Obrigado.

Lambo (Liam) e Cale (Caleb), tudo o que faço é por vocês. O papai os ama muito. A parte mais difícil deste livro foi ficar esse tempo longe. Vocês são os seres humanos mais compassivos e gentis que já conheci. Muito obrigado pelas lições que me ensinam todos os dias e por provarem que milagres existem. Sempre se lembrem da Regra n.º 1!

Meus pais amáveis, Joyce e Vinton. Cresci pensando que era mais especial do que provavelmente era, principalmente porque foi o que sempre me disseram. Não tenho ideia de por que acreditei nisso, mas sou quem eu sou por causa disso, e por causa de vocês. Ironicamente, os dois são os especiais. Obrigado por serem iludidos, eu finalmente entendi. Amo vocês.

Meus irmãos! Ninguém nunca vai saber o que significam para mim. Eu nunca tive que ter cautela, porque sempre cuidaram de mim. Inspiram-me diariamente e sou grato por tê-los por perto. Vocês *são* o Mindset às Avessas. Amo vocês, gente. *Abbondanza*!

Falando de irmãos, Garrett, não sei como tivemos tanta sorte. Ah, espera, eu sei... por sua causa. Amo você, brethren (Garrett *odeia* quando o chamo assim). Eu e você, cara... até a melhor parte do filme!

Jay-Z, Barack Obama e Lenny Kravitz. Suas autenticidades me inspiraram de maneiras significativas. Muito obrigado por existirem, assim as pessoas podem se inspirar em vocês.

Notas

INTRODUÇÃO — Quem Está às Avessas?

8   *dois terços dos vendedores relatam*: Serenity Gibbons, "Sales Teams are Experiencing a Burnout Epidemic," *Forbes*, 8 de dezembro de 2020. https://www.forbes.com/sites/serenitygibbons/2020/12/08/sales-teams-are-experiencing-a-burnout-epidemic---heres-how-to-prioritize-your-teams-tasks/?sh=1e7ef2674f92.

CAPÍTULO UM — Não Se Pode "Fingir" Autenticidade

15 *O nome de uma pessoa*: Dale Carnegie, *How to Win Friends and Influence People* (1936; rev. ed., 1981).

15 *um dos personagens mais chatos*: Willa Paskin, Margaret Lyons e Amanda Dobbins, "TV's Ten Most Annoying Characters," Vulture, 5 de dezembro de 2011. https://www.vulture.com/2011/12/tvs-ten-most-annoying-characters.html.

16 *"O pior pecado de um vendedor"*: Kenneth Roman, *The King of Madison Avenue: David Ogilvy and the Making of Modern Advertising* (St. Martin's Griffin, 2010), 41.

16 *É a consciência*: Marian Friestad e Peter Wright, "The Persuasion Knowledge Model: How People Cope with Persuasion Attempts", *Journal of Consumer Research* 21, no. 1 (1994): 1–31. http://www.jstor.org/stable/2489738.

16 *Estudos das respostas do consumidor*: I. Silver, G. Newman e D.A. Small, "Inauthenticity aversion: Moral reactance toward tainted actors, actions, and objects", *Consumer Psychology Review* 4 (2021): 70–82. https://doi.org/10.1002/arcp.1064.

17 *...basta uma pequena inconsistência nas informações*: Ibid.

17	*nas interações de vendas*: Colleen Stanley, "Two Reasons Your Sales Team Lacks Authenticity", LinkedIn, 15 de novembro de 2018. https:// www.linkedin.com/pulse/two-reasons-your-sales-team-lacks-authenticity-colleen-stanley-ceo/.
19	*Um dos motivos que comprova esse fato*: George W. Dudley e Shannon L. Goodson, *The Psychology of Sales Call Reluctance: Earning What You're Worth in Sales* (Behavioral Science Research Press, Inc. 2007).
24	*Um estudo foi conduzido*: Dan Cable, Francesca Gino e Bradley Staats, "The Power Way Onboarding Can Encourage Authenticity", *Harvard Business Review*, 26 de novembro de 2015. https://hbr.org/2015/11/the-powerful-way-onboarding-can-encourage-authenticity.
24	*Da mesma forma, uma pesquisa da Ernst & Young*: Henna Inam, "The Importance of Being Authentic", *Wharton Magazine*, outono de 2016. https://magazine.wharton.upenn.edu/issues/fall-2016/the-importance-of-being-authentic/.
24	*Para a satisfação do funcionário*: Ante Glavas, "Corporate Social Responsibility and Employee Engagement...", *Frontiers in Psychology*, 31 de maio de 2016. https://doi.org/10.3389/fpsyg.2016.00796.
24	*Na verdade, o psicólogo Abraham Maslow*: A.H. Maslow, "A Theory of Human Motivation", *Psychological Review* 50, no 4 (1943): 370–96, esp. 382.
24	*Em seu livro* Authentic: Stephen Joseph, *Authentic: How to Be Yourself and Why It Matters* (Piatkus, 2016), 15.
25	*Ele aponta benefícios específicos*: Ibid., 119, 125.
25	*Ela também está associada*: Ibid., 120.
25	*Um último motivo*: Ibid., 103.
28	*Sara conta que interrompeu*: Sara Blakely, "How a Pitch in a Nieman Marcus Ladies Room Changed Sara Blakely's Life", entrevista de Guy Raz, *How I Built This*, NPR, 12 de setembro de 2016. https://www.npr.org/transcripts/493312213.
29	*Como escreve o psicólogo e professor da Wharton*: Adam Grant, "The Fine Line Between Helpful and Harmful Authenticity", *New York Times*, 10 de abril de 2020. https://www.nytimes.com/2020/04/10/smarter-living/the-fine-line-between-helpful-and-harmful-authenticity.html. *crescimento de 326 porcento*: BBC News, "Zoom sees more growth after 'unprecedented' 2020", BBC News, 1 de março de 2021. https://www.bbc.com/news/business-56247489.
30	*como Susan Cain enfatizou*: S. Cain, *Quiet: The Power of Introverts in a World That Can't Stop Talking* (Crown Publishers/Random House, 2012).
31	*Segundo Adam Grant enfatiza*: Grant, "The Fine Line Between Helpful and Harmful Authenticity."

CAPÍTULO DOIS — Ignorância Intencional

38 *Mas pesquisas conduzidas*: Nicholas Toman, et al., "The New Sales Imperative", *Harvard Business Review*, março e abril de 2017. https://hbr.org/2017/03/the-new-sales-imperative.

40 *É um viés chamado* crença de superioridade: Michael P. Hall e Kaitlin T. Raimi, "Is belief superiority justified by superior knowledge?", *Journal of Experimental Social Psychology* 76 (maio de 2018): 290–306.

41 *Uma das razões que os psicólogos justificam*: F. Diane Barth, "What's the Best Way to Handle a Know-It-All?", *Psychology Today*, 21 de dezembro de 2013; Mark Banschick, "Narcissists and Other Know-It-Alls", *Psychology Today*, 18 de dezembro de 2020.

42 *Mas as pessoas não querem se sentir*: James W. Moore, "What Is the Sense of Agency and Why Does It Matter?", *Frontiers in Psychology*, 29 de agosto de 2016.

43 *Chip e Dan Heath*: Chip and Dan Heath, "The Curse of Knowledge", *Harvard Business Review*, dezembro de 2006.

43 *O economista George Loewenstein e colegas*: Colin Camerer, University of Pennsylvania; George Loewenstein, University of Chicago; Martin Weber, "The Curse of Knowledge in Economic Settings: An Experimental Analysis", *Journal of Political Economy* 97, no. 5 (1989).

43 *Como perfilado no livro* A Estratégia do Oceano Azul: W. Chan Kim e Renee Mauborgne, *Blue Ocean Strategy*, Expanded Edition (Harvard Business Review Press, 2015), 33.

46 *Essa é uma forma de "job crafting"*: Justin M. Berg, Jane E. Dutton e Amy Wrzesniewski, "What Is Job Crafting and Why Does It Matter?", University of Michigan Ross School of Business, Center for Positive Organizational Scholarship, Theory to Practice Briefing, revisado em agosto de 2008.

46 *Pesquisas demonstram que*: Timothy Butler and James Waldroop, "Job Sculpting: The Art of Retaining Your Best People", *Harvard Business Review*, setembro e outubro de 1999.

53 *O dharma foi descrito*: Kitty Waters, "How to do your Dharma (and live your best life)", Thrive Global. https://thriveglobal.com/stories/how-to-do-your-dharma-and-live-your-best-life/.

54 *"Não dá para saber muito"*: Paul McCartney, entrevista de Howard Stern, *The Howard Stern Show*, 10 de novembro de 2021.

CAPÍTULO TRÊS — Desenvolva um Mindset às Avessas

55 *"Fui a todas as gravadoras possíveis"*: Kyle Anderson, "Jay-Z Recalls How Record Labels Thought He Was 'Terrible'", MTV News, 27 de agosto de 2009.

http://www.mtv.com/news/1619696/jay-z-recalls-how-record-labels-thought-he-was-terrible/.

56 *"[A rejeição] me fez gostar ainda mais"*: Ibid.

57 *A pesquisadora de psicologia de Stanford, Carol Dweck*: Carol Dweck, *Mindset: The New Psychology of Success* (Random House, 2006).

58 *Um mindset de crescimento também inspira as pessoas*: Ibid., 48.

59 *Escreve que algumas pessoas com um mindset fixo se preocupam*: Ibid., 226.

59 *Isso começa, escreve Dweck*: Ibid., 10.

62 *A psicóloga Rahav Gabay*: Scott Barry Kaufman, "Unraveling the Mindset of Victimhood", *Scientific American*, 29 de junho de 2020. https://www.scientificamerican.com/article/unraveling-the-mindset-of-victimhood/.

62 *Em seu livro* The Power of TED: David Emerald, *The Power of TED* (*the Empowerment Dynamic)* (Polaris Publishing, 2015).

65 *Há mais de trinta anos*: Stephen Covey, *The 7 Habits of Highly Effective People* (Free Press, edição revisada, 2004), 219–20.

66 *Queremos cultivar a* resiliência *adaptativa*: Mark Robinson, "Making Adaptive Resilience Real", Arts Council England, julho de 2010, 14. http://culturehive.co.uk/wp-content/uploads/2013/04/Making-adaptive-resilience-real.pdf.

67 *Em seu livro* Bouncing Back: Linda Graham, *Bouncing* Back: Rewiring Your Brain for Maximum Resilience and Well-Being (New World Library, 2013), xxv.

67 *Para enfatizar seu argumento*: Ibid., 49.

67 *"todos temos uma capacidade inata"*: Ibid., 120.

71 *A psicóloga Tchiki Davis*: Tchiki Davis, "Positive Reap-praisal," Berkeley Well-Being Institute. https://www.berkeleywellbeing.com/positive-reappraisal-activity.html.

72 *O exercício de Linda Graham, "Encontre o Benefício no Erro"*: Graham, "Bouncing Back," 243–44.

73 *Ele sempre recomendou*: Trevor Moawad, *It Takes What It Takes* (HarperOne, 2020).

76 *Como já demonstraram os psicólogos cognitivos*: Elaine Mead, "What is Positive Self-Talk?," PositivePsychology.com, 22 de março de 2022, versão. https://positivepsychology.com/positive-self-talk/.

CAPÍTULO QUATRO — Otimismo Patológico

80 *e ajudou sua família a enfrentar*: Christine Hall, "Exclusive: Preveta Raises $2M to Help Coordinate Care for Early Disease Detection", Crunchbase News, 26 de março de 2021; Breanna De Vera, "How Preveta Could Change the Game for Early Cancer Detection", Dot.la, 31 de março de 2021. https://dot.la/early-cancer-detection-2651298138.html.

82 *Barbara Ehrenreich, autora de* Bright-Sided: Jia Tolentino, "Barbara Ehrenreich Is Not an Optimist: But She Has Hope for the Future", NewYorker.com, 21 de março de 2020. https://www.newyorker.com/culture/the-new-yorker-interview/barbara-ehrenreich-is-not-an-optimist-but-she-has-hope-for-the-future.

82 *A psicóloga Kimberly Hershenson*: Brianna Steinhiler, "How to Train Your Brain to Be More Optimistic", NBCNews.com, 24 de agosto de 2017. https://www.nbcnews.com/better/health/how-train-your-brain-be-more-optimistic-ncna795231.

82 *É descrito como um estilo de exploração*: "Optimism", *Psychology Today*. https://www.psychologytoday.com/us/basics/optimism.

83 *Pesquisas determinaram*: Robert Plomin, Michael F. Scheier, et al., *Optimism, pessimism and mental health: A twin/adoption analysis*, Personality and Individual Differences 13, no. 8 (agosto de 1992): 921–30.

83 *Martin Seligman*: Martin Seligman, *Learned Optimism* (Vintage, 2006 edition).

83 *Nos anos de 1980*: Martin Seligman and Peter Schulman, "Explanatory Style as a Predictor of Productivity and Quitting Among Life Insurance Sales Agents", *Journal of Personality and Social Psychology* 50, no. 4 (1986): 834.

84 *A forte ligação*: Jack Singer, "The Important Link Between Optimism and Sales Success," Pressive Blog. https://developthemindsetofachampion.com/the-important-link-between-optimism-and-sales-success/.

85 *Como descobriu o professor de administração Scott B. Friend*: Scott Friend, et al., "Positive Psychology in Sales: Integrating Psychological Capital", *Journal of Marketing Theory and Practice* 24, no. 3 (2016): 306–27.

87 *Pesquisas revelaram que ele:* Brianna Steinhiler, "How to Train Your Brain to Be More Optimistic", NBCNews.com, 24 de agosto de 2017. https://www.nbcnews.com/better/health/how-train-your-brain-be-more-optimistic-ncna795231.

87 *Uma análise dos resultados*: Eric S. Kim, et al., "Optimism and Cause-Specific Mortality: A Prospective Cohort Study", *American Journal of Epidemiology* 185, no. 1 (1 de janeiro de 2017): 21–29.

87 *Isso é chamado de viés da negatividade*: Amrisha Vaish, et al., "Not all emotions are created equal: The negativity bias in socialemotional development", *Psychological Bulletin* 134, no. 3 (2008): 383–403. https://www.ncbi.nlm.nih.gov/pmc/articles/PMC3652533/.

87 *O psicólogo Roy F. Baumeister*: Alina Tugend, "Praise Is Fleeting, but Brickbats We Recall", *New York Times*, 23 de março de 2012. https://www.nytimes.com/2012/03/24/your-money/why-people-remember-negative-events-more-than-positive-ones.html.

88 *Isso explica*: Ibid.

88 *Em seu livro* Florescer: Martin Seligman, *Flourish: A Visionary New Understanding of Happiness and Well-being* (Free Press, 2011), 33.

89 *Ela também inclui condições de saúde mental*: L. Rood, J. Roelofs, S.M. Bögels e L.B. Alloy, "Dimensions of negative thinking and the relations with symptoms of depression and anxiety in children and adolescents", *Cognitive Therapy and Research* 34, no. 4 (2010): 333–42.

89 *...bem como efeitos físicos*: J.B. Whitfield, G. Zhu, J.G. Landers, et al., "Pessimism is associated with greater all cause and cardiovascular mortality, but optimism is not protective", *Scientific Reports* 10, no. 1 (julho de 2020): 12609.

92 *A psicologia positiva demonstrou*: Maike Neuhaus, "Self-Coaching Model Explained: 56 Questions and Techniques for SelfMastery", PositivePsychology.com.https://positivepsychology.com/self-coaching-model/.

92 *Seligman advoga*: Jeana Magyar-Moe, *Therapist's Guide to Positive Psychological Interventions* (Academic Press, 2009), 111.

96 *De acordo com o psicólogo e especialista em gratidão*: Rick Hanson, "Taking in the Good", Greater Good Science Center, UC Berkeley, 1 de novembro de 2009. https://greatergood.berkeley.edu/article/item/taking_in_the_good.

97 *"Teste da Orientação da Vida"*: M.F. Scheier, C.S. Carver e M.W. Bridges, "Distinguishing optimism from neuroticism (and trait anxiety, self-mastery, and self-esteem): A re-evaluation of the Life Orientation Test", *Journal of Personality and Social Psychology* 67, no. 6 (dezembro de 1994): 1063–78.

98 *No início dos anos 1990*: A. Favaro, E. St. Philip e A.M. Jones, "'To be a scientist is a joy': How a Hungarian biochemist helped revolutionize mRNA", CTV News, 14 de novembro de 2021. https://www.ctvnews.ca/health/to-be-a-scientist-is-a-joy-how-a-hungarian-biochemist-helped-revolutionize-mrna-1.5666043.

CAPÍTULO CINCO — Apaixone-se de Verdade

104 *Por exemplo, o corpo libera*: Katherine Wu, "Love, Actually: The science behind lust, attraction, and companionship", Harvard University Science in the News, 14 de fevereiro de 2017. https://sitn.hms.harvard.edu/flash/2017/love-actually-science-behind-lust-attraction-companionship/.

104 *Mas Fredrickson postula*: Barbara L. Fredrickson, *Love 2.0: Finding Happiness and Health in Moments of Connection* (Avery, 2013), 14.

105 *"O amor virtualmente floresce sempre"*: Ibid., 17.

105 *"Eu realmente preciso chamar"*: Ibid., 36.

106 *Na verdade, Fredrickson escreve*: Ibid., 10.

106 *como o psicólogo Marc Schoen escreve*: Marc Shoen, *Your Survival Instinct Is Killing You* (Plume, 2014), 177.

107 *Pesquisas mostram*: C. J. Price, "A review and synthesis of the first 20 years of PET and fMRI studies of heard speech, spoken language and reading", *NeuroImage* 62, no. 2 (agosto de 2012): 816–47.

107 *O neurocientista Uri Hasson*: Greg J. Stephens, Lauren J. Silbert, and Uri Hasson, "Speaker–listener neural coupling underlies successful communication", *Proceedings of the National Academy of Sciences* 107, no. 32 (agosto de 2010): 14425-30.
107 *Monitorou a atividade cerebral*: Fredrickson, *Love 2.0*, 41.
107 *"surpreendente de 44%"*: Ibid., 48.
108 *Fredrickson também fala sobre isso*: Ibid.
110 *Em um estudo que envolveu estudantes universitários*: G.M. Walton, G.L. Cohen, D. Cwir e S.J. Spencer, "Mere belonging: the power of social connections", *Journal of Personality and Social Psychology* 102, no. 3 (março de 2010): 513-32.
114 *Certa vez falou sobre seu estilo de entrevistas*: Larry King, entrevista de Cenk Uygur, "Soft Questions? Larry King Explains His Interview Style", https://www.youtube.com/watch?v=2YqNyfeIyNc.
118 *Em um artigo para a* Psychology Today: Judith E. Glaser, "The Neuroscience of Conversations", *Psychology Today,* 16 de maio de 2009. https://www.psychologytoday.com/us/blog/conversational-intelligence/201905/the-neuroscience-conversations.

CAPÍTULO SEIS — Seja um Colega, Não um Coach

128 *Costumam ter nomes pequenos*: "The Door in the Face Technique: Will It Backfire?," Harvard Law School Program on Negotiation, 14 de janeiro de 2021. https://www.pon.harvard.edu/daily/dispute-resolution/the-door-in-the-face-technique-will-it-backfire-nb/.
129 *Um efeito colateral disso é*: Zig Ziglar e John P. Hayes, *Network Marketing for Dummies* (John Wiley & Sons, 2011), 429.
129 *Muitos estudos provaram isso*: Simon Schindler e Stefan Pfattheicher, "The frame of the game: Loss-framing increases dishonest behavior", *Journal of Experimental Social Psychology* 69 (setembro de 2017), 172-77. https://www.researchgate.net/publication/308697226_The_frame_of_the_game_Loss-framing_increases_dishonest_behavior.
129 *Um estudo descobriu*: Brendan Nyhan e Jason Reifler, "Does correcting myths about the flu vaccine work? An experimental evaluation of the effects of corrective information", *Vaccine* 33, no. 3 (2015): 459-64.
130 *Acredita-se que a resposta negativa*: Paul Marsden, "The Backfire Effect — When Marketing Persuasion Backfires", digitalwellbeing.org, 30 de março de 2015. https://digitalwellbeing.org/the-backfire-effect-when-marketing-persuasion-backfires/.
130 *a tendência de as pessoas*: C. Steindl, E. Jonas, S. Sitten-thaler, E. Traut-Mattausch e J. Greenberg, "Understanding Psychological Reactance: New

Developments and Findings", *Zeitschrift für Psychologie* 223, no. 4 (2015): 205–14. doi:10.1027/2151-2604/a000222.

130 *Como escreveu Simon Sinek*: Simon Sinek, *Start with Why: How Great Leaders Inspire Everyone to Take Action* (Penguin, 2019), 19.

133 *Um estudo descobriu*: R.C. Barragan, R. Brooks e A.N. Meltzoff, "Altruistic food sharing behavior by human infants after a hunger manipulation", *Scientific Reports* 10, no. 1 (fevereiro de 2020):1785.

133 *Aos três ou quatro anos*: Jane Chertoff "The ToddlerYears: What Is Associatie Play?", Healthline, 22 de julho de 2019. https://www.healthline.com/health/parenting/associative-play.

134 *Um artigo na* Harvard Business Review: David Mayerand Herbert M. Greenberg, "What Makes a Good Salesman?", *Harvard Business Review*, julho e agosto de 2006. https://hbr.org/2006/07/what-makes-a-good-salesman.

134 *Em* A Mentira da Racionalidade: Tim Ash, *Unleash Your Primal Brain: Demystifying how we think and why we act* (Morgan James Publishing, 2021), 136–37.

137 *Neil Young o chama de*: Amy Wallace, "Steve Jobs' DoctorWants to Teach You the Forumula for a Long Life", *Wired,* 17 de dezembro de 2013. https://www.wired.com/2013/12/david-agus-rules-to-live-longer/.

137 *O CEO da Salesforce.com, Mark Benioff*: Ibid.

137 *Até recebeu o crédito*: Carrie Ghose, "CrossChx adds 'End of Illness' author David Agus to board", The Business Journals, 12 de outubro de 2016. https://www.bizjournals.com/columbus/news/2016/10/12/crosschx-adds-end-of-illness-author-david-agus-to.html.

138 *Outro benefício*: Wayne Jonas, M.D., "Walking Meetings: The Future of Safely Collaborating", *Psychology Today*, 22 de março de 2021. https://www.psychologytoday.com/us/blog/how-healing-works/202103/walking-meetings-the-future-safely-collaborating.

140 *Em* Pense de Novo: Adam Grant, *Think Again: The Power of Knowing What You Don't Know* (Viking, 2021), 105.

142 *Quando Will Smith fez*: Will Smith e Mark Manson, *Will* (Penguin Press, 2021), 223.

146 *Em seu livro* Wanting: Luke Burgis, *Wanting: The Power of Mimetic Desire in Everyday Life* (St. Martin's Press, 2021), 174.

CAPÍTULO SETE — Transforme, Não Transacione

155 *Em* Dar e Receber: Adam Grant, *Give and Take: A Revolutionary Approach to Success* (Penguin Books, 2014), 4.

156 *Como demonstrou Daniel Pink*: Daniel Pink, *Drive: The Surprising Truth About What Motivates Us* (Riverhead Books, 2011), 18.

156 *Por exemplo, um time da* Harvard Business School: Colleen Walsh, "Money spent on others can buy happiness", *Harvard Gazette*, 17 de abril de 2008. https://news.harvard.edu/gazette/story/2008/04/money-spent-on-others-can-buy-happiness/.

157 *Em outro experimento*: J. Moll, F. Krueger, R. Zahn, M. Pardini, R. de Oliveira-Souza e J. Grafman, "Human frontomesolimbic networks guide decisions about charitable donation", *Proceedings of the National Academy of Sciences* 103, no. 42 (outubro de 2006): 15623-38.

157 *Esse sentimento positivo que se origina*: Project Helping, "Helper's High: Why Doing Good Makes Us Feel Good", ProjectHelping.org, 9 de agosto de 2017. https://projecthelping.org/helpers-high.

159 *Mas, de acordo com um artigo da* Business Insider: "Rising Stars of Real Estate: Christine Wendell", *Business Insider*, dezembro de 2021. https://www.businessinsider.com/rising-stars-real-estate-commercial-residential-proptech-industry-leaders-2021-12#christine-wendell-pronto-housing-8.

160 *Ao criar a Rock the Vote*: https://www.rockthevote.org/about-rock-the-vote/.

170 *"Uma mitzvah", escreveu o rabino*: Rabbi Seinfeld, "What's a Mitzvah and What's the Difference?", 6 de junho de 2007. https://jewcy.com/religion-and-beliefs/whats_a_mitzvah.

CAPÍTULO OITO — Venda Criativa

173 *Um estudo descobriu que ligações frias*: Brett A. Hathaway, Seyed M. Emadi e Vinayak Deshpande, "Don't Call Us, We'll Call You: An Empirical Study of Caller Behavior Under a Callback Option", *Management Science* 67, no. 3 (2020): 1508-26.

174 *Você deve fazer 50 ligações por dia*: Kosti Lepojarvi, "Cold Calling Is Dead? Not So Fast", Leadfeeder.com Blog, 29 de fevereiro de 2021. https://www.leadfeeder.com/blog/cold-calling-is-dead/.

174 *Einstein disse: "Os melhores cientistas"*: P.H. Bucksbaum e S. J. Gates Jr., "The Scientist as Artist", APS News, dezembro de 2020. https://www.aps.org/publications/apsnews/202012/backpage.cfm.

174 *Isso os mantém engajados*: Falon Fatemi, "Why Creativity Is a Secret Weapon in Sales", Forbes.com, 27 de julho de 2018. https://www.forbes.com/sites/falonfatemi/2018/07/27/why-creativity-is-a-secret-weapon-in-sales/.

174 *Pesquisas mostraram*: Ieva Martinaityte e Claudia A. Sacramento, "When creativity enhances sales effectiveness: The moderating role of leader-member exchange", *Journal of Organizational Behavior* 34, no. 7 (outubro de 2012). https://www.academia.edu/4718609/When_creativity_enhances_sales_effectiveness_The_moderating_role_of_leader_member_exchange.

174 *De acordo com o principal pesquisador sobre criatividade*: Scott Barry Kaufman, *Wired to Create: Unraveling the Mysteries of the Creative Mind* (TarcherPerigee, 2015), 23.

175 *De acordo com a psicóloga Peggy Orenstein*: Peggy Orenstein, "How to Unleash Your Creativity", Oprah.com. https://oprah.com/spirit/how-to-unleash-your-creativity/.

175 *A psicóloga Ruth Richards*: R. Richards, "Everyday creativity: Our hidden potential." In R. Richards, ed., *Everyday creativity and new views of human nature: Psychological, social, and spiritual perspectives* (American Psychological Association, 2007), 25–53.

175 *"Nossa criatividade nos ajuda a lidar"*: Ibid., 3.

176 *"Logo após os dias"*: Tamlin S. Conner, Colin G. DeYoung e Paul J. Silvia (2018), "Everyday creative activity as a path to flourishing", *Journal of Positive Psychology* 13, no. 2 (2018): 181–89.

176 *O especialista em felicidade*: Mihaly Csikszentmihalyi, "Happiness and Creativity", *The Futurist* 31, no. 5 (setembro e outubro 1997): S8–S12.

176 *Não é de se espantar, como escreve um pesquisador*: Scott Redick, "Surprise Is Still the Most Powerful Marketing Tool", *Harvard Business Review*, 10 de maio de 2013. https://hbr.org/2013/05/surprise-is-still-the-most-powerful.

177 *...mais parceiros sexuais*: M.L. Beaussart, S.B. Kaufman e J.C. Kaufman, "Creative Activity, Personality, Mental Illness, and Short-Term Mating Success", *Journal of Creative Behavior* 46, no. 3 (2012): 151–67. https://scottbarrykaufman.com/wp-content/uploads/2012/12/Beaussart-Kaufman-Kaufman-2012.pdf.

177 *Mas, como lamenta o psicólogo*: Ken Robinson, "Do schools kill creativity?", TED Talk, 6 de janeiro de 2007.

177 *O especialista em educação*: R.A. Beghetto, "Creative mortification: An initial exploration", *Psychology of Aesthetics, Creativity, and the Arts* 8, no. 3 (2014): 266–76.

178 *especialista da Harvard em criatividade*: Teresa M. Amabile, "How to Kill Creativity", *Harvard Business Review*, setembro e outubro 1998.

178 *Csikszentmihalyi a apoia*: Csikszentmihalyi, "Happiness and Creativity."

183 *Uma das descobertas empoderadoras de Teresa Amabile*: Teresa Amabile, "Necessity, Not Scarcity, Is the Mother of Invention", *Harvard Business Review*, 25 de março de 2011. https://hbr.org/2011/03/necessity-not-scarcity-is-the.

183 *Até mesmo impedimentos aparentemente ameaçadores*: Matthew E. May, "How Intelligent Constraints Drive Creativity", *Harvard Business Review*, 30 de janeiro de 2013. https://hbr.org/2013/01/how-intelligent-constraints-dr.

187 *É tão boa*: Nate Klemp, "Harvard Psychologists Reveal the Reasons We're All So Distracted", Inc.com. https://www.inc.com/nate-klemp/harvard-psychologists-reveal-real-reason-were-all-so-distracted.html.

188 *Scott Barry Kaufman*: Scott Barry Kaufman, "The Real Neuroscience of Creativity", *Scientific American*, 19 de agosto de 2013. https://blogs.scientificamerican.com/beautiful-minds/the-real-neuro science-of-creativity/.

188 *Ruth Richards também recomenda*: R. Richards, "Everyday creativity: Our hidden potential."

188 *...como apresentada pelo Dr. Edwin de Bono*: Edwin de Bono, *Six Thinking Hats* (Back Bay Books, 1999).

188 *Empresas gigantes, como Prudential Insurance*: https://www.debonogroup.com/services/roi-reports-and-testimonials/.

189 *Ruth Richards aponta*: Richards, *Everyday Creativity and the Healthy Mind*, 3.

CAPÍTULO NOVE — Estabeleça Metas Propositais

192 *o efeito Oprah*: Clay Halton, "The Oprah Effect", Investopedia, 14 de setembro de 2021. https://www.investopedia.com/terms/o/oprah-effect.asp.

192 *A Oprah já disse:* "Every Person Has a Purpose", *O, the Oprah Magazine*, novembro de 2009. https://www.oprah.com/spirit/how-oprah-winfrey-found-her-purpose.

193 *Foi só aos 30*: Sara McCord, "In Very Exciting News, Oprah Just Shared Her Secret to Success", TheMuse.com. https://www.themuse.com/advice/in-very-exciting-news-oprah-just-shared-her-secret-to-success.

195 *Os autores de um artigo da* Harvard Business Review: Andrew Zoltners, et al., "Five Ways That Higher Sales Goals Lead to Lower Sales", *Harvard Business Review*, 12 de setembro de 2011. https://hbr.org/2011/09/five-ways-that-higher-sales-go.

195 *Escolher ignorar*: Francesca Gino e Bradley Staats, "Your Desire to Get Things Done Can Undermine Your Effectiveness", *Harvard Business Review*, 22 de março de 2016. https://hbr.org/2016/03/your-desire-to-get-things-done-can-undermine-your-effectiveness.

196 *Pesquisadores que estudaram esse problema*: Ibid.

196 *Em um exemplo digno de nota*: Jack Kelly, "Wells Fargo Forced to Pay $3 Billion for the Bank's Fake Account Scandal", *Forbes*, 24 de fevereiro de 2020. https://www.forbes.com/sites/jackkelly/2020/02/24/wells-fargo-forced-to-pay-3-billion-for-the-banks-fake-account-scandal/?sh=48e2550542d2.

197 *Mesmo que as metas de desempenho sejam realistas*: Lisa Ordóñez, Maurice Schweitzer, Adam Galinsky e Max Bazerman, "Goals Gone Wild: The Systematic Side Effects of Over-Prescribing Goal Setting", *Academy of Management Perspectives*, 23 (janeiro de 2020). https://www.hbs.edu/ris/Publication%20Files/09-083.pdf.

197 *Como a psicologia positiva*: "What to Know About the Hedonic Treadmill and Your Happiness", Healthline.com. https://www.health line.com/health/hedonic-treadmill#what-is-it.

201 *Um grande estudo sobre os vendedores*: Lisa McLeod, entrevista de Jan Rutherford, "Selling with Noble Purpose", 6 de maio de 2021. https://www.youtube.com/watch?v=DeYZURrIiEk.
203 *Como Lisa Earle McLeod*: Ibid., at 16:57.
211 *Para desenvolver ainda mais sua declaração de propósito*: Mike Murphy, "8 Steps to Living Intentionally," Thrive Global, 2018. https://thrive global.com/stories/8-steps-to-living-intentionally/.
214 *Em uma entrevista*: Oprah Winfrey, entrevista na VanityFair.com, 25 de janeiro de 2018. https://www.vanityfair.com/video/watch/oprah-winfrey-on-her-new-goal-here-on-earth.

Sobre os Autores

COLIN COGGINS e **GARRETT BROWN** são líderes de vendas experientes, professores e melhores amigos. Conheceram-se na startup de software Bitium, que ajudaram a ser adquirida pelo Google. Dão aulas em uma matéria popular que criaram, Mindset de Vendas para Empreendedores, na Faculdade de Negócios Marshall, da Universidade do Sul da Califórnia. Também são investidores, conselheiros corporativos e cofundadores da Agency18, uma empresa que ajuda companhias orientadas por uma missão a adotarem o Mindset às Avessas. Frequentemente contratados para darem palestras, eles amam se conectar com o público de diversos ramos, profissões e experiências, e mostrar como é possível vender com sucesso sem ser alguém que você não é.

Colin e Garrett moram no Sul da Califórnia com as famílias. Para saber mais, visite colinandgarrett.com [conteúdo em inglês e de responsabilidade do autor].

Índice

A

Abraham Maslow, psicólogo 24
Adam Grant, autor 29, 31, 140, 155
Alec Baldwin, ator 14, 159
Alexander Seinfeld, rabino 170
Alex Avant, executivo 201
Alex Saratsis, agente da NBA 4, 12, 13
amor 3x3 109–112, 220
Amy Volas, CEO 103
Amy Wrzesniewski, professora 46
Ari Melber, jornalista 31, 32
autenticidade 12, 15–17, 20–26, 29–33, 49, 59, 108, 111, 134, 193, 202, 205, 211
aversão à perda 129

B

Barbara Ehrenreich, autora 82
Barbara Fredrickson, professora de psicologia 104–107
Bill Gates, Microsoft 214
burnout de vendas 89

C

Carol Dweck, pesquisadora 57–59
Charles Darwin 67
Chip Heath, autor 43
Chris Farley, ator 14
Christine Wendell, corretora 159
Chuck Ueno, gerente de vendas 47
Colin Jost, apresentador 28
Colleen Stanley, autora 17
conversa
  posicional 118, 119
  transacional 118, 119
  transformadora 118–122
crescimento pessoal 25, 32
criatividade 8, 153, 172–179, 182–186, 189, 199, 210
criatividade cotidiana 175–177, 219

D

Dale Carnegie, autor 15
Dan Conway, conselheiro de investimento 145
Dan Heath, autor 43
Daniel Pink, autor 3, 18, 156

Danny Jacobs, HubSpot 37, 38
David Agus, Dr., oncologista 4, 137
David Emerald, coach executivo 62
David Grange, major-general 4
David Meltzer, palestrante motivacional 145, 168
David Ogilvy, criador de publicidade 16
David Rogier, MasterClass 4, 70, 73
declaração
 de intenção 211
 de propósito 209–213
DeeDee Gordon, especialista de branding 216
Donald Glover (Childish Gambino), ator 103

E

Edwin de Bono, Dr., autor 188
efeito de contágio 85, 86
efeito Oprah 192
Elon Musk, Tesla 4
equação do valor percebido 153, 155
Erika Rose Santoro, executiva 71
esquema do conspirador 16
esteira hedônica 198
exercício de avaliação do valor 167
experiência a-há 60
êxtase em ajudar 157

F

Fred Claire, ex-gerente-geral dos Dodgers 4

G

Gabriel Moncayo, CEO 184
George Dudley, psicólogo 19
George Loewenstein, economista 43
Giannis Antetokounmpo, jogador de basquete 12
gratidão situacional 95

H

Hamet Watt, CEO 16
Helena Yli-Renko, diretora--executiva 7
Hilary Headlee, executiva 29

I

ignorância intencional 8, 37–40, 47, 48, 52–54, 217

J

Jackson Dahl, 100 Thieves 172, 173
James Lassiter, gerente de atores 142
Jason Ferguson, palestrante 219
Jason Oppenheim, Oppenheim Group 45, 70
Jason Wallace, CEO 122, 156
Jay-Z, rapper 21, 55, 56, 61, 185
J. B. Smoove, comediante 91, 92, 201
Jeff Ayeroff, executivo musical 86, 159
Jessica Sciacchitano, diretora 205

Jim Ellis, reitor 93
Job crafting 46
John Lennon, Beatles 54
Jon Dahan, CEO 23, 138, 181
Jon Favreau, ator 25
Jon Wexler, marketing 4, 200
Josh Pearl, agente 217
Judith E. Glaser, psicóloga 118

K

Katalin Kariko, Dra., bioquímica 98
Keith Rabois, investidor 4
Kelly Perdew, empresário 103
Kelly Reemtsen, artista 94
Ken Robinson, Sir, psicólogo 177
Kevin Williams, profissional de vendas 49
Kimberly Hershenson, psicóloga 82

L

Larry King, entrevistador 114
Leigh Steinberg, advogado 169
Linda Graham, psicóloga 67, 72
Lindsey Lanier, Motown Records 101-103
Lisa DiMona, agente literária 139
Lisa Earle McLeod, autora 201, 203
Luke Burgis, autor 146

M

Malcolm Gladwell, autor e colunista 216

Manny Martinez, American Branding Agency 61
Marc Schoen, psicólogo 106
Mark Roberge, CRO 164
Martin Seligman, psicólogo 83, 84, 88, 92
mentalidade de vítima 62
Michael Norton, professor 156
Mihaly Csikszentmihalyi, psicólogo 176, 178
Mike Murphy, autor 211
mindset
  autêntico 8
  criativo 177, 188
  de abundância 65, 66
  de crescimento 58-60, 62, 64-67, 69, 74, 75, 77, 82, 182
  de doação 161
  de escassez 65, 73
  de mesmo time 8, 130-133, 135-137, 142, 143, 146, 182
  eu contra eles 126, 127
  fixo 57-62, 64
  otimista 8, 89, 182
  transacional 151, 157, 161
mortificação criativa 177

N

não bom 67
NBA 4, 11-13, 55

O

objetivo baseado em propósito 194, 200, 203, 204, 207, 214
Oprah Winfrey, apresentadora 191-194, 214

orientação do criador 62
otimismo patológico 91, 219, 224

P

Paul McCartney, Beatles 53, 54
Peggy Orenstein, psicóloga 175
pensamento neutro 73
pergunta de impacto 164–167, 216
persona 12, 13, 16, 19–23, 32, 33, 38
persona de vendas 18
Peter Thiel, PayPal 4
Peter Wright, professor e pesquisador 16
positividade tóxica 82
psicologia positiva 24, 82, 83, 92, 104, 197, 198

Q

Quincy Jones, produtor musical 76

R

Rahav Gabay, psicóloga 62
Ray Lewis, jogador de futebol americano 46
reatância psicológica 130
reavaliação 71–73
rede de imaginação 188
regra 100/20 168
relutância à ligação de vendas 19
Renée Mauborgne, autora 44
resiliência adaptativa 66
Richard Wiseman, psicólogo 17
Rick Hanson, psicólogo 96
Robert Chatwani, diretor de marketing 200
Robert Cialdini, psicólogo 128
Robert Simon, advogado de defesa 27, 121
Ron Beghetto, especialista em educação 177
Roy Choi, chef 4, 25, 30, 31, 149–151
Roy F. Baumeister, psicólogo 87
Ruth Richards, psicóloga 175, 188, 189
Ryan Ferguson, vendedor 39

S

Sara Blakely, Spanx 28, 178
Scooter Braun, executivo de gravações 71
Scott Barry Kaufman, cientista cognitivo 174, 188
Scott B. Friend, professor 85
seis chapéus 188
senso de agência 41
Shahin Yazdi, setor imobiliário 141
Shannon Goodson, psicóloga 19
Shirley Lee, Preveta 80
Simon Schindler, pesquisador 129
Simon Sinek, autor 130, 204, 205
Snoop Dogg, rapper 21
Stanley McChrystal, general 4, 35, 37, 41
Stefan Pfattheicher, pesquisador 129
Stephen Covey, autor 65
Stephen Joseph, psicólogo 24
Steve Jobs, Apple 4, 137, 138, 222
Susan Cain, autora 30

T

Tchiki Davis, psicóloga 71
técnica da porta na cara 128
Teresa Amabile, acadêmica 178, 183
teste do aipo 204
The Office 15
Tim Ash, autor 135
Tim Sanders, autor 186
Trevor Moawad, autor 73

U

Uri Hasson, neurocientista 107

V

Valerie Good, professora 203

viés
  da autosseleção 30
  da aversão à perda 129
  da negatividade 87
  de conclusão 195, 196, 204
Vin Scully, radialista 4
Virgil Abloh, designer de moda 71

W

W. Chan Kim, autor 44
Will Smith, ator 142

Y

Yogi Berra, jogador de beisebol 136

Este livro foi impresso nas oficinas gráficas da Editora Vozes Ltda.,
Rua Frei Luís, 100 – Petrópolis, RJ.